子どもの豊かな育ちを支える

保育者論

田中利則
監修

五十嵐裕子・大塚良一・野島正剛
編著

ミネルヴァ書房

はじめに

　2015（平成27）年４月にスタートした子ども・子育て支援新制度は，「どの子にも，質のよい保育・幼児教育を保障する」ことを目指すとされていた。新制度の保育供給方式は施設型給付と地域型保育給付の２つの類型に区分され，施設型給付には保育所，幼稚園，認定こども園が該当し，地域型保育給付には家庭的保育，小規模保育，事業所内保育，居宅訪問型保育の４事業が位置づけられた。2016（平成28）年度には新制度の枠外で，企業主導型保育事業も創設されている。

　新制度は，保育供給のあり方を多様化させた。たとえば，小規模保育事業等の地域型保育事業ではビルの１室などを活用した簡易な保育の場が想定され，担い手についても保育士資格をもたない職員を一定割合まで充てることが認められた。保育の質が担保されるのか否かが懸念されたのは，記憶に新しいところである。また近年の保育士不足から確保が困難となった保育士の代替として，新制度では子育て支援制度が創設された。これは育児経験のある主婦等を対象に全国共通の基本研修（８科目８時間）を経て，放課後児童コース，社会的養護コース，地域保育コース（小規模保育事業〔保育従事者〕，家庭的保育事業〔家庭的保育補助者〕），地域子育て支援コースに応じた研修を修了した者を，研修の実施主体が認定するものである。

　社会福祉事業としての保育は，これまで保育所が行い，その保育は保育士資格者が担うべきであることを前提としてきた。もちろん保育の質は，保育士資格の有無で決まるという単純な話ではないが，資格や専門性の軽視は，子どもたちが日々豊かな生活経験をし，健やかな成長，発達を遂げられるかに直結する問題であることは明らかであろう。

　保育の質，子どもたちの生活経験の質に最も大きな影響を与えるのは，保育者のあり様である。保育者が，乳幼児の言葉にならない思いも含めて子どもたちの声を理解しようと共感的に耳を傾け，その声に肯定的，応答的に丁寧に関

i

わろうとする時，子どもたちは安心して好きな遊びに集中し，穏やかで落ち着いた保育者との関係の下，安定した生活と充実した活動を経験することが可能となる。肯定的，応答的なやりとりの大切さを知らないなど保育の専門性を備えていなかったり，保育の経験が浅い保育者の場合は，大きな声や強い調子での一方的な指示や禁止が多くなり，子どもは保育者の指示に従えたか否かで評価される対象に貶められてしまう。このような環境下では，子ども同士のトラブルがよく起こり，落ち着いて活動に集中し充実した生活経験を重ねることはできない。

　近年では，OECD が「人生のスタートを力強く」と題する報告書を出し，充実した乳幼児期を過ごすことがその後の人生に大きく影響を与えること，質の高い保育がその国の未来への投資となることを訴え，乳幼児期の保育の重要性が広く認識されてきたところであり，多くの先進国が保育の質の見直しを行っている。日本においても，現在の保育制度が乳幼児期の豊かな保育の質を担保した形で進められることが強く望まれるところである。

　保育とは何か，保育者の専門性とは何かについて答えることは難しい。遊びの引き出しをたくさんもっていることや，１日をスムーズに段取ることができるなどの教育的発達的「技術」や実践の「行為」も大切だが，一人ひとりの子どもの気持ちに寄り添い応答的に丁寧にまた臨機応変にかかわり，その子どもの権利を守り，成長と発達を保障していくのだという気概が日々の保育実践を支えていると考えられる。これから保育者を目指す学生，また保育に関心をもたれる方々には，ぜひ保育の意義，奥深さを知り，保育の仕事に誇りをもって保育観，保育者像を描いてほしい。

　本書は，①現代社会の状況と子どもの権利からみた保育者の役割（第1章，2章），②保育者の制度的な位置づけ（第3章），③保育者の専門性（第4章，5章，6章），④保育者のキャリア形成と保護者・地域との協働（第7章，8章），⑤海外の保育実践や保育思想，日本の保育の歴史から保育者に期待されること（第9章，10章）を学ぶことにより，読者個々が自身の保育観，保育者観を醸成する一助となることを目的に編まれている。

各章の構成は以下のとおりである。

第1章「子どもの現状と保育」…「保育者」について学ぶ前提として，現代
　　社会の状況下での保育をめぐる問題と保育者の役割について概説した。
第2章「保育者の役割と子どもの権利」…子どもの権利と子どもの特性の視
　　点から，保育者の役割について述べた。
第3章「保育者の制度的位置づけと役割」…保育者は制度上どのように位置
　　づけられ，どのような役割と責任を負っているのかについて概説した。
第4章「保育者の専門性」…保育者の専門性について，養護と教育の一体性，
　　子どもへのまなざし，保育の環境づくりから考える。
第5章「保育者の省察と記録の役割」…保育の質を高め保育者の専門性を担
　　保する保育の記録と省察，記録と省察に基づく計画の立案について紹介
　　した。
第6章「保育の評価と苦情，事故等の対応」…地域社会から信頼され社会的
　　責任を果たすために求められる評価やリスクマネジメントに関する手法
　　等について説明した。
第7章「保育者のキャリア形成」…保育者としてのキャリアアップのプロセ
　　スと責任，専門職的成長を図るための方法について紹介した。
第8章「保育者の協働」…保育の質をより適切なものとするための保護者や
　　地域社会との連携，支援について実例を挙げ紹介した。
第9章「海外の保育から学ぶ」…イタリアのレッジョ・エミリア市の取り組
　　みや森の幼稚園等ドイツのオルタナティヴ教育等海外の事例を取り上
　　げ，多様な子どもへのアプローチ，保育実践を紹介した。
第10章「先人の思想・実践から学ぶ」…先人の保育思想や実践を辿り，各時
　　代の保育者，また現代の保育者に期待されていることについて提起した。

　前述したように，現在，保育・幼児教育の重要性が認識されつつある一方で，
待機児童を解消することのみが優先され，保育の質がなおざりにされている。

地域型保育事業においてだけではなく，2016（平成18）年度には，保育士不足の対応として保育所においても保育士資格者配置における規制緩和が実施されるとともに，国基準より高い独自基準をもつ自治体に対しては待機児童解消のために，国の最低基準まで配置基準を引き下げるように要請がなされた。

　資格をもたない保育者や経験の浅い保育者の増加による専門性の脆弱化に，保育をマニュアル化することで対応しようとする動きもある。だが国際的な研究ではすでに，専門的訓練を受けた保育者とそうでない保育者には応答的で共感的な関係，あるいは積極的な教育的働きかけについて差異があること，また保育のマニュアル化は保育者の子ども理解の能力を低下させることが明らかにされている。子どもの権利を保障し，成長と発達を支える保育の場をつくることができるのは保育者のみである。いつの時代にも大切にすべきこと，社会の変化に応じて求められることを踏まえ，保育者としてのあるべき姿，さらには保育者が安心して働き続けられる環境について考えていただけたら幸いである。

　なお本書では，より理解を深めていただくために「事例」「コラム」として，保育現場でのエピソード等を示させていただいているが，それら事例は全て加工したものであることをお断わりしておく。

　また「子ども」と「こども」等，表記・表現が統一されていない文言があるが，これは各執筆者のその表記・表現への思いを汲んだためである。あわせてご了承いただきたい。

　2017年3月31日，本書の企画，執筆の間に保育所保育指針，幼稚園教育要領，幼保連携型認定こども園教育・保育要領が改定された。執筆の先生方にはこれら改定を反映させるための加筆，修正をお願いすることとなり，お手数をおかけした。また田中利則先生にはご多忙の中監修の労をおとりいただきましたこと，この場を借りて感謝申し上げる。

　2017年10月

編著者

子どもの豊かな育ちを支える
保育者論

目　　次

はじめに

第1章　子どもの現状と保育 …………………………………………………… 1

第1節　現代社会の子どもの現状 …………………………………………… 1

（1）家族・世帯の現況　1

（2）子どもの貧困　2

（3）子どもの貧困への対策　4

第2節　保育の現状と未来 …………………………………………………… 8

（1）待機児童問題と保育　8

（2）これからの保育　10

第2章　保育者の役割と子どもの権利 ………………………………………… 18

第1節　保育者とは ……………………………………………………………… 18

（1）保育者に求められる倫理　18

（2）子どもを支える保育者とは　26

第2節　子どもの権利と保育 ………………………………………………… 30

第3章　保育者の制度的位置づけと役割 ……………………………………… 37

第1節　保育施設の法的位置づけ …………………………………………… 37

（1）「保育所」と「幼稚園」「認定こども園」の法的位置づけ　37

（2）保育所の目的　38

（3）幼稚園の目的　40

（4）認定こども園の目的　40

第2節　保育者の資格と職責 ………………………………………………… 42

（1）保育所で保育を行う者の資格と要件　42

（2）幼稚園で保育を行う者の資格と要件　45

（3）認定こども園で保育を行う者の資格と要件　48

（4）子どもの施設で保育を行う者の資格と要件　48

第3節　保育者の役割 ………………………………………………………… 53

目　次

（1）幼児教育者としての保育者の共通目標　*53*

（2）保育所保育指針にみる保育者　*53*

（3）幼稚園教育要領にみる保育者　*56*

（4）幼保連携型認定こども園教育・保育要領にみる保育者　*60*

（5）子どもの施設にみる保育者　*62*

第4章　保育者の専門性…………………………………………………… 66

第1節　養護と教育 …………………………………………………… 66

（1）子どもの発達と養護　*66*

（2）子どもの発達と教育　*68*

（3）養護と教育の一体性　*70*

第2節　保育者に求められる資質と能力 …………………………… 74

（1）子どもを見るポイントと気づき　*74*

（2）保育者の関わりと環境　*78*

第3節　子育て支援 …………………………………………………… 82

第5章　保育者の省察と記録の役割 ………………………………… 86

第1節　保育者の記録 ………………………………………………… 86

（1）「保育日誌」と「保育経過記録」　*86*

（2）保育所における記録のポイント　*87*

（3）幼稚園における記録とポイント　*89*

第2節　保育ドキュメンテーション ……………………………… 91

第3節　記録からの省察 ……………………………………………… 95

第4節　保育の全体的な計画における保育の展開と自己評価………… 97

第6章　保育の評価と苦情，事故等の対応 ……………………… 105

第1節　保育の評価の必要性と課題……………………………… 105

（1）保育評価の必要性　*107*

（2）第三者評価等への取り組み　*108*

vii

（3）第三者評価のメリットと課題　*111*

　　第2節　苦情・保育事故への対応 ……………………………………………… *113*

　　　　（1）苦情への対応　*114*

　　　　（2）苦情解決の仕組み　*114*

　　第3節　保育事故とリスクマネジメント ……………………………………… *117*

　　　　（1）保育事故の現状と課題　*119*

　　　　（2）保育事故と保育者の責任　*121*

第7章　保育者のキャリア形成 ……………………………………………………… *126*

　　第1節　保育者の経験（成熟度）による役割の変化 ………………………… *126*

　　　　（1）階層別の役割と責任（新人，中堅，主任，園長・施設長）　*126*

　　　　（2）職員間の連携と会議の役割　*132*

　　第2節　保育における OJT と OFFJT ………………………………………… *134*

　　第3節　保育者の専門職的成長 ………………………………………………… *136*

　　　　（1）専門性の発達　*137*

　　　　（2）生涯発達とキャリア形成　*139*

第8章　保育者の協働 ………………………………………………………………… *144*

　　第1節　子どもの保護者との連携 ……………………………………………… *144*

　　　　（1）保護者との連携の必要性　*144*

　　　　（2）連携の実際Ⅰ（登園時・降園時）　*147*

　　　　（3）連携の実際Ⅱ（保育参観・保護者懇談会・面談）　*150*

　　　　（4）連携の実際Ⅲ（子どもを育み，親を育てる園行事）　*152*

　　第2節　地域社会との連携 ……………………………………………………… *154*

　　　　（1）小学校との連携（保幼小の連携）　*154*

　　　　（2）地域社会との協力体制（子育て支援）　*160*

第9章　海外の保育から学ぶ ………………………………………………………… *168*

　　第1節　諸外国の保育を学ぶ意義 ……………………………………………… *168*

目　次

　　　（1）保育者の子どもへの関わりを手がかりに　*168*

　　　（2）海外の保育から日本の保育を見つめ直す　*170*

　第2節　ドイツの保育……………………………………………………*171*

　　　（1）ドイツの保育制度　*171*

　　　（2）森の幼稚園　*175*

　　　（3）シュタイナー教育　*178*

　　　（4）現代的課題　*180*

第10章　先人の思想・実践から学ぶ………………………………*187*

　第1節　先人の思想から学ぶ………………………………………………*187*

　　　（1）保育の創成期に影響を与えた思想家　*187*

　　　（2）保育の創成期を担った実践家　*192*

　第2節　日本における保育の歴史と保育者たち………………………*195*

　　　（1）日本における保育施設のはじまりと保育者に期待されたこと　*195*

　　　（2）日本における保育思想の台頭と保育者　*199*

　　　（3）現代における保育者の役割　*202*

　おわりに

　索　　引

第 1 章
子どもの現状と保育

本章のポイント

　保育士には子どもに豊かな育ちを保障する，専門家としての役割が期待されている。しかし，現代社会の子どもを取り巻く環境は大きく変化し，「時代を切り開く子どもの育成」には，ほど遠い現状がうかがえる。その一つが子どもの貧困である。1970年代から国民の生活意識の中には「一億総中流」の意識が続き，現在でも多くの国民が自らの生活程度を「中流」であると感じている。しかし，物質的な豊かさの反面，所得格差は確実に広がっている現状があり，2014（平成26）年の子どもの相対的貧困率は16.3％であった。

　本章では，「保育者論」を語る上で，その対象となる子どもの状況について理解するため，格差社会，子どもの貧困，待機児童問題などの社会問題を取り上げ，子どもの将来を担う保育の役割を考察する。

第1節　現代社会の子どもの現状

（1）家族・世帯の現況

　厚生労働省による2015（平成27）年「国民生活基礎調査」によると，全国の世帯総数は5,036万1,000世帯である。世帯構造別にみると，「夫婦と未婚の子のみの世帯」が1,482万世帯（全世帯の29.4％），「単独世帯」が1,351万7,000世帯（同26.8％），「夫婦のみの世帯」が1,174万2,000世帯（同23.6％）となってい

> ─ コラム1 ─
>
> ### 「国民生活基礎調査」ってなに？
>
> 　国民生活基礎調査は統計法に基づいて実施する国の重要な調査の一つで，1986（昭和61）年から毎年実施され，3年ごとに大規模な調査を行っている。調査内容は，保健・医療・福祉・年金・所得などの国民生活の基礎的事項であり，3年ごとに行われる大規模調査ではで28万世帯（中間調査では約5万9,000世帯）を抽出して行われている。調査結果については行政上の施策等への活用や『厚生労働白書』（厚生労働省），『高齢社会白書』（内閣府）などで利用されている。
>
> 　出所：厚生労働省「国民生活基礎調査」（http://www.mhlw.go.jp/toukei/list/20-21.html, 2016年7月1日閲覧）から一部引用し筆者作成。

る。世帯類型をみると，「高齢者世帯」は1,271万4,000世帯（全世帯の25.2％），母子世帯は79万3,000世帯（全世帯の1.6％）である。

　世帯数と平均世帯人員をみると，世帯数は1953（昭和28）年では1,718万世帯だったのが，2015（平成27）年では5,036万1,000世帯と大幅に増加し，約3倍にもなっている。平均世帯人員に関しては，1953（昭和28）年には，5人であったのが，2015（平成27）年では2.49人となっている。

　2015（平成27）年2月の総務省統計局「労働力調査（詳細集計）平成27（2015）年平均（速報）」によると，日本の雇用者数は5,284万人，前年に比べ44万人の増加となった。この中で，正規の職員・従業員数は3,304万人，非正規の職員・従業員数は1,980万人である。また，完全失業者数（求職活動をしているが，就労の機会が与えられない者）は222万人である。

　さらに，1世帯当たりの平均所得額は，2014（平成26）年で541万9,000円になっている。高齢者世帯に関しては297万3,000円，児童のいる世帯では，712万9,000円である。世帯の生活意識をみると，苦しい（「大変苦しい」と「やや苦しい」）が60.3％，「普通」が35.9％となっている。「苦しい」の割合は，「高齢者世帯」が58.0％，「児童のいる世帯」が63.5％となっている。

（2）子どもの貧困

　子どもの貧困率について大きく取り上げられたのは，2012（平成24）年に実施

第 1 章　子どもの現状と保育

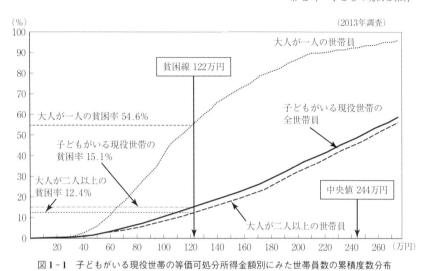

図 1-1　子どもがいる現役世帯の等価可処分所得金額別にみた世帯員数の累積度数分布

注：等価可処分所得は，名目値である。
出所：厚生労働省「平成25年国民生活基礎調査の概況　所得に関する図表」(http://www.mhlw.go.jp/toukei/saikin/hw/k-tyosa/k-tyosa13/dl/03.pdf, 2016年7月1日閲覧)。

された「平成25年国民生活基礎調査」の結果からである。それによると，「相対的貧困率」（貧困線に満たない世帯員の割合）は16.1%となっている。また，貧困線は122万円（名目値）であり，「子どもの貧困率」（17歳以下）は16.3%となっている。これらの内訳を見ると，「子どもがいる現役世帯」（世帯主が18歳以上65歳未満で子どもがいる世帯）では，15.1%となっており，そのうち「大人が一人」の世帯員では54.6%，「大人が二人以上」の世帯員では12.4%となっている（図1-1）。なお，相対的貧困率とは世帯所得をもとに国民一人ひとりの所得を計算して順番に並べ，まんなかの人の所得の半分に満たない人の割合をいう。

厚生労働省「平成23年所得再分配調査報告書」によると母子世帯の平均当初所得は195.7万円であるが，再分配所得は258.2万円，再分配係数は31.9%となっている。ジニ係数(1)は，当初所得0.4070から再分配所得0.2754と32.3%改善しており，その他の世帯の改善度を上回っていると報告している。

2016（平成28）年の「国民生活基礎調査」によると，2015（平成27）年の貧困線（等価可処分所得の中央値の半分，熊本県を除く）は122万円となっており，「相

3

── コラム2 ──

世界的にみて日本の貧困率は高いの？

1961年に設立された，経済協力開発機構（OECD：Organization for Economic Co-operation and Development）加盟国34か国で，子どもの貧困率を国際比較した結果（2010年）によると日本の子どもの貧困率15.7%（2009年）は貧困率が高い割合の10位に位置している。一番貧困率の高い国はイスラエルであり29%，次いでトルコ（28%），メキシコ（25%）の順になっている。アメリカは5位21%，世界平均が13%であり，デンマーク，フィンランドは4%である。日本の子どもの貧困率は1985（昭和60）年は10.3%であり，2000（平成12）年14.5%，2013（平成25）年16.3%と上昇してきた。

出所：内閣府『子ども・若者白書 平成26年版』（http://www8.cao.go.jp/youth/whitepaper/ h26honpen/pdf_index.html，2016年7月1日閲覧）から一部引用し筆者作成。

対的貧困率」（貧困線に満たない世帯員の割合，熊本県を除く）は15.6%（対24年△0.5ポイント）となっている。また，「子どもの貧困率」（17歳以下）は13.9%（対24年△2.4ポイント）となっており，「6人に1人」から「7人に1人」に改善されている。

（3） 子どもの貧困への対策

子どもの貧困に対して，政府は「子どもの貧困対策の推進に関する法律」（平成25年法律第64号）を，第183回国会において成立させ，2014（平成26）年1月17日から施行した。この法律の第1条目的は，「この法律は，子どもの将来がその生まれ育った環境によって左右されることのないよう，貧困の状況にある子どもが健やかに育成される環境を整備するとともに，教育の機会均等を図るため，子どもの貧困対策に関し，基本理念を定め，国等の責務を明らかにし，及び子どもの貧困対策の基本となる事項を定めることにより，子どもの貧困対策を総合的に推進することを目的とする」としている。第2条の基本理念は「1 子どもの貧困対策は，子ども等に対する教育の支援，生活の支援，就労の支援，経済的支援等の施策を，子どもの将来がその生まれ育った環境によって左右されることのない社会を実現することを旨として講ずることにより，推

第1章　子どもの現状と保育

進されなければならない。2　子どもの貧困対策は，国及び地方公共団体の関係機関相互の密接な連携の下に，関連分野における総合的な取組として行われなければならない」としている。

さらに，この法律に基づき，「子供の貧困対策に関する大綱——全ての子供たちが夢と希望を持って成長していける社会の実現を目指して」が2014（平成26）年8月29日に閣議決定されている。大綱の目的・理念としては「子供の将来がその生まれ育った環境によって左右されることのないよう，また，貧困が世代を超えて連鎖することのないよう，必要な環境整備と教育の機会均等を図る。全ての子供たちが夢と希望を持って成長していける社会の実現を目指し，子供の貧困対策を総合的に推進する」としている。この中で，基本的な方針として10項目を挙げている。

資料1

子供の貧困対策に関する基本的な方針

1　貧困の世代間連鎖の解消と積極的な人材育成を目指す。
2　第一に子供に視点を置いて，切れ目のない施策の実施等に配慮する。
3　子供の貧困の実態を踏まえて対策を推進する。
4　子供の貧困に関する指標を設定し，その改善に向けて取り組む。
5　教育の支援では，「学校」を子供の貧困対策のプラットフォームと位置付けて総合的に対策を推進するとともに，教育費負担の軽減を図る。
6　生活の支援では，貧困の状況が社会的孤立を深刻化させることのないよう配慮して対策を推進する。
7　保護者の就労支援では，家庭で家族が接する時間を確保することや，保護者が働く姿を子供に示すことなどの教育的な意義にも配慮する。
8　経済的支援に関する施策は，世帯の生活を下支えするものとして位置付けて確保する。
9　官公民の連携等によって子供の貧困対策を国民運動として展開する。
10　当面今後5年間の重点施策を掲げ，中長期的な課題も視野に入れて継続的に取り組む。

出所：内閣府「子供の貧困対策に関する大綱——全ての子供たちが夢と希望を持って成長していける社会の実現を目指して」（http://www8.cao.go.jp/kodomonohinkon/pdf/taikou.pdf#search，2016年7月1日閲覧）。

5

また，教育支援としては，「学校」をプラットフォームとした総合的な子ども
もの貧困対策の展開や，貧困の連鎖を防ぐための幼児教育の無償化の推進及び
幼児教育の質の向上などを挙げている。この中の「質の高い幼児教育を保障」
とは，幼児期に取り組むべき教育の内容について検討を行い，充実を図るとと
もに，自治体における保幼小連携の推進や教職員の資質能力の向上のための研
修の充実等の方策について検討を進めること，さらに，幼稚園教諭・保育士等
による専門性を活かした子育て支援の取り組みを推進するとともに，就学前の
子どもをもつ保護者に対する家庭教育支援を充実するため，家庭教育支援チー
ム等による学習機会の提供や情報提供，相談対応，地域の居場所づくり，訪問
型家庭教育支援等の取り組みを推進するとしている。

　民間レベルの対応としては「子ども食堂」が挙げられる。「子ども食堂」は，
2012（平成24）年，東京都大田区の八百屋「だんだん」の店主が，家庭の事情
で給食以外はバナナしか食べていない子どもが近所にいるという話を耳にした
ことがきっかけとなり，八百屋の店舗を利用して，子ども一人でも入れる食堂
を開いたことがきっかけといわれる。(2)この支援がいまや大きな国民運動へと進
展してきている。防災の分野では，自分で自分を助ける「自助」，家族や企業，
地域社会で共に支え合う「共助」，行政による支援「公助」という言葉が使わ
れ，これは福祉の活動でも使用されている。元々，ソーシャルワークの支援の
対象として，「ミクロ（小領域）・メゾ（中領域）・マクロ（大領域）」の視点があ
り，この区分に基づく支援と相互関係による支援が求められている。

　「子ども食堂」の子どもの貧困に対する対策は，全国各地で行われるように
なり，「子供の未来応援国民運動」の「子供の未来応援基金」へとつながって
いる。この子供の未来応援基金とは，子どもの貧困の放置は，子どもたちの将
来が閉ざされてしまうだけでなく，社会的損失につながるとの考えを前提に，
子どもの貧困対策を「慈善事業」にとどまらず，「未来への投資」と位置づけ，
寄付金をはじめとする企業や個人等からの提供リソースを「子供の未来応援基
金」として結集し，「未来応援ネットワーク」事業等を実施するものである。
これは民間の企業，大学，社会福祉法人等からの基金を，貧困家庭の子ども等

第 1 章　子どもの現状と保育

┌─ 事例 1 ─────────────────────────────────

子供の未来応援国民運動とは

　2015（平成27）年 4 月 2 日に総理及び関係各大臣をはじめ，官公民，さまざまな立場の方々が一堂に会して「子供の未来応援国民運動」の「発起人集会」が開催され，趣意書を採択した。

　この運動の趣旨・目的は「いわゆる貧困の連鎖によって，子供たちの将来が閉ざされることは決してあってはならず，子供たちと我が国の未来をより一層輝かしいものとするため，国民の力を結集して全ての子供たちが夢と希望をもって成長していける社会の実現を目指す」ことであり，事業としては，「1　支援情報の一元的な集約・提供（各種支援情報の総合的なポータルサイトの整備），2　支援活動と支援ニーズのマッチング事業（企業・団体が行っている支援活動と地域における様々な支援ニーズとをマッチング），3　地域における交流・連携事業の展開（地域の実情を踏まえた関係者の顔の見える交流・連携の推進），4　民間資金による基金創設，5　国民運動の推進主体となる事務局の設置（内閣府，文部科学省，厚生労働省及び日本財団を中心に設置）」が挙げられている。子ども食堂等の民間の動きを政府が中心となり基金等の支援を行う取り組みである。

○　シンボルマーク
大人が子供に寄り添いながら，優しくその手を握りしめることで，一緒に未来を築いていこうとする姿を表したもの。
○　キャッチフレーズ
貧困の連鎖を解消し，子供たち一人ひとりが未来に向けて夢と希望を描ける社会を実現することが，日本の明るい未来につながるという意味を込めたもの。

出所：内閣府「新たな生活場所を求めるひとり親家庭等に対する支援」「子供の未来応援国民運動の展開について」（http://www8.cao.go.jp/kodomonohinkon/kokuminundou/pdf/k1/s3.pdf#search，2016年 7 月 1 日閲覧）から筆者作成。

└──────────────────────────────────────

を支援している NPO 等や，子どもの生きる力を育むモデル拠点事業に提供していく事業である。社会福祉でいうミクロ・メゾ・マクロの取り組みに発展しようとしている。2015（平成27）年 7 月14日に内閣府において「子供の貧困対策に関する有識者会議」が開催され，「子供の貧困の状況及び子供の貧困対策の実施状況について」などが検討された。

第2節　保育の現状と未来

（1）待機児童問題と保育

　保育の現状をみる時に，待機児童問題が中心課題となっている。この待機児童問題とは何なのだろうか。厚生労働省の統計でみると2015（平成27）年4月の待機児童数は2万3,167人で，年度途中に育児休業明け等により保育の申し込みをしたものの入園できない数が2万2,148人あり，同年の10月時点では4万5,315人となっている。

　子どもの数は減っているのに，なぜ，待機児童問題が起きるのだろうか。出生数は1965（昭和40）年182万3,697人（合計特殊出生率2.14）であったが，2014（平成26）年には100万3,539人（合計特殊出生率1.46）となり，50年間で約55%に

コラム3

全国に待機児童がいるの？

　2015（平成27）年4月の時点で，待機児童の多い県は東京都（7,670人），沖縄県（2,052人），千葉県（1,021人），埼玉県（900人），兵庫県（718人）であり，反対に，待機児童がまったくない県は富山県，石川県，福井県，山梨県，長野県である。沖縄県については出生数が1万6,941人であり，合計特殊出生率は1.94と全国第1位である（全国1.46）。また，2014（平成26）年10月1日現在の沖縄県の人口は142万1,000人，東京都は1,339万人であり比較すると沖縄県の待機児童の人口割合は東京都の約2.5倍になっている。

　保育所の数が一番多いのは東京都（2,104か所，定員20万7,945人），埼玉県（879か所，定員7万6,255人），愛知（759か所，定員9万8,840人）となっており，沖縄県は343か所，定員3万1,280人である。なお，沖縄県は認可外保育所が306か所登録されている。

　待機児童がゼロの県があることなどから，待機児童問題は全国的な問題ではなく，むしろ，主要都市の中心地域に待機児童問題が発生していると考えられる。

出所：厚生労働省「平成27年人口動態統計年計（概数）の概況」（http://www.mhlw.go.jp/toukei/saikin/hw/jinkou/geppo/nengai15/，2016年7月1日閲覧）などから筆者作成。

第 1 章　子どもの現状と保育

表 1 - 1　待機児童の多い都道府県と出生数

都道府県	出生数（人）	待機者数(人) H27.4.1	待機者割合 （％）	年度途中の数(人) H27.10.1	年度途中待機 者割合（％）	人口 （千人）
東京都	110,629	7,670	6.93	11,416	10.32	13,390
沖縄県	16,373	2,052	12.53	3,089	18.87	1,421
千葉県	46,749	1,021	2.18	2,046	4.38	6,197
埼玉県	55,765	900	1.61	1,969	3.53	7,239
兵庫県	44,352	718	1.62	1,327	2.99	5,541

注：出生数は平成26年，待機者数は平成27年，人口は平成26年10月 1 日現在の数値を使用。
出所：厚生労働省「人口動態統計」「平成27年 4 月の保育園等の待機児童数とその後（平成27年10月時点）の状況について」（http://www.mhlw.go.jp/file/04-Houdouhappyou-11907000-Koyoukintou jidoukateikyoku-Hoikuka/0000078425.pdf#search=，2016年 7 月 1 日閲覧）から筆者作成。

なっている。婚姻率と離婚率の関係についてみてみると，1965（昭和40）年では婚姻率は9.07（人口千対），離婚率0.79（人口千対）であったが，2015（平成27）年では婚姻率は5.1（人口千対），離婚率1.80（人口千対）になっており，結婚する比率は減少し，離婚率は倍以上になっている。

　待機児童の多い東京都，沖縄県，千葉県，埼玉県，兵庫県の状況を人口などから整理してみると表 1 - 1 のとおりである。出生数と待機者の割合をみると圧倒的に沖縄県が多く，4 月の時点では12.53％である。次いで，東京都の6.93％となっている。また，保育所の入所に関しては 4 月が中心であり，4 月から10月までに誕生，または保育所入所の必要が出た家庭に関しては待機児童になる可能性が高い。当然，4 月時点に比べ10月時点では大幅に待機児童が増える。さらに，政令指定都市では仙台市（2015〔平成27〕年 4 月 1 日現在，419人），浜松市（同，407人）が，中核市では，那覇市（同，539人），大分市（同，484人）で，待機児童数が多くなっている。

　では，これらの現況はどうして生まれたのだろうか。保育所の数は年々増加してきている。

　保育所数は，2008（平成20）年で，2 万2,909か所であったが，2015（平成27）年では，幼稚園型認定こども園等，特定地域型保育事業等も加わり 2 万8,783か所（うち保育所は 2 万3,537か所）になっている。入所人員も，2008（平成20）

9

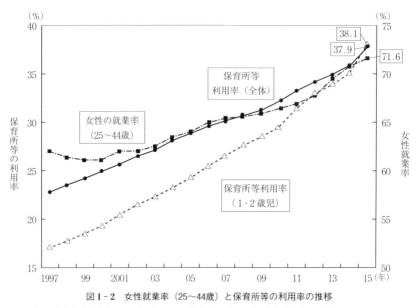

図1-2 女性就業率（25～44歳）と保育所等の利用率の推移

出所：経済産業省「産業分野の概要について」（平成28年6月）厚生労働省雇用均等・児童家庭局保育科「保育分野の経営力向上に関する指針（案）」(http://www.mhlw.go.jp/file/05-Shingikai-11901000-Koyoukintoujidoukateikyoku-Soumuka/s.1_.pdf#search=，2016年7月10日閲覧）．

年の保育所定員は212万934人（利用児童数202万2,227人）であったが，2015（平成27）年では，253万1,692人（利用児童数237万3,614人）に増えている。[3]

図1-2を見ると，子育てに関わる女性（25～44歳）の就業率は，2015（平成27）年で71.6％になっており，保育所等利用率（全体）も37.9％にもなっている。さらに，1・2歳児の保育所利用率が急速に増加していることがわかる。保育所待機児童問題は，日本人のライフスタイル，雇用状況，賃金状況などが複雑に影響していることと，働く場所が首都圏に集中していることなどが複雑に絡み合って生じている。

（2）これからの保育

1）保育所の現状

前述の待機児童問題により，保育所の運営主体に関する改正が行われた。

第 1 章　子どもの現状と保育

2000（平成12）年に認可保育所の設置主体に社会福祉法人だけでなく株式会社の参入が可能となったのである。

　しかし，2013（平成25）年の厚生労働省の調査によると，2012（平成24）年4月1日時点で待機児童が50人以上存在する埼玉県・東京都・神奈川県の各市区町村（計49自治体）のうち，何らかの方法（事業者の募集時に株式会社を排除する，当該自治体内で保育所の運営実績がある事業者を募集対象とするなど）で，「株式会社等の認可保育所への参入を阻害する運用」を行う市区町村が24自治体存在していたことが明らかになった。

　このような状況を受けて，内閣府の規制改革会議から2013（平成25）年5月に「保育に関する規制改革会議の見解」が出された。この中で，「経営形態にかかわらず，公平・公正な認可制度の運用がなされるよう，厚生労働省は都道府県に通知する。併せて，当該通知の趣旨が市区町村に周知徹底されるよう，都道府県に通知する」とした。これを受けて厚生労働省では同月に「新制度を見据えた保育所の設置認可等について」を都道府県宛に通知した。この中に，「保育需要が充足されていない地域においては，新制度施行前の現時点においても，新制度施行後を見据え，積極的かつ公平・公正な認可制度の運用をしていただくようお願いする」と明記された。

　さらに，同年6月14日閣議決定の「規制改革実施計画」において，「保育所の設置基準は，地方公共団体が条例において定めることとされているところであり，地方公共団体における当該条例の制定状況や当該設置基準の運用状況について，現行制度で保育計画を策定することとされている地方公共団体に対し調査を行い，公表する」とされた。

　このような待機児童問題に伴う規制改革より，保育所の設置主体は表1-2のような状況になってきている。特に，注目すべき事項は公立保育所の現況である。2008（平成20）年には公立の保育所は1万1,328か所であったが，2015（平成27）年には9,212か所になっている。

　また，株式会社・有限会社は，2008（平成20）年には1万149か所であったが，2015（平成27）年には927か所になっている。

表 1-2 保育所の設置主体別数（2015年 4 月 1 日現在）

公立	社会福祉法人	一般社団法人等	一般財団法人等	学校法人	宗教法人
9,212	12,382	18	79	366	233

NPO	株式会社・有限会社	個人	その他	合計	
165	927	129	26	23,537	

出所：厚生労働省「保育所の設置主体別認可状況等について（平成27年 4 月 1 日現在）」（http://
www.mhlw.go.jp/stf/seisakunitsuite/bunya/0000092452_1.html, 2016年 7 月10日閲覧）。

　これは，公立保育所の民営化が進んでいることを意味している。公立施設の
民営化には大きく分けて，経営を民間に「委託」する公設民営化方式と，経営
を民間に「移管」する民設民営化方式がある。前者は設置者が自治体で，保育

┌─ コラム 4 ─────────────────────────

指定管理者制度って何？

　公設民営化が行われるようになったのは，2003（平成15）年の小泉改革による地方
自治法の一部改正からである。地方自治法第244条の 2 第 3 項は，従来は，「公の施設
の設置の目的を効果的に達成するため必要があると認めるときは，条例の定めるとこ
ろにより，その管理を普通地方公共団体が出資している法人で政令で定めるもの又は
公共団体若しくは公共的団体に委託することができる」と規定しており，管理受託者
は，①普通地方公共団体が出資している法人で政令で定めるもの，②公共団体，③公
共的団体であった。

　これが改革により，「普通地方公共団体は，公の施設の設置の目的を効果的に達成
するため必要があると認めるときは，条例の定めるところにより，法人その他の団体
であつて当該普通地方公共団体が指定するもの（以下本条及び第244条の 4 において
「指定管理者」という）に，当該公の施設の管理を行わせることができる」となった。
また，同法第244条の 2 第 6 項で「普通地方公共団体は，指定管理者の指定をしよう
とするときは，あらかじめ，当該普通地方公共団体の議会の議決を経なければならな
い」となった。

　つまり，公の施設の管理については，議会の議決を得れば，これまで管理委託制度
で受託してきた財団等に加え，株式会社等の営利法人，NPO 法人等の非営利法人な
どの団体であれば受託が可能となった。これにより，公立の保育所の運営に関しても，
NPO 法人や株式会社などの指定管理者に委託する道筋が作られた。

　出所：地方自治法等から筆者作成。下線筆者。

└────────────────────────────────

所の建物や土地の管理，基本財産などは自治体が負担し，実際の保育所の経営だけを民間の法人や企業が担うというもので，指定管理者制度に該当する。それに対して民設民営化は，土地や建物を無償で貸与し法人立や企業立とすることである。

2）今後の保育と保育士の役割

2012（平成24）年8月に「子ども・子育て支援新制度」が成立し，都市部における待機児童解消を目的に，地域型保育事業が創設された。地域型保育事業は，家庭的保育事業，小規模保育事業，居宅訪問型保育事業，事業内保育事業があり，2015（平成27）年4月1日現在の地域型保育事業の認可件数は表1-3のとおりであり，全国で2,740件が認可されており，その内訳は，家庭的保育事業931件，小規模保育事業1,655件，居宅訪問型保育事業4件，事業所内保育事業150件である。

これに伴い，各地方自治体が実施する国のガイドラインに基づいた全国共通の研修会（20時間程度の研修）を修了すると，小規模クラスの保育施設などで保育士を補助する仕事に就けるという「子育て支援員」の資格も創設された。さらに，2016（平成28）年4月に厚生労働省から，「『待機児童解消に向けて緊急的に対応する施策について』の対応方針について」がだされ，「保育コンシェルジュ」の設置促進が求められている。

このように，待機児童問題は「保育」のあり方を大きく変えている。これからの保育所などの経営は利用する家族のニーズがどこにあるのかを考え，支援していくことが大切となる。さらに，都市部に集中される待機児童問題と同様に，児童数が減少している地域の問題にも視点をあてていく必要がある。

また，保育者も多様化する家族のニーズに応える保育実践をしていくことが大切となるが，いかなる場合でも，保育士が本来行わなければならない，「子どもの発達」に関わる支援を実践していくことが大切である。子どもが生を受けて，最初に出会い，影響を受ける家族以外の人が保育士である。この仕事は，子どもの将来，人生に大きく影響する仕事でもある。

┌─ コラム5 ─────────────────────────────────────

保育コンシェルジュとは

　「コンシェルジュ」とは，ホテル従業員の職業の一つで，宿泊客のさまざまな要望に対して対応する係のことである。厚生労働省は，保育コンシェルジュについて，待機児童が50人以上いる市区町村を中心に設置促進を図り，利用者と保育施設のマッチング（利用者支援）の強化を行うとしている。さらに，保育コンシェルジュの役割として，保育所等入所希望者への4月以降も継続した丁寧な相談を行い，小規模保育，一時預かり等多様なサービスにつなげるものである。申請前段階からの相談支援や，夜間・休日などの時間外相談を実施するなど，利用者の視点に立った機能強化を推進する。小規模保育事業卒園時の，保育所，幼稚園，認定こども園への円滑な入園のための利用調整を推進する，としている。

　出所：厚生労働省「待機児童解消に向けて緊急的に対応する施策について」（平成28年3月28
　　　日）（http://www.mhlw.go.jp/stf/houdou/0000118007.html，2016年7月10日閲覧）から筆
　　　者作成。
──

表1-3　地域型保育事業の認可件数（2015年4月1日現在）

事業	件数[1]	（公私の内訳）		（設置主体別内訳）［％］			
		公立	私立	社会福祉法人	株式会社・有限会社	個人	その他[3]
家庭的保育事業	931	157	774	28 [3.0]	11 [1.2]	725 [77.9]	167 [17.9]
小規模保育事業[2]	1,655	60	1,595	220 [13.3]	559 [33.8]	470 [28.4]	406 [24.5]
（A型）	(962)	(32)	(930)	(161 [16.7])	(319 [33.2])	(219 [22.8])	(263 [27.3])
（B型）	(572)	(18)	(554)	(44 [7.7])	(215 [37.6])	(201 [35.1])	(112 [19.6])
（C型）	(121)	(10)	(111)	(15 [12.4])	(25 [20.7])	(50 [41.3])	(31 [25.6])
居宅訪問型保育事業	4	0	4	0 [0]	2 [50.0]	0 [0]	2 [50.0]
事業所内保育事業	150	3	147	39 [26.0]	50 [33.3]	2 [1.3]	59 [39.3]
計	2,740	220	2,520	287 [10.5]	622 [22.7]	1,197 [43.7]	634 [23.1]

注：(1)自治体が設置した件数及び認可した件数。
　　(2)小規模保育事業は以下の3類型を設定。
　　　・A型：保育所分園や小規模の保育所に近い類型（保育従事者の全てが保育士）
　　　・B型：A型とC型の中間の類型（保育従事者の2分の1以上を保育士として，保育士以外の保育
　　　　　　従事者には研修の受講が必要）
　　　・C型：家庭的保育に近い類型（研修を受講した家庭的保育者を配置する場合には子供3人に対し
　　　　　　保育従事者1人，その補助者を置く場合には子供5人に対し保育従事者2人）
　　(3)公立，NPO法人，学校法人，一般社団・財団法人，医療法人など
出所：厚生労働省「地域型保育事業の認可件数について（平成27年4月1日現在）」（http://www.mhlw.
　　　go.jp/stf/seisakunitsuite/bunya/0000092452.html，2016年7月10日閲覧）。

第 1 章　子どもの現状と保育

【ポイント整理】

○子どもの貧困率

　「平成25年国民生活基礎調査」結果によると，「相対的貧困率」（貧困線に満たない世帯員の割合）は16.1％となっている。また，貧困線は122万円（名目値）であり，「子どもの貧困率」（17歳以下）は16.3％となっている。

○子どもの貧困対策の推進に関する法律

　第183回国会において成立し，2014（平成26）年1月17日から施行された。貧困の状況にある子どもが健やかに育成される環境を整備するとともに，教育の機会均等を図るため，子どもの貧困対策に関し，基本理念を定め，国等の責務を明らかにし，及び子どもの貧困対策の基本となる事項を定めることにより，子どもの貧困対策を総合的に推進することを目的としている。

○子供の未来応援国民運動

　2015（平成27）年4月2日に総理及び関係各大臣をはじめ，官公民，さまざまな立場の方々が一堂に会して「子供の未来応援国民運動」の「発起人集会」が開催され，趣意書が採択された。

○子供の未来応援基金

　子供の未来応援基金とは，子どもの貧困の放置は，子どもたちの将来が閉ざされてしまうだけでなく，社会的損失につながるとの考えを前提に，子どもの貧困対策を「慈善事業」にとどまらず，「未来への投資」と位置づけ，寄付金をはじめとする企業や個人等からの提供リソースを「子供の未来応援基金」として結集し，「未来応援ネットワーク」事業等を実施するものである。

○待機児童問題

　厚生労働省の統計でみると2015（平成27）年4月現在の待機児童数は2万3,167人で，年度途中に育児休業明け等により保育の申込みをしたものの入園できない数が2万2,148人あり，同年の10月時点では4万5,315人となっている。

○指定管理者制度

　2003（平成15）年の小泉改革による地方自治法の一部改正により，公の施設の管理については，議会の議決を得れば，これまで管理委託制度で受託してきた財団等に加え，株式会社等の営利法人，NPO法人等の非営利法人などの団体であれば受託が可能となった。これにより，委託された事業者を「指定管理者」という。

○子育て支援員

　子育て支援員は各地方自治体が実施する国のガイドラインに基づいた全国共通の研修会（20時間程度の研修）を修了すると，小規模クラスの保育施設などで保育士を補助する仕事に就くことができるもの。

【振り返り問題】

1 子どもの貧困について，新聞記事等から考えてみよう。

2 女性が働くためのニーズと保育所の役割を考えてみよう。

3 出身地の保育の状況について調べてみよう。

〈注〉

(1) ジニ係数：税金や社会保障制度を使って低所得層などに所得を再分配した後の世帯所得の格差を示すもので，イタリアの統計学者コッラド・ジニ（Gini, C.：1884〜1965年）により提唱された。ジニ係数がとる値の範囲は0から1であり，係数の値が大きいほどその集団における格差は大きい状態にあるとされている（厚生労働省「所得再分配調査」結果の概要，用語の解説などから筆者作成）。

(2) 「京都新聞」2015年8月31日掲載記事等を基に筆者作成。

(3) 厚生労働省「『保育所等関連状況取りまとめ（平成27年4月1日）』を公表します」2015年9月現在（http://www.mhlw.go.jp/stf/houdou/0000098531.html，2016年7月10日閲覧）より引用。

〈参考文献〉

大塚良一・小野澤昇・田中利則編著『子どもの生活を支える児童家庭福祉』ミネルヴァ書房，2016年。

経済産業省「産業分野の概要について」（平成28年6月），厚生労働省雇用均等・児童家庭局保育科「保育分野の経営力向上に関する指針（案）」（http://www.mhlw.go.jp/file/05-Shingikai-11901000-Koyoukintoujidoukateikyoku-Soumuka/s.1_1.pdf#search=，2016年7月10日閲覧）。

厚生労働省「人口動態統計」「平成27年4月の保育園等の待機児童数とその後（平成27年10月時点）の状況について」（http://www.mhlw.go.jp/file/04-Houdouhappyou-11907000-Koyoukintoujidoukateikyoku-Hoikuka/0000078425.pdf#search=，2016年7月1日閲覧）。

厚生労働省「待機児童解消に向けて緊急的に対応する施策について」（平成28年3月28日）（http://www.mhlw.go.jp/stf/houdou/0000118007.html，2016年7月10日閲覧）。

厚生労働省「地域型保育事業の認可件数について（平成27年4月1日現在）」（http://www.mhlw.go.jp/stf/seisakunitsuite/bunya/0000092452.html，2016年7月10日閲覧）。

厚生労働省「平成25年国民生活基礎調査の概要　所得に関する図表」（http://www.mhlw.go.jp/toukei/saikin/hw/k-tyosa/k-tyosa13/dl/03.pdf，2016年7月1日閲覧）。

厚生労働省「平成27年人口動態統計年計（概数）の概況」（http://www.mhlw.go.jp/toukei/saikin/hw/jinkou/geppo/nengai15/，2016年7月1日閲覧）。

厚生労働省「保育所の設置主体別認可状況等について（平成27年4月1日現在）」（http://www.mhlw.go.jp/stf/seisakunitsuite/bunya/0000092452_1.html，2016年7月10日閲覧）。

内閣府「新たな生活場所を求めるひとり親家庭等に対する支援」「子供の未来応援国民運動の展開について」（http://www8.cao.go.jp/kodomonohinkon/kokuminundou/pdf/k1/s3.pdf#search，2016年7月1日閲覧）。

第 1 章 子どもの現状と保育

内閣府「子供の貧困対策に関する大綱――全ての子供たちが夢と希望を持って成長していける
　社会の実現を目指して」(http://www8.cao.go.jp/kodomonohinkon/pdf/taikou.pdf#search,
　2016年 7 月 1 日閲覧)。
内閣府『子ども・若者白書 平成26年版』(http://www8.cao.go.jp/youth/whitepaper/h26hon
　pen/pdf_index.html, 2016年 7 月 1 日閲覧)。

【文献案内】
保坂渉・池谷孝司『子どもの貧困連鎖』新潮文庫, 2015年。
　――本書は, ルポルタージュと各専門家に対するインタビューで構成されている。貧困の連
　　鎖の広がりを断ち切らなければ日本の未来はない, また, 日本の再生を考えるならまず保
　　育からであると指摘する。保育士にとって必読すべき問題を提示している書籍である。
池上彰『新聞活用術』ダイヤモンド社, 2010年。
　――電子機器, 携帯等の情報が氾濫している中で, 新聞離れが深刻な問題になってきている。
　　新聞紙面には記者の工夫ややり取りが掲載されている。著者の独特の解説で新聞の魅力を
　　再発見できる書籍である。

(大塚良一)

第2章
保育者の役割と子どもの権利

┌─ 本章のポイント ─────────────────────

　「保育者は，子どもと遊んでいる楽な仕事だと思っている中学生が多い」。
これは中学生の「職場体験」を受け入れた保育所長の話である。保育者は
子どもと遊ぶまでに，相当な時間を事前準備にかけている。しかも，保育
者に求められるものは遊びだけではない。

　本章では，「保育者の役割」と「子どもの権利」について学びながら，
保育者の基盤を成している倫理や発達の保障，人間性について考える。第
3章以降，「保育者」をさまざまな視点からさらに詳しく学ぶが，本章で
の学びが土台となって発展し，さらに自身の保育観・保育者観の基礎とな
る。常に「保育者になる」ことを意識して学習しよう。

└────────────────────────────────

第1節　保育者とは

（1）保育者に求められる倫理

　「将来，どんな保育者になりたいですか」と質問されたら，どう答えるだろ
うか。たとえば，「優しい先生」「子どもの心を理解できる先生になりたい」
「児童養護施設に勤めたい」など，10人に質問すれば10人がそれぞれに違う将
来の「理想の保育者」が出てくるだろう。

　第1章で学んだように，子どもを取り巻く環境は大きく変化し続け，大変厳
しい社会になっている。子どもだけではなく，親にとっても，これから親にな

第2章　保育者の役割と子どもの権利

ろうとする人にも，子どもを産み育てるには大変な社会になっている。こうした「産み育てにくい社会」を「産み育てやすい社会」に変えていくために，社会から期待されている保育者の役割がある。この役割は，すべての保育者が担う役割であり，すべての保育者がそれぞれの立場で「仕事」として実践できなければならない。「仕事」として実践するためには知識・技能が必要となる。そこで，保育士資格や幼稚園教諭免許状を取得するために，大学や専門学校で学んでいるのだ。しかし，この学びはあくまでも初任の保育者として必要な，最低限の知識・技能でしかない。この知識・技能を「知っている」から，仕事として「実践できる」ように実地で学び高めていくのが実習である。

┌─ コラム1 ─────────────────────────

保育実習の位置づけ

　厚生労働省雇用均等・児童家庭局長から出されている「指定保育士養成施設の指定及び運営の基準について」によると，「保育実習は，その習得した<u>教科全体の知識，技能を基礎とし，これらを総合的に実践する応用能力を養うため</u>，児童に対する理解を通じて保育の理論と実践の関係について習熟させることを目的とする」としている。苦労して学んだ知識・技能も，実践できなければ「仕事」にならない。その知識・技能と実践をつなぐのが実習である。

　　出所：厚生労働省雇用均等・児童家庭局長通知「指定保育士養成施設の指定及び運営の基準について」（2003（平成15）年通知，2015（平成27）年一部改正）別紙2「保育実習実施基準」から筆者作成。下線筆者。

└────────────────────────────────

　在学中に「学校での学び」と「実地での学び」を繰り返し行いながら，「保育者の仕事」ができるように土台をつくるのだ。土台の上に自らの興味や関心に基づいた学びを行うことで，初めて「理想の保育者」に近づくことができるようになる。理想の保育者には，一朝一夕になれないのだ。

　ところで「保育者の仕事」は，一般的に「保育」と呼ばれることが多い。この「保育」とはいったいどのようなものなのだろうか。また「保育者」とはどのような職業なのだろうか。

　「保育」について岡田正章（1925〜2014年）は3つの定義を行っている[1]。

　1つ目は「乳児・幼児に対する教育で幼児教育と同義語」である。学校教育

法第22条には幼稚園の目的が示されているが，ここで「幼児を保育し」と，保育の語を用いている。一方で，幼稚園教育要領では「幼稚園教育」と明記するなど，「用語」として厳密には使い分けられていないことがわかる。

　2つ目は「乳児・幼児に対して，生存上必要とする衣食住の世話と心理的欲求の充足を図る養護と心身の発達を助長する教育とが一体となって働く営み」である。保育所保育指針では，保育所保育を「養護と教育」と位置づけているが，この位置づけは2つ目の定義に見合った内容である。一方，幼稚園においては「養護」の語は用いていない。しかし幼児は当然に養護が必要な年齢である。そのため幼稚園教育要領や幼稚園教育要領解説において，生活のリズムや生活行動などで教師の適切な関わりが必要であることが明記され，幼稚園教育の中に養護の内容が含まれていることが理解できる。

　3つ目は「小学校学童のうち親が共働きなどの理由で放課後鍵っ子となっているものに対し，放課後夕刻まで生活・遊びを指導する営み」としている。「学童保育」や「放課後児童クラブ」などと呼ばれるものを指しているが，児童福祉法に定める放課後児童健全育成事業のことである。

　「保育者」については，民秋言（1940年～　）は「幼稚園や保育所などで保育に従事する者の総称」[2]と説明している。総称とは，さまざまなものを1つにまとめた際の呼び名である。民秋がこの説明を執筆した当時，認定こども園は設けられていなかった。これを現在に置き換えると「保育者は，幼稚園・保育所・認定こども園などで保育に従事する者の総称」とすることができよう。民秋は加えて「近年はベビーシッターや無認可保育施設など民間保育サービスに従事する者も保育者と呼ぶ…（後略）…」[3]と説明している。こうしたことから，広く保育者とは「保育が行われている現場で，保育に従事している者」として位置づけることができる。ここには「幼稚園教諭」や「保育士」，認定こども園の「保育教諭」が含まれる。さらには保育士の国家試験合格を目指しながら保育所で「保育補助」として勤務する者や，ベビーシッター，居宅などで「家庭的保育者」（いわゆる保育ママ）として保育する者，「子育て支援員」も含まれるのである。しかし，こうした無資格者を含む「広い意味の保育者」と，より

第2章 保育者の役割と子どもの権利

高い知識・技能が要求される有資格者による「狭い意味の保育者」とは，分けて考える必要がある。

　有資格者による「狭い意味の保育者」とは，保育士資格取得者による保育所保育士，幼稚園教諭免許状取得者による幼稚園教諭，あるいは両免許・資格取得者が認定こども園で保育教諭として保育に従事する場合の保育者である。その理由として，保育士資格や幼稚園教諭免許状は能力や知識といった専門性が判定され，保育に従事することを国家が認めた「国家資格」であることが挙げられる。保育士は名称独占資格であり，有資格者以外は「保育士」を名乗ることが認められない。幼稚園教諭は業務独占資格であり，幼稚園において保育を独占的に行うことができるが，無資格者は保育に携わることが禁じられている。

　こうした背景により，高い専門性と園という保育に適した場を使いこなした「社会から期待されている役割」が，保育所保育指針や幼稚園教育要領などに明確に示されている。同じ「保育者」であっても，身に付けている専門性，社会的地位，社会からの期待が，無資格者とは明らかに異なるのである。本書においても，「保育者」と示している場合，基本的には「狭い意味の保育者」を示している。

---- コラム2 ----

施設保育士は保育者なのか

　「施設保育士は保育者ですか」と学生から質問を受けることがある。あなたはどう思いますかと尋ねると「施設保育士は，保育を行っていないから保育者ではないと思います」と答える人が多い。しかし筆者は，次の2つの点から「狭い意味の保育者」に含んでも良いのではないかと考えている。

　1つ目は「保育士」という資格とそのための学びによって仕事を行っている点だ。ある施設を見学した時のことである。施設長が「保育士資格をもっている支援員が作った掲示物は，とても温かみがあるんです」と，ハロウィンの行事を知らせるポスターを見せてくださった。「この発想は，私たち社会福祉士にはできないですね」と指さした先にあるオバケの手が，利用者一人ひとりの手形をとって作られていた。「保育士」としての学びがあり，それが活かされる場面は思っている以上に多い。

　2つ目は「マインド」である。これは尊敬するある先生からの受け売りだが，どんな「マインド」をもってその職業に就いているのかが重要なのだ。職業アイデンティ

21

ティ（主体性・自己同一性）と表現しても良いのかもしれない。施設保育士は資格を取得する過程で得た「保育観」「保育者観」が，福祉の現場で必要な「対人援助観」などに大きな影響を与える。「保育士資格」取得への学び，そして「保育者観」が施設保育士としての仕事や生き方に大きく影響を与える。

「私は施設保育士を目指しているから，保育者論は関係ない」と考える人もいるかもしれないが，施設保育士を目指しているからこそ，保育者論を大切に学んでほしいと筆者は思っている。保育者論は「保育観」や「養護観」はもちろんのこと，さらに重要な「倫理観」や「人間性」を養う科目なのだ。「自分の科目」として学んでほしい。

出所：学生からの相談，施設長からの話を基に筆者作成。

「狭い意味の保育者」である保育所保育士の職務について，保育所保育指針に次の記述がある。

資料1

保育所保育指針における倫理観

【平成12年改正「保育所保育指針」】

「保育においては，保育士の言動が子どもに大きな影響を与える。したがって，保育士は常に研修などを通して，自ら，人間性と専門性の向上に努める必要がある。また，倫理観に裏付けられた知性と技術を備え，豊かな感性と愛情を持って，一人一人の子どもに関わらなければならない」

出所：第1章総則　1保育の原理（2）保育の方法より抜粋。下線は筆者が加筆した。

【平成21年改正「保育所保育指針」・平成30年改正「保育所保育指針」】

「保育所における保育士は，児童福祉法第18条の4の規定を踏まえ，保育所の役割及び機能が適切に発揮されるように，倫理観に裏付けられた専門的知識，技術及び判断をもって，子どもを保育するとともに，子どもの保護者に対する保育に関する指導を行う」

出所：平成21年改正「保育所保育指針」は，第1章総則　2保育所の役割（4）より抜粋。平成30年改正「保育所保育指針」は，第1章総則　1保育所保育に関する基本原則（1）保育所の役割エより抜粋。いずれも下線は筆者が加筆した。

2018（平成30）年改正の保育所保育指針に加え，2000（平成12）年改正と2009（平成21）年改正の保育所保育指針を示したが，これを見てわかるように以前から繰り返し用いられている「倫理観」という言葉がある。「倫理観」とは，どのような意味があるのだろうか。「倫理」とは人の道，道徳，モラルの意味である。

観とは見方，とらえ方という意味である。つまり，保育士が「人の道や道徳を
どのようにとらえているのか」ということである。そして裏付けとは，物事が
確かであることを証拠立てる，物事を確実なものにするという意味である。

　保育は，専門的知識，技術，判断によって適切に行わなければならないが，
その「適切な保育」の拠り所は，保育者がもつ道徳やモラルであるということ
である。保育の現場で保育者は日々，専門的知識や技術，子どもの今と将来に
関わるさまざまな判断を行っている。専門的知識，技術，判断はそれぞれが独
立しているのではない。相互に関連し，有機的に結合しながら「保育」となっ
て実践されるのである。知識が判断に影響を与え，判断が技術に影響を与え，
お互いに結合しながら保育の実践がなされるのである。

コラム3

失　敗

　筆者がある保育所で所長と話していると，保育士になって半年のかえでさん（仮
名）がやってきた。ある不適切な保育を行ったと，報告に来たのである。所長はまず
正直に報告したことを認めた上で，子どもへの影響を確認し，その時の状況を尋ねた。
　不適切な保育は，子どもの人生や将来に与える影響が計り知れない。知識・技能の
不足，判断ミス，倫理観の欠如，これらすべてが不適切な保育の原因となる。保育や
福祉，教育は実践する者（保育者）が性善であるという前提によって行われている。
性善とは，人の本性は善であるということである。その性善を背景に，保育者は「保
育士」「児童指導員」「教諭」といった肩書きがあるからこそ，出会ったその日から信
頼してもらえているのである。それを当たり前と思って，知識・技能・倫理観の向上
を疎かにしてはならない。目の前の子どもが善き人生を送るためには，保育者一人ひ
とりが問われる。……所長は穏やかにかえでさんを諭していた。
　出所：筆者の体験などを基に作成。

　社会が高度化し，多様な価値観を許容する状況が生まれてきている。多くの
人が一つの仕事に関わる場合，各人の解釈が異なってしまうことが往々にして
ある。保育の現場でも同様に，保育者間で細かな部分の理解が異なる場合があ
り，解釈に揺らぎが生じることがある。こうした揺らぎが生じないよう，共通
した考え方をもって方向性を統一することは，保育者の信頼性を高めるために

も必要である。その一つが以下に示す「全国保育士会倫理綱領」である。保育所保育士がもつべき倫理観を明文化し，共通理解の下に保育を実施するために，保育所保育士が多数所属する「全国保育士会」が作成した。また同様に全国児童養護施設協議会の倫理綱領や，全国乳児福祉協議会の乳児院倫理綱領がある。

資料2

全国保育士会倫理綱領

　すべての子どもは，豊かな愛情のなかで心身ともに健やかに育てられ，自ら伸びていく無限の可能性を持っています。

　私たちは，子どもが現在（いま）を幸せに生活し，未来（あす）を生きる力を育てる保育の仕事に誇りと責任をもって，自らの人間性と専門性の向上に努め，一人ひとりの子どもを心から尊重し，次のことを行います。

　私たちは，子どもの育ちを支えます。

　私たちは，保護者の子育てを支えます。

　私たちは，子どもと子育てにやさしい社会をつくります。

（子どもの最善の利益の尊重）

1．私たちは，一人ひとりの子どもの最善の利益を第一に考え，保育を通してその福祉を積極的に増進するよう努めます。

（子どもの発達保障）

2．私たちは，養護と教育が一体となった保育を通して，一人ひとりの子どもが心身ともに健康，安全で情緒の安定した生活ができる環境を用意し，生きる喜びと力を育むことを基本として，その健やかな育ちを支えます。

（保護者との協力）

3．私たちは，子どもと保護者のおかれた状況や意向を受けとめ，保護者とより良い協力関係を築きながら，子どもの育ちや子育てを支えます。

（プライバシーの保護）

4．私たちは，一人ひとりのプライバシーを保護するため，保育を通して知り得た個人の情報や秘密を守ります。

（チームワークと自己評価）

5．私たちは，職場におけるチームワークや，関係する他の専門機関との連携を大切にします。

　また，自らの行う保育について，常に子どもの視点に立って自己評価を行い，保育の質の向上を図ります。

（利用者の代弁）

6．私たちは，日々の保育や子育て支援の活動を通して子どものニーズを受けとめ，

第2章　保育者の役割と子どもの権利

子どもの立場に立ってそれを代弁します。

　また，子育てをしているすべての保護者のニーズを受けとめ，それを代弁していくことも重要な役割と考え，行動します。

（地域の子育て支援）

7. 私たちは，地域の人々や関係機関とともに子育てを支援し，そのネットワークにより，地域で子どもを育てる環境づくりに努めます。

（専門職としての責務）

8. 私たちは，研修や自己研鑽を通して，常に自らの人間性と専門性の向上に努め，専門職としての責務を果たします。

　出所：全国保育士会「全国保育士会倫理綱領」。

　綱領は法律ではないが，保育所保育士の規範となるものである。規範とは行動基準，判断基準となる決まりである。そのような意味で，保育所保育士にとって，とても重要な決まりなのである。

　前文に「自らの人間性と専門性の向上に努め」という文言がある。専門性の向上は当然のことであるが，なぜ自らの人間性を向上させなければならないのだろうか。榎沢良彦は人間性がその人らしい実践を生み，その意味で人間性が専門性の基盤をなしていると説明している。[4] 専門性がどの場面で，どのタイミングで，どのように発揮されるのか，それが「その人らしさ」とお互いに影響を与えながら「○○先生らしい保育」として個性ある保育として表出される。

--- コラム 4 ---

人間性の涵養（かんよう）

　倉橋惣三（1882～1955年）は「幼児教育の最も根本にして，最も重要なる目的は人間性の涵養にある。このことは，恐らくすべての教育においていえることである。しかし，幼児教育において，特にそうである」と，幼児期の教育が人間性の涵養にあるとしている。涵養とは徐々に養い育てるという意味である。

　保育者は，専門性と「その人らしい」人間性によって表出される「○○先生らしい保育」を行うことで，徐々に「その子らしさ」を養い育てる。ここに保育者と子どもの，同じ人間として一対一の関係が生じ，お互いが関わることでお互いの人間性が涵養される。大人も子どもに影響を受け，人間としても，保育者としても成長するのである。

　出所：倉橋惣三『人間性の涵養　序論（1）』幼児の教育，1953年，2-3頁を参考に筆者作成。

保育・福祉・教育は，性善を前提とした信頼の上に成り立っている。その信頼をつくっているのは，私たち保育・福祉・教育に携わる職員一人ひとりにほかならない。たった一人の行いによって，信頼を高めることも，損なうこともある。だからこそ，私たちには倫理観が重要なのであり，保育者としての正しい倫理観に裏づけされて初めて「○○先生らしい保育」が成り立つのである。保育者としての倫理観，そしてその倫理観や人間性を高める保育者としての適切な立ち振る舞いを，養成校で学ぶ期間に少しでも多く学び，身に付けなければならない。

コラム5

受　　容

　児童養護施設で施設保育士として勤務する友香さん（仮名）と久しぶりに会った時のことである。友香さんは，ある子どもの行動に心を痛めていた。そして，必要以上に強く叱ったことに，自分自身を責めていた。

　残念ながら，人間は善のみを行っているのではない。私たちは基本的には性善であるが，時に悪意をもって行動することもある。同じ過ちを繰り返すこともある。止むに止まれぬ思いで，悪と知りながら行動することもある。無意識に行動することもある。それもまた「その人らしさ」であり，人間性であり，「現在のありのままの姿」なのである。私たち保育者は「なぜ，この場面で，このような悪い行動をしたのか」その理由について背景や心情も含めて受け止め，受容しなくてはならない。それが，目の前にいるかけがえのない人を理解するための第一歩なのだ。

　この受容は自分自身にも向かわなければならない。もし起こした過ちがあるのなら認め，「私自身の，現在のありのままの姿」を受容することも必要なのである。かけがえのない自分自身を受容し，自分自身をケアすることは，明日もまた子どもと共にいるために必要なことなのだ。

　　出所：友香さん（仮名）の話と，メイヤロフ，ミルトン／田村真訳『ケアの本質――生きることの意味』ゆみる出版，1987年を参考に筆者作成。

（2）子どもを支える保育者とは

1）子どもへの支援と保護者への支援

　子どもを支えるとは，子どもの何を支えるのだろうか。それはまさに，本書のタイトルにもある「豊かな育ち」である。「豊か」とは十分，ゆとりあると

いう意味である。「育ち」とは育ち方，育つ環境の意味である。また「支え」とは支援，援助の意味である。保育者は，子どもが育つために十分な環境を用意することによって，子どもを支援するのである。わかりやすい例として，幼稚園教育要領「第1章総則」には次の事柄が記されている。[5]

> 「幼児期の教育は，生涯にわたる人格形成の基礎を培う重要なものであり，幼稚園教育は，学校教育法に規定する目的及び目標を達成するため，幼児期の特性を踏まえ，環境を通して行うものであることを基本とする。」
> 「このため教師は，幼児との信頼関係を十分に築き…（中略）…幼児と共によりよい教育環境を創造するように努めるものとする。」

　このように，幼児期の教育は環境を通して行われる。そして，教師は子どもと信頼関係を十分に築き，幼児とともにより良い教育環境を創造するのである。創造とは，それまで存在しなかったものをつくり出すという意味である。保育者自身も豊かな育ちを支える環境の一部であり，人的環境として，子どもとともに協力しながら新たな環境を作り出すのである。新たな環境というと，何やら大きなものに感じてしまい「私にはできない」と思ってしまうかもしれない。しかしこれは，日々の保育を営む中で，子どもの成長・発達を意識した保育を行うことにほかならない。

　子どもは刻一刻と成長・発達を続けている。次の瞬間に成長・発達するために，より良い環境を保育者とともにつくるのである。子ども一人ひとりに応じた豊かな環境を用意し，子ども自身が興味や関心をもって環境に働きかけることにより，新たな環境を自らの手で作り出すことができるのである。保育者が子ども一人ひとりを理解し，その理解に基づいた配慮を行うことで，働きかけがより広がり，より深まるのである。こうした営みによって，子どもはより成長・発達することができる。

┌─ コラム6 ─────────────────────────────────

支え・支えられる

　麻衣さん（仮名）が，卒業後に筆者を訪ねてきた。「保育者になって5年になりました。1年目はまったくゆとりがなくて，先輩の先生の指示を受けることがやっとでした。2年目はちょっと余裕ができて，3年目からやっと保護者や子どもの地域生活に目が向くようになりました」と話していた。仕事が大変な時もあったそうだが，子どもや保護者からさまざまなかたちで元気や励ましをもらって保育者を続けているとのことだ。言葉だけではなく，笑顔や，時には折り紙や絵のプレゼントをもらうこともあるそうだ。麻衣さんは「支えてもらっています」と笑っていた。

　保育者や対人援助職が子どもや利用者に支えてもらうことについては，さまざまな意見があるだろう。しかし，私たちが子どもを見ているのと同じように，子どもも私たちを見ている。元気や励ましもさまざまなかたちがあって，それも「その子らしさ」であり，人間性である。そして，その人間性を表出してもらえる関係性が構築できた。それは麻衣さんの人間性があったからではないだろうか。

　子どもと遊んでいる時は楽しい。しかし，時には「仕事がつらい」と思う瞬間があるかもしれない。私たちは時に支え，時に支えられ，子どもがいるこの場に，子どもと一緒にいる。そして子どもとともに成長するのである。

　　出所：麻衣さん（仮名）の話と，メイヤロフ，ミルトン／田村真訳『ケアの本質──生きることの意味』ゆみる出版，1987年を参考に筆者作成。

───

　保育者の広がりと深まりのある働きかけは，保育者自身のゆとりから生まれるものである。保育者自身の気持ちにゆとりがなければ，日々起こる目の前の出来事にしか対応できず，新しい柔軟な発想ができないからである。また，こうした保育者のゆとりある働きかけは，子どもだけではなく，保護者に対しても良い影響を与える。保護者への細やかな視点と声がけは，信頼感を徐々につくり，相談へとつながる。こうした保護者との関わりが，保護者に対する子育て支援や保育指導へ発展し，保護者と子どもとの関係改善へつながる。保護者に対する保育の助言や子育て支援は，子どもへの支援につながり，その延長線上にある発達の保障や子どもの最善の利益につながるのである。

　発達の保障とは，子どもの健全な育成を保障するとともに，発達に伴った適切な配慮や関わりを行うことで，望ましい発達を促すことである。「保障」とはその状態を保護し，守るという意味である。発達の保障とは，子どもの豊か

第2章　保育者の役割と子どもの権利

な育ちを支えることと変わりないのである。前出の「全国保育士会倫理綱領」第2項を確認してほしいが，ここで子どもの発達保障を定めている。つまり，発達を保障することは保育士の倫理でもあるのだ。

2）施設保育士の支援

施設保育士においても，子どもに対する発達保障は何ら変わりない。社会的養護は各施設において運営の差が大きいことから，質の向上を図る目的で施設種別ごとに，運営理念等を示す「指針」と，指針の解説書である「手引書」を作成することとなった。

児童養護施設運営指針は，「社会的養護の目的」を未来の人生を作り出す基礎となるよう，「子ども期の健全な心身発達の保障を目指す」ものと位置づけている。子ども期は年齢に応じた発達課題をもち，その後の成人期の人生に向けた準備期間であることを踏まえて位置づけられたものである。また，養育の基本目的として，子どもが自分自身の存在について「生まれてきてよかった」と意識的・無意識的に思い，自信をもてるようになることと位置づけている。そのために安心して自分を委ねられる大人の存在が必要となる。施設保育士は，こうした安心して自分を委ねられる大人としての存在として，寝起きを共にしながら「共に住まう存在」として誠実に関わることが求められる。子どもの中には，適切なコミュニケーションをとれない子どもや，理屈では割り切れない心の動きが起こり，それを表現できない子どもがいる。寄り添い，時間をかけ，子どもの心がひらくまで待ち，関わる姿勢を大切にする必要がある。こうした姿勢が，「大切にされている」ことの実感につながるのである。

しかし，こうした関わりの姿勢は，社会的養護に限られるものではない。根本において子どもとの関わりは，子どもが自分自身の存在について「生まれてきてよかった」と意識的・無意識的に思えるように寄り添い，時間をかけて関わる営みである。そのためにも子ども一人ひとりの今をとらえ，「より良く生きること」ができるように物的環境，人的環境を整え，生理的な欲求を満たし，危険から守り，生活や遊びが安心して行えるように配慮し，一人ひとりが愛され大切にされていると感じられるよう，豊かな育ちを支えなければならない。

ここで重要な点は，大人の独りよがりではなく，子どもの権利を考慮しなければならないということである。

第2節　子どもの権利と保育

　保育や社会的養護を行う上で，子どもの権利については最も注意を払わなければならない事柄である。子どもの権利とは，子どもにも大人同様に基本的人権が存在することを示したものである。しかし，子どもは発達段階の途中にあるため，大人とは異なる発達に応じた配慮と支援が必要である。どのような配慮と支援が必要なのか，基本的な事柄を決めて条約化したものが「児童の権利に関する条約」である。

　「児童の権利に関する条約」では，子どもに「生きる権利」「育つ権利」「守られる権利」「参加する権利」の4つの権利があるとしている。

（1）「生きる権利」

　世界には日々の食事にさえ困る子どもがいる。食事だけではない，地雷，飲み水など，あらゆる生活の場面で生きることが困難な子どもがいる。何やら遠いところの問題に感じるが，日本においても第1章で学んだ「子どもの貧困」として社会問題となっている。また家庭，地域，園など，子どもが生活するさまざまな場所に危険が潜んでいる。さらには児童虐待や誘拐，はしかや風土病などの疾病もある。こうしたさまざまな姿形で危険が存在している。子どもの安全は大人が確保しなければならない。そうした意味で，子どもに一番近い保育者の役割は重要である。

（2）「育つ権利」

　子どもが健やかに育つよう，保育者には「生み育てやすい社会」をつくる期待が寄せられている。その具体化が，子どもに対する「質の高い保育」と，保護者に対する「子育て支援」である。保育者は日々，子どもの生活と人生設計を考えて，一人ひとりの今と将来を見据えた保育を行っている。身体の成長だけではなく，豊かな人間性をもった「一人の人間としての育ち」ができるよう，

保育や養護を行わなければならない。

（3）「守られる権利」

　子どもは心身が未成熟である。特に乳幼児は常に危険にさらされ，大人からの保護が必要である。しかし，すべての大人が子どもを保護しているわけではない。虐待などで危険にさらしている場合もある。こうした大人から守ることも保育者に期待されている役割である。その一方で，保育者自身が子どもを迫害している場合も考えられる。日々の保育を振り返ることで，こうした過ちを最小限にとどめる営みが必要である。

（4）「参加する権利」

　子どもにも大人同様に「こうしたい」「こうなりたい」という意見や希望がある。発達に応じて自らの考えを表明し，自分自身のことを決めることで主体性や責任が生まれるのである。

事例1

様　子

　ある日の夕方のことである。新人保育士の理佐さん（仮名）は，3歳児のみなみさん（仮名）が家に帰りたくなさそうな様子であることに気が付いた。その時は，友だちともっと遊びたいのだろうと思っていた。その数日後，みなみさんが親から虐待されていたことが発覚した。子どもの「考え」は言葉だけではなく，身振りや表情などで表されることもあることを改めて思い知った。

　出所：理佐さん（仮名）の話を基に筆者作成。

　事例のように，子どもから出されるさまざまなサインに保育者が気づき，代弁者として意見を表明する期待が寄せられている。サインを出してもらえる関係性を構築するために，保育者一人ひとりの人間性が活かされる。そして，サインに気づくために子どもの日々の表現を受け止め，真摯に対応するとともに，こうした表現や対応を記録に残しておくことが重要である。

　この4つの権利は，ただ条約に定められているから実践するのではない。ここに示された権利は，いわば世界共通の「児童観」である。

```
┌─ コラム7 ─────────────────────────────────────────────┐
```

児童の権利に関する条約とコルチャック

　ポーランドにヤヌシュ・コルチャック（Korczak, J.）という医師がいた。ユダヤ系であったコルチャックは，院長を務めていた孤児院の子どもたちと一緒に，ホロコーストの犠牲になった。

　作家，教育者でもあったコルチャックは，「大人に保護された子ども」という児童観を否定していた。そして，子どもは善でもなく悪でもなく，さまざまな可能性をもった「子ども」という存在と位置づけていた。コルチャックが院長を務めた孤児院では，自発的な生活をする基礎として会議を開催した。子どもが裁判官となり，コルチャックが裁かれることもあった。「同じ人間として等しく扱われる」という思想を実践していたのである。この思想をポーランドの人々が国連で紹介し，「児童の権利に関する権利」に昇華したのである。

　　出所：田中和男「ヤヌシュ・コルチャック」室田保夫編著『人物で読む西洋社会福祉のあゆ
　　　　み』ミネルヴァ書房，2013年，169-175頁，吉田明弘「児童福祉の発展」吉田明弘編著
　　　　『児童福祉論　児童の平和的存在権を基点として　改訂版』八千代出版，39-58頁を参考に
　　　　筆者作成。

```
└───────────────────────────────────────────────────┘
```

　児童の権利に関する条約第3条1で，「児童に関するすべての措置をとるに当たっては，公的若しくは私的な社会福祉施設，裁判所，行政当局又は立法機関のいずれによって行われるものであっても，児童の最善の利益が主として考慮されるものとする」[6]と規定されている。「児童の最善の利益」これこそが，保育者にとって重要な判断基準となる。前出の全国保育士会倫理綱領や児童養護施設運営指針においても，「子どもの最善の利益」を倫理や基本理念として位置づけている。

```
┌─ 資料3 ─────────────────────────────────────────────┐
```

子どもの最善の利益の尊重とは

【全国保育士会倫理綱領】
（子どもの最善の利益の尊重）
1．私たちは，一人ひとりの子どもの最善の利益を第一に考え，保育を通してその福
　　祉を積極的に増進するよう努めます。
【児童養護施設運営指針】
2．社会的養護の基本理念と原理

第**2**章　保育者の役割と子どもの権利

（1）社会的養護の基本理念

　①子どもの最善の利益のために

　　社会的養護は，子どもの権利擁護を図るための仕組みであり，「子どもの最善の利益のために」をその基本理念とする。

出所：全国保育士会「全国保育士会倫理綱領」（再掲），「児童養護施設運営指針」（平成24年3月29日　厚生労働省雇用均等・児童家庭局長通知）から筆者作成。

　保育者の言動や判断は，一人ひとりの「子どもの最善の利益」を考慮していなければならない。最善とは，子どもにとっての最善であり，われわれ大人や保育者の最善ではない。そして，最も大切なことは，最善の利益を追求する姿勢である。目先の利益を追求するのではなく，家庭，地域の環境を踏まえて，成人になるまでの発達を長期的視点でとらえることが必要である。このためには，「参加する権利」を実践し，子ども自身の考えや意向を把握しなければならない。日常の会話や表情など，さまざまな形で表される思いを汲み取り，保育や養護の場面で活かすことが重要である。

　その一方で，子どもの考えが最善の利益につながらないこともある。やみくもに考えを活かすのではなく，将来への道筋をとらえた保育や養護ができるように，日頃から信頼関係を深める必要がある。また，園・施設内での権利擁護に対する基本姿勢を決めるとともに，職員間での共通理解をもつことが必要である。共通理解をもつための取り組みをどのように実施し，共通理解をどのように活かすか明示し，保育者一人ひとりが保育や養護に活かせるよう，保育者間の信頼関係や連携，協働性を高める取り組みが必要である。

　こうした「子どもの最善の利益」は「well-being」の保障につながる。well-being は直訳すると「幸福」であるが，個人の権利や自己実現が保障され，身体的・精神的・社会的に良好な状態の意味で用いられる。保育・教育・福祉，いずれの分野であったとしても，子どもの最善の利益を考える上で，重要な視点となる。何が最善であるのかを保育者間，保育者・子ども・保護者で共有し，子どもに対して真摯に向き合うことが，子どもとの信頼関係をより深めることにつながる。

33

子どもに対して真摯に向き合うことにより，保育者と子どもの間に，同じ人間として一対一の関係が生じる。保育者という一人の人間が，一人の人間の人生に関わる。ここに，保育者の「一人の人間」としての生き方が問われる。そして，保育や支援が子どもの育ちに適切であったのか，真摯に振り返る営みが高い倫理観を養うのである。

　私たちが子どもと関わっている最中は，そこに意識が集中し，振り返る余裕などはない。終わってから，自らの実践が子どもに，保育や養護に，自分自身に，どのような意味をもったのかを，明確にしていくのである。自らの実践を記録しながら振り返り，読み返しながら振り返り，自分自身の中で振り返るのである。そこに，喜びや悲しみ，恐れ，無意識にふたを閉めていたことなど，自身にしかわからない感情と気づきがある。それを乗り越えることにより自分自身の成長があり，人間性を基盤とした「私らしい保育」ができるのだ。

【ポイント整理】

○保育者
　保育が行われている現場で，保育に従事している者。無資格者を含む「広い意味の保育者」と，より高い知識・技能が要求される有資格者による「狭い意味の保育者」に，分ける必要がある。

○全国保育士会倫理綱領
　保育士が最低限もつべき倫理観を明文化し，共通理解の下に保育を実施するために作成された綱領。

○発達の保障
　子どもの健全な育成を保障するとともに，発達に伴った適切な配慮や関わりを行うことで，望ましい発達を促す。発達を保障することは保育士の倫理でもある。

○社会的養護の目的
　未来の人生を作り出す基礎となるよう，子ども期の健全な心身の発達保障を目指す。

○児童の権利に関する条約
　「生きる権利」「育つ権利」「守られる権利」「参加する権利」の４つの権利がある。

○子どもの最善の利益
　児童に関するすべての措置において，児童の最善の利益が考慮される。「児童の最善の利益」は，保育者にとって重要な判断基準となる。

第2章　保育者の役割と子どもの権利

【振り返り問題】

1　「○○先生らしい保育」（○○には，あなたの名前を入れましょう）とは，どのような保育になるのか，考えてみよう。

2　子どもの最善の利益を配慮した，子どもへの関わりを確認しよう。

3　「児童養護施設運営指針」と「保育所保育指針」の同じ点，異なる点を比較検討してみよう。

〈注〉

(1)　岡田正章「保育」岡田正章・千羽喜代子ほか編著『現代保育用語辞典』フレーベル館，1997年，385頁。

(2)　民秋言「保育者」同上書，393頁。

(3)　同上書。

(4)　榎沢良彦「保育者の専門性」日本保育学会編『保育者を生きる——専門性と養成』（保育学講座4）東京大学出版会，2016年，16-17頁。

(5)　2018（平成30）年施行「幼稚園教育要領」第1章総則　第1幼稚園教育の基本より引用。

(6)　外務省「児童の権利に関する条約」（外務省 HP〔http://www.mofa.go.jp/mofaj/gaiko/jido/zenbun.html，2016年11月10日閲覧〕）

〈参考文献〉

倉橋惣三『人間性の涵養　序論（1）』幼児の教育，1953年。

柏女霊峰監修，全国保育士会編『全国保育士会倫理綱領　ガイドブック 改訂版』全国社会福祉協議会，2013年。

日本保育学会編『保育者を生きる——専門性と養成』（保育学講座4）東京大学出版会，2016年。

神長美津子ほか編著『専門職としての保育者　保育者の力量形成に視点をあてて』光生館，2016年。

白石崇人『幼児教育の理論とその応用②　保育者の専門性とは何か』社会評論社，2013年。

岡田正章・千羽喜代子ほか編著『現代保育用語辞典』フレーベル館，1997年。

厚生労働省『児童養護施設運営指針』厚生労働省，2012年。

厚生労働省『保育所保育指針』厚生労働省，2017年。

厚生労働省『保育所保育指針』厚生労働省，2008年。

厚生労働省『保育所保育指針』厚生労働省，2000年。

厚生労働省『保育所保育指針解説書』厚生労働省，2008年。

文部科学省『幼稚園教育要領』文部科学省，2017年。

文部科学省『幼稚園教育要領』文部科学省，2008年。

文部科学省『幼稚園教育要領解説』文部科学省，2008年。

メイヤロフ，ミルトン／田村真訳『ケアの本質——生きることの意味』ゆみる出版，1987年。

バイステック，F. P.／尾崎新ほか訳『ケースワークの原則——援助関係を形成する技法 新訳

改訂版』誠信書房，2006年。

【文献案内】

メイヤロフ，ミルトン／田村真訳『ケアの本質——生きることの意味』ゆみる出版，1987年。
　——「ケア」というと看護や介護を思い出す人も多いと思うが，保育も子どもに対する「ケア」である。保育者を目指す人に，読んでほしい一冊。ケアを通して人と関わること，支え・支えられること，成長すること，生きることを考えさせられる。
バイステック，F. P.／尾崎新ほか訳『ケースワークの原則——援助関係を形成する技法　新訳改訂版』誠信書房，2006年。
　——ケースワークについて書かれた文献であるが，あえて本章で紹介する理由がある。それは，他者に対する関わり方や姿勢の「羅針盤」として非常に優れているからである。保育観や対人援助観，それ以前の他者観を養うために最適である。現代にはそぐわない箇所もあるが，その本質は何も変わっていない。

（野島正剛）

第3章
保育者の制度的位置づけと役割

本章のポイント

　本章では，保育者とはどのような職業であり，どのような役割を果たすべきなのか，また，保育者になるためにはどのような条件を満たす必要があるのかということを，主に法律や制度の面からみていこう。

　自らが目指す職業が，法律上どのように位置づけられているかを知ることはきわめて大切なことである。日々の職務を確かなものにするための法や制度について学び，保育者の役割と，それにともなう責任について理解を深めてほしい。

第1節　保育施設の法的位置づけ

（1）「保育所」と「幼稚園」「認定こども園」の法的位置づけ

　第二次世界大戦後，日本における就学前の保育は「保育所」と「幼稚園」との二系統の施設で行われてきた。しかし，少子化にともなって幼稚園の利用者数が減少する一方で，共働き家庭やひとり親家庭の増加などにより保育所のニーズが高まり，待機児童問題が深刻化するといった時代背景を踏まえて，2006（平成18）年，この両者の機能を統合しようとする「認定こども園」が設置され，現在に至っている。

　まず，これら地域における子どもの保育・教育制度の法的な基盤についてみておこう。

子どもの保育に関する法的根拠を辿っていくと，日本国憲法第25条の「生存権とその社会保障義務」が示す「すべて国民は，健康で文化的な最低限度の生活を営む権利を有する。2　国は，すべての生活部面について，社会福祉，社会保障及び公衆衛生の向上及び増進に努めなければならない」という条文に辿り着く。この第25条を受けて社会福祉法と児童福祉法が定められ，日本における子どもの福祉の法的基盤をなしているのである。

　子どもの教育については，日本国憲法第26条「すべて国民は，法律の定めるところにより，その能力に応じて，ひとしく教育を受ける権利を有する。2　すべて国民は，法律の定めるところにより，その保護する子女に普通教育を受けさせる義務を負ふ」が根拠となっており，この条文の下に教育基本法と学校教育法が定められ，日本における教育の理念とあり方を示している。

　「保育所」は児童福祉法に規定される児童福祉施設の一つ，「幼稚園」は学校教育法に規定される学校（教育機関）であり，「認定こども園」は保育と教育とを総合的に提供する施設である。これら3つの施設の特徴を比較すると表3-1のようになる。

　以下，表3-1に挙げた3つの施設の目的をみていこう。

（2）保育所の目的

　保育所は，「保育を必要とする乳児・幼児を日々保護者の下から通わせて保育を行うこと」を目的とする児童福祉施設である（児童福祉法第39条）（以前は「保育に欠けるその乳児又は幼児」とされていたが，2015（平成27）年の児童福祉法改正により「保育を必要とする乳児・幼児」と改められた）。また，「特に必要があるときは，保育を必要とするその他の児童を日々保護者の下から通わせて保育することができる」とされており（児童福祉法第39条第2項），一時保育や預かり保育，延長保育，夜間保育など，地域の多様なニーズに応じた保育所のさまざまな保育事業の根拠となっている。

　さらに，同じく児童福祉法第18条の4では，保育士の業務を「専門的知識及び技術をもつて，児童の保育及び児童の保護者に対する保育に関する指導を行

第 33 章　保育者の制度的位置づけと役割

表 3-1　「保育所」「幼稚園」「認定こども園」の対比

	保育所	幼稚園	認定こども園
1. 管轄官庁	厚生労働省	文部科学省	内閣府（文部科学省・厚生労働省と連携）
2. 根拠となる法令	児童福祉法に基づく児童福祉施設	学校教育法に基づく学校	就学前の子どもに関する教育，保育等の総合的な提供の推進に関する法律（認定こども園法）
3. 目的	「保育を必要とする乳児・幼児を日々保護者の下から通わせて保育を行うこと」（児童福祉法第39条）	「幼児を保育し，幼児の健やかな成長のために適当な環境を与えて，その心身の発達を助長すること」（学校教育法第22条）	小学校就学前の子どもに対する教育及び保育並びに保護者に対する子育て支援の総合的な提供（認定こども園法第1条）
4. 保育を営む人の資格	保育士資格証明書	幼稚園教諭普通免許状	0歳から2歳児は保育士資格，3歳から5歳児は両資格併用が望ましい。幼保連携型認定こども園では，幼稚園教諭免許状と保育士資格の両方をもつことが原則である。
5. 設置・運営基準	保育所保育指針	幼稚園教育要領	幼稚園型認定こども園は幼稚園教育要領，保育所型認定こども園は保育所保育指針，幼保連携型認定こども園は，幼保連携型認定こども園教育・保育要領に基づく。
6. 利用者	保育を必要とする乳児・幼児・児童。一般には0歳児〜小学校就学までの乳幼児が対象となる。一部，放課後の小学生などを受け入れている保育所もある。	満3歳児〜小学校就学始期までの幼児。近年では満3歳の誕生日の前から入園できる園や，子育て支援として2歳児の保育を実施している幼稚園もある。	満3歳以上の幼児に対する教育及び保育を必要とする乳児・幼児に対する保育を一体的に行う。
7. 保育時間	1日8時間を原則とする。夜間の保育を実施する園もある。	1日4時間を標準とする。多くの私立幼稚園では預かり保育を実施している。	幼保連携型・保育所型は11時間開園が原則，その他は地域の実情に応じて設定。

注：表中の「認定こども園法」の正式名称は，40頁を参照のこと。
出所：内閣府「認定こども園制度の在り方に関する検討会（第5回）参考資料集」平成21年3月31日，
　　　内閣府ホームページ「認定こども園概要」（http://www8.cao.go.jp/shoushi/kodomoen/gaiyou.html,
　　　2016年10月15日閲覧）を基に筆者作成。

39

う」と定めており，保育所では，子どもの保育とあわせて保護者への保育指導を行うことが求められている。

（3）幼稚園の目的

幼稚園は，「義務教育及びその後の教育の基礎を培うものとして，幼児を保育し，幼児の健やかな成長のために適当な環境を与えて，その心身の発達を助長する」ことを目的とする教育機関である（学校教育法第22条）。学校教育法第24条には，「幼稚園においては，…（中略）…保護者及び地域住民その他の関係者からの相談に応じ，必要な情報の提供及び助言を行うなど，家庭及び地域における幼児期の教育の支援に努めるものとする」と定められており，幼稚園でも，保育所同様，子どもの教育とあわせて保護者の子育て支援を行うことが求められている。

（4）認定こども園の目的

認定こども園は，保育所と幼稚園の機能をあわせもった施設であり，教育と保育，子育て支援を一体的に行うことを目的としている。認定こども園法（正式名称は「就学前の子どもに関する教育，保育等の総合的な提供の推進に関する法律」）第1条では，「小学校就学前の子どもに対する教育及び保育並びに保護者に対する子育て支援の総合的な提供」を行うことを目的としている。

認定こども園には，地域の実情や利用者のニーズに応じた4つのタイプがあり，基盤となる保育機関によって保育者の仕事内容や勤務形態は異なっている。

1) 幼保連携型認定こども園

幼稚園的機能と保育所的機能の両方の機能をあわせもつ単一の施設として，認定こども園としての機能を果たすタイプ。認定こども園法の改正にともない，2015（平成27）年4月1日に創設された。

2) 幼稚園型認定こども園

認可幼稚園が，保育が必要な子どものための保育時間を確保するなど，保育所的な機能を備えて認定こども園としての機能を果たすタイプ。

第33章　保育者の制度的位置づけと役割

3）　保育所型認定こども園

認可保育所が，保育が必要な子ども以外の子どもも受け入れるなど，幼稚園的な機能を備えることで認定こども園としての機能を果たすタイプ。

4）　地方裁量型認定こども園

幼稚園・保育所いずれの認可もない地域の教育・保育施設が，認定こども園として必要な機能を果たすタイプ。

── コラム1 ──────────────────

保育者が法律を学ぶ必要があるの？

　保育者とは，親でも親戚でもない人間が他人の子どもを預かり，発達上きわめて重要な乳幼児期に，その子どもと長時間関わる職業である。もし，資格をもたず，保育に関する専門知識もない素人の「あかの他人」が小さな子どもを長時間預かって生活をともにしていたら，さまざまな問題が起こってくることは想像に難くないだろう。保育者という職業は，保育に関するさまざまな法律と制度によってその質が保証され，社会的通用性のある正当な営みとして成り立っているのである。

　保育が問題なく順調に行われている時，法の必要性や重要性はそれほど感じられないかもしれない。しかし，何か問題が起きた時，保育者は「すべきことをしていたか」「期待される努力をしていたか」「権利を活かして手を尽くしていたか」「してはならないことをしていなかったか」といった観点からその責任が問われることになる。法律には，大きく分けて以下4つの事項がある。

　　①「…しなければならない」という「義務」
　　②「…が望ましい」とする「努力義務」もしくは「努力目標」
　　③「…することができる」という「権利」
　　④「…してはならない」という「禁止」

　特に，①の「義務」と④の「禁止」は強制力が強く，これに反したことを行った場合は違法行為としてその責任が厳しく追及されることになる。保育者をはじめ，国家の定める資格の下に仕事をする者は，それぞれの職業に課された「義務」と「禁止」事項をしっかり押さえておく必要がある。

　保育に関する法や制度について学ぶことは，保育という深くて広い海を進んでいくための羅針盤を得ることにほかならない。法や制度は，子どもの権利を保障するためのものであるとともに，それに則って保育を行うかぎり，保育者を守ってくれるものでもある。

　出所：民秋言編著『改訂 保育者論』建帛社，2000年から一部引用して筆者作成。

第2節　保育者の資格と職責

　次に，これまで見てきた施設で働く保育者が必要とされる資格とそれにともなう責任，その資格を得るために必要な手続きについて見ていこう。

（1）保育所で保育を行う者の資格と要件

　保育士は保育所などの児童福祉施設で子どもの保育を行う者で，児童福祉法に基づく名称独占の国家資格である（コラム2参照）。

　1948（昭和23）年施行の児童福祉法以降，「児童福祉施設において，児童の保育に従事する女子」は「保母」と呼ばれていたが，男性保育士の増加や男女雇用機会均等法の改正などにともなって，1999（平成11）年に児童福祉法施行令が改正され，男女共通の「保育士」という名称に改められた。

　また，2001（平成13）年まで，保育士は児童福祉施設の「任用資格」だったが，2001（平成13）年の児童福祉法改正により「国家資格」となった。この国家資格化にともなって，保育士は，都道府県知事の指定する登録名簿への記載（登録制）が義務づけられると同時に，以下のような「してはならないこと」（禁止事項）が課せられている。

> 1)　保育士の信用を傷つけるような行為をしてはならない〔信用失墜行為の禁止〕（児童福祉法第18条の21）。
> 2)　正当な理由がなく，その業務に関して知り得た人の秘密を漏らしてはならない〔秘密保持の原則〕（児童福祉法第18条の22）。
> 3)　保育士でない者は，保育士又はこれに紛らわしい名称を使用してはならない〔名称の使用制限〕（児童福祉法第18条の23）。

　保育士資格を取得する方法は大きく2つある。1つ目は，厚生労働大臣の指定する「保育士を養成する学校その他の施設（指定保育士養成施設）」で所定の

第33章　保育者の制度的位置づけと役割

┌─ コラム2 ─────────────────────────────

国家資格と任用資格

　「国家資格」は，国の法律に基づいて各種の分野における個人の能力や知識が判定
され，行政の権限によって特定の職業に従事することが証明される資格である。
　国家試験に合格した者や，所定の養成施設を修了した者に与えられ，「業務独占資
格」と「名称独占資格」とに大きく分けられる。

　①　業務独占資格
　特定の業務について，特定の資格をもつ者だけが従事することができる，いいかえ
れば，資格がなければその業務を行うことが禁止されているのが業務独占資格である。
たとえば，医師や看護師の免許をもたない者が医業を行うことは禁じられている。
　幼稚園教諭は業務独占資格であり，ほかに，医師，看護師，助産師，薬剤師，弁護
士などがこれにあたる。
　②　名称独占資格
　資格をもたない者が，その資格をもつものが名乗る呼称を用いることが法令で禁止
されている資格である。たとえば，保育士の資格をもたない者が，保育所で子どもの
保育に携わっているという理由で保育士を名乗ることはできない。業務独占資格は名
称独占資格でもあることが多いが，単に名称独占資格といった場合には業務独占性の
ないものを指す。
　保育士は名称独占資格である。その他，児童福祉に関連の深い主な名称独占資格に，
社会福祉士，介護福祉士，精神保健福祉士，保健師，調理師，栄養士，管理栄養士な
どがある。

　一方，「任用資格」は，特定の資格を取得すれば名乗ることができるのではなく，
該当する任用資格を取得した後，行政機関などに就職し，その職務に任用・任命され
てはじめて効力を発揮する職種である。たとえば，大学や短大，専門学校などで社会
福祉主事の資格に必要とされる科目を履修して卒業しても，民間の施設や一般企業に
就職した場合は「社会福祉主事」を名乗ることはできない。地方公務員試験に合格し，
関連部署に配属されてはじめて社会福祉主事として働くことができる。こうした職種
の資格を任用資格という。
　児童福祉に関連の深い主な任用資格は，児童福祉司，社会福祉主事，児童指導員，
児童の遊びを指導する者（旧・児童厚生員），家庭相談員，児童自立支援専門員，児
童生活支援員，母子指導員，母子自立支援員，生活支援相談員などである。

　出所：和田光一監修，横倉聡・田中利則編著『保育の今を問う相談援助』ミネルヴァ書房，
　　　2014年を基に筆者作成。

└──────────────────────────────────────

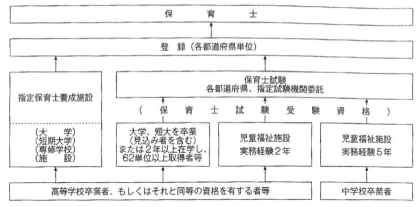

図3-1 保育士資格を取得する方法
出所：厚生労働統計協会『国民の福祉の動向2011/2012』2012年。

課程・科目を履修して卒業する方法，2つ目は，保育士の国家試験を受け，合格する方法である（児童福祉法第18条の6）（図3-1）。

指定保育士養成施設に入学できるのは，厚生労働大臣が指定する大学・短大・専門学校などで，高等学校もしくは中等教育学校を卒業した者，または文部科学大臣がこれと同等以上の資格を有すると認めた者である。修業年限，カリキュラム，学生定員，教員配置，設備や建物等の詳細は「指定保育士養成施設の指定及び運営の基準について」に定められており，2年以上の修学年限が必要とされている。これらの大学，短大，専門学校で所定の科目の単位をすべて取得し，保育所と福祉施設の実習を修了して卒業すると，国家試験を受けずに保育士の資格を取得することができる。なお，保育士資格には，後に述べる幼稚園教諭免許のように，養成課程の年限に応じた種類の違い（表3-2参照）はない。

保育士養成施設での資格取得は最も一般的な方法で，2014（平成26）年に東京都が約1万5,000人の保育士を対象に行った調査によれば，約75％（4人中3人）が養成施設での資格取得者，約25％（4人中1人）が保育士試験での資格取得者であった。保育士試験で保育士資格を取得する場合，筆記試験全科目と実技試験に合格する必要がある（表3-3）。

第 3 章　保育者の制度的位置づけと役割

表 3-2　幼稚園教諭普通免許状の種類と取得の要件

免許の種類	基礎資格		最低修得単位数			
	養成課程	学位・称号	教科に関する科目	教職に関する科目	教科または教職に関する科目	その他[2]
専修免許状	大学院修士課程の修了者。	修士の学位を有すること。	6	35	34	8
一種免許状	4 年制大学などで所定の124単位を修得し，卒業した者。	学士の学位を有すること。	6	35	10	8
二種免許状	短期大学・専門学校などで 2 年以上の課程を修了し，所定の62単位以上を修得して卒業した者[1]。	短期大学士の学位または準学士の称号を有すること。	4	27	―	8

注：(1)　大学に 2 年以上在学し，62単位以上を修得した者も該当する。
　　(2)　その他の科目とは「日本国憲法」「体育」「外国語コミュニケーション」「情報機器の操作」各 2 単位を指す。
出所：教育職員免許法別表第一（第 5 条，第 5 条の 2 関係）等を基に筆者作成。

表 3-3　保育士試験科目

筆記試験（全 8 科目）	実技試験（3 分野から 2 分野を選択）
1．保育原理，2．教育原理及び社会的養護，3．児童家庭福祉，4．社会福祉，5．保育の心理学，6．子どもの保健，7．子どもの食と栄養，8．保育実習理論	①　音楽表現に関する技術 ②　造形表現に関する技術 ③　言語表現に関する技術

出所：児童福祉法施行規則第 6 条の10を基に筆者作成。

　表 3-3 中のすべての科目が一度で合格しなくても，合格した科目はその年を含めて 3 年間有効とされる。また，幼稚園教諭免許所有者が保育士試験を受ける場合には免除される試験科目がある。さらに，指定保育士養成施設で筆記試験に対応する科目を履修している場合には，その科目の試験も免除される。

（2）幼稚園で保育を行う者の資格と要件

　幼稚園教諭は学校教育法に基づく「教員」であり，教育職員免許法により授

45

コラム3

地域限定保育士

　全国的な保育士不足への対策として，政府は2015（平成27）年から「地域限定保育士」（正式名称は「国家戦略特別区域限定保育士」）という制度を創設し，そのための試験制度が導入された。

　地域限定保育士とは，登録後，3年間は受験した自治体のみで保育士として働くことができ，3年経過以降は全国で保育士として働くことができるというものである。地域限定保育士試験は通常の保育士資格試験とは別に行われ，その自治体の住民でなくても受験することができる。

　　出所：登録事務処理センターホームページ「地域限定保育士の制度」（http://www.hoikushi.
　　jp/limited_institution.html，2018年3月5日閲覧）。

与される免許状をもつ者でなければならない。

　1947（昭和22）年に学校教育法が公布され，それまでの「幼稚園保姆（保母）」の職名が「教諭」に改められた。また，1949（昭和24）年に教育職員免許法が公布され，幼稚園教諭については一級普通免許状，二級普通免許状，仮免許状のいずれかをもつことが必要とされるようになった。幼稚園教諭は，業務独占の国家資格である。

　さらに，1988（昭和63）年の教育職員免許法の改正によって，現在では専修，一種，二種の3種類の普通免許状がある。免許状の種類による職務上の差異は一般にはない。

　幼稚園教諭免許は，基本的に学校教育法で規定される教職課程がある大学や短期大学等で所定の単位を修得し，卒業することで取得する。それぞれの免許状を取得するために必要な科目や単位数は，教員免許法で定められている（表3-2）。

　また，保育士資格をもち，かつ保育士として3年以上の実務経験をもつ者が「幼稚園教員資格認定試験」を受けて合格すれば，幼稚園教諭の二種免許状を取得することができる。

　2007（平成19）年の教育職員免許法の改正によって，2009（平成21）年から教員免許更新制が導入され，幼稚園教諭に対しても適用されている。教員免許更

図3-2　幼稚園教諭免許状の有効期間
出所：文部科学省ホームページ「教員免許更新制」(http://www.mext.go.jp/a_menu/shotou/koushin/index.htm，2016年10月15日閲覧)。

　新制は，「その時々で求められる教員として必要な資質能力が保持されるよう，定期的に最新の知識技能を身に付けることで，教員が自信と誇りを持って教壇に立ち，社会の尊敬と信頼を得ることを目指す」ものであり，教員として不適格な者を排除することを目的としたものではない。

　教員免許状の有効期間は，「所要資格」を得てから10年後の年度末までとされている。「所要資格を得て」とは，免許状の授与に必要な学位と単位を満たした状態のことをいう。つまり，2013年3月31日に所要資格を得た者が，2018年になってから免許状授与の申請を行い，3月31日に免許状を授与された場合でも，2023年の3月31日が有効期間の満了日になることになる（図3-2参照）。大学の教職課程で単位を取り終えた後，都道府県教育委員会に授与の申請をしないままであっても，授与される免許状の有効期間の満了日は同じということになるので注意が必要である。

　免許状の有効期間を更新するためには有効期間満了日または修了確認期限の2年2か月前から2か月までの2年間に30時間以上の免許状更新講習を受講し，修了しなければならない。

　公立幼稚園に勤務する幼稚園教諭は教育公務員であり，教育公務員特例法による義務が生じる。教育公務員特例法は，「教育を通じて国民全体に奉仕する教育公務員の職務とその責任の特殊性に基づき，教育公務員の任免，給与，分限，懲戒，服務及び研修等について」（教育公務員特例法第1条）規定する法律で，第21条（研修）には，「教育公務員は，その職責を遂行するために，絶えず研究と修養に努めなければならない」とあり，同じく第22条（研修の機会）に「教育公務員には，研修を受ける機会が与えられなければならない」とされ

ている。研修には，「初任者研修」や「十年経験者研修」など経験に応じた研修や，園長，主任などの職能に応じた研修などがある。

（3）認定こども園で保育を行う者の資格と要件

　幼保連携型認定こども園は保育と教育とを一体的に提供する施設のため，そこで保育や教育を行う者は「保育教諭」と呼ばれ，保育士資格と幼稚園教諭免許状の両方の資格免許をもつことを原則としている。その他の認定こども園では，満3歳以上の子どもの保育・教育に携わる者は幼稚園教諭と保育士資格の両免許・資格の併有が望ましく，満3歳未満の保育を行う者は保育士資格が必要とされている。

　ただし，既存の保育所や幼稚園から幼保連携型認定こども園への円滑な移行を進めるため，改正認定こども園法の施行後5年間（2015〔平成27〕年4月1日から2020年3月31日まで）は「幼稚園教諭免許状」または「保育士資格」のいずれかを有していれば「保育教諭」となることができるという経過措置や，免許・資格の併有を促進するために，これまでの保育所または幼稚園における勤務経験を評価し，もっていない者の免許・資格の習得に必要な単位数等を軽減する特別措置が設けられている。

（4）子どもの施設で保育を行う者の資格と要件

　児童福祉施設は現在12種類あり（表3-4），これら多くの施設で保育士が働いている。この中でも保育という営みが大きな比重を占める児童福祉施設を取り上げ，そこで働く主な専門職と職務内容を示したのが表3-5である。

　表3-5に挙げた専門職のうち，子どもの保育や教育を行う者に必要な資格と要件は以下のとおりである。

1）児童の遊びを指導する者

　児童の遊びを指導する者とは，児童館をはじめとする児童厚生施設において児童の遊びを指導する職員である。従来の「児童厚生員」が，1999（平成11）年4月に「児童の遊びを指導する者」として改められ，現在，児童福祉の現場

第**33**章　保育者の制度的位置づけと役割

表3-4　児童福祉施設一覧

助産施設, 乳児院, 母子生活支援施設, 保育所, 幼保連携型認定こども園, 児童厚生施設 (児童館, 児童遊園など), 児童養護施設, 障害児入所施設, 児童発達支援センター, 児童心理治療施設, 児童自立支援施設, 児童家庭支援センター

出所：児童福祉法第7条を基に筆者作成。

表3-5　児童福祉施設における保育士

機関・施設名	専門職種	職務内容
保育所	保育士, 嘱託医, 調理員など	乳幼児の一般的保育, 病児・障害児等の特別保育, 保育相談支援, 地域交流, 地域の関係機関との連携強化など
児童厚生施設 (児童館, 児童遊園など)	児童の遊びを指導する者 (児童厚生員)	遊びの指導, 健全育成活動, 健康増進, 保護者等との連携強化, 児童の家庭関係の調整, 地域活動育成など
乳児院	医師又は嘱託医, 看護師 (保育士・児童指導員で代替可能), 個別対応職員, 家庭支援専門相談員, 栄養士, 調理員, 心理療法担当職員 (必要な乳幼児又は保護者10人以上の場合), 乳幼児20人以下の場合に保育士1人以上	乳児 (幼児) の養育, 家族・家庭問題への援助, 退所後支援など
児童養護施設	児童指導員・保育士, 嘱託医, 個別対応職員, 家庭支援専門相談員, 栄養士, 調理員, 看護師, 心理療法担当職員, 職業指導員	児童の養育, 生活指導, 学習指導, 心理療法, 自立支援, 家庭環境の調整, 職業指導, 関係機関との連携強化, 退所後支援など
児童自立支援施設	児童自立支援専門員・児童生活支援員, 嘱託医, 精神科の医師又は嘱託医, 個別対応職員, 家庭支援専門相談員, 栄養士, 調理員, 心理療法担当職員, 職業指導員	自立支援, 生活と職業の指導, 学習指導, 心理学的・精神医学診査とケア, 家庭環境の調整, 関係機関との連携強化, 退所後支援など
母子生活支援施設	母子支援員, 嘱託医, 少年指導員, 調理員, 心理療法担当職員, 個別対応職員	母子家庭の保護, 生活指導, 就労・家庭生活・児童の養育に関する相談及び助言, 自立支援, 関係機関との連携強化, 退所後支援など

出所：厚生労働省「新たな社会的養育の在り方に関する検討会 (第14回) 参考資料1」(平成29年5月26日) を基に筆者作成。

では両方の名称が用いられている。

　児童の遊びを指導する者の任用要件は, 次のいずれかに該当していることで

49

ある（児童福祉施設の設備及び運営に関する基準第38条）。

① 都道府県知事の指定する児童福祉施設の職員を養成する学校，その他の養成施設を卒業した者。
② 保育士，社会福祉士の資格を有する者。
③ 高校卒業後2年以上児童福祉の仕事に従事した者。
④ 小学校，中学校，高等学校，幼稚園の教諭となる資格を有する者。
⑤ 大学または大学院で社会福祉学，心理学，教育学，社会学，芸術学，体育学を専修する学科又はこれらに相当する課程を修めて卒業した者。

2）児童指導員

　児童指導員は，児童養護施設や障害児施設などほとんどの児童福祉施設に配置されており，0〜18歳までの児童の成長を援助するとともに，基本的な生活習慣や学習の指導などを行う者である。子どもに直接関わる業務以外に，家庭や学校，児童相談所との連携など，ソーシャルワーカーとしての業務を担うことも多い。

　児童福祉施設で子どもたちを直接援助する職種（直接処遇職員）に就こうとする場合，児童指導員任用資格か保育士資格のいずれかが必須となっている場合が多い。児童指導員の任用要件は，以下のいずれかに該当していることである（児童福祉施設の設備及び運営に関する基準第43条）。

① 都道府県知事の指定する児童福祉施設の職員を養成する学校，その他の養成施設を卒業した者。
② 社会福祉士，精神保健福祉士の資格を有する者。
③ 大学または大学院で社会福祉学，心理学，教育学もしくは社会学を専修する学科，又はこれらに相当する課程を修めて卒業した者。
④ 小学校・中学校・高等学校の教諭となる資格を有する者（学校種や教科は不問）。

⑤　都道府県知事が指定する児童福祉施設の職員を養成する学校その他の
　　養成施設校を卒業した者。
⑥　児童福祉施設での実務経験者（高卒以上は2年，その他は3年以上）で厚
　　生労働大臣または都道府県知事が適当と認めた者。

3）児童生活支援員

　児童生活支援員は，児童自立支援施設に固有の職種で，児童自立支援専門員
とともに入所児童の生活・学習・職業指導または家庭環境の調整などを行う者
である。具体的には，非行の経歴や非行の恐れのある児童，または養育に適さ
ない家庭環境にある児童が入所する宿舎において，児童の生活の支援を行う。
従来は夫婦で宿舎に住み込み，一般の家庭に近い小集団の中で児童の支援にあ
たる夫婦住み込み制が主流であったが，近年では交替勤務制の施設が増えてい
る。医師や教員と連携し，退所後の支援も行う。児童生活支援員の任用要件は，
以下のいずれかの項目に該当することとされている（第80・83条）。

①　保育士，社会福祉士の資格を有する者。
②　3年以上児童自立支援事業に従事した者。

4）児童自立支援専門員

　児童自立支援専門員も，児童自立支援施設に固有の職種である。入所児童の
生活・学習・職業指導や家庭環境の調整などを行い，児童の自立を支援する。
児童自立支援専門員は任用資格であり，任用要件は次のいずれかに該当してい
ることである（第80・82条）。

①　医師・社会福祉士。
②　都道府県知事の指定する児童自立支援専門員を養成する学校，その他
　　の養成施設を卒業した者。
③　大学の学部で社会福祉学，心理学，教育学，または社会学を専修する

学科又はこれらに相当する課程を修めて卒業した者で児童自立支援事業に1年以上従事した者。

④　高校，または中等教育学校などを卒業し，3年以上児童福祉事業に従事したことがある者。

⑤　小学校，中学校，高校，または中等教育学校の教諭の資格をもち，1年以上児童自立支援事業に従事した者又は2年以上教員として職務に従事した者。

5）母子支援員／少年指導員

母子支援員は，母子生活支援施設において，母親への就労援助や日常の育児・家事などの相談に応じたり，前夫や親族との関係改善を主に精神的な面から支援し，法的手続きや関係機関との調整を行う者である（第27条）。

少年指導員は，同じく母子生活支援施設で子どもの日常生活の援助を中心とした業務に携わる者である。子どもに学習や基本的な生活習慣が身に付くよう指導したり，親子関係や友人関係を良好に保てるよう援助する。母子支援員，少年指導員は他のスタッフと協力しながら，子どもが退所年齢である18歳（最長で20歳）になるまでに自立できるよう，母子双方に対して支援を行っている。

母子支援員，少年指導員とも任用資格であり，公立の施設の場合は，地方公務員試験に合格する必要がある。少年指導員の任用要件としては，先に述べた児童指導員任用資格の取得を条件にされることが多い。母子支援員になるためには，次のいずれかに該当していることが必要となる（第28条）。

①　都道府県知事の指定する児童福祉施設の職員を養成する学校，その他の養成施設を卒業した者。

②　保育士，社会福祉士，精神保健福祉士の資格を有する者。

③　高校を卒業後，2年以上児童福祉事業に従事した者。

これら児童福祉施設で働く職員に共通の一般的要件として，「健全な心身を

有し，豊かな人間性と倫理観を備え，児童福祉事業に熱意のある者であつて，できる限り児童福祉事業の理論及び実際について訓練を受けた者でなければならない」（児童福祉施設の設備及び運営に関する基準第7条）とされている。

第3節　保育者の役割

これまで，保育者の資格や職務についてみてきた。ここでは，保育者の役割やあるべき姿を見ていくことにしよう。

（1）幼児教育者としての保育者の共通目標

2017（平成29）年3月に，保育所保育指針，幼稚園教育要領，幼保連携型こども園教育・保育要領，さらに小学校以上の学習指導要領の同時改正が行われた。これは，今後大きな変化が予測される日本社会や世界の状況を広く視野にいれ，多様化するニーズに対応しながら未来を生き抜いていくための力を，幼児教育から小学校以上の義務教育まで一貫して育んでいくことを目的としたものである。

そのために新しい指針と要領は，子どもたちがどの幼児教育・保育施設に通っていても共通の幼児教育を受けることができ，かつ小学校以上の教育との連続性を保つことができるよう，乳児からの発達の連続性や「資質・能力」の育成を重視した共通事項を示している。その内容は，①幼児教育において「育みたい資質・能力」，②「幼児期の終わりまでに育ってほしい姿」の2つの項目から成り（第3節（3）参照），すべての保育者は，幼児教育者として，これらの項目に示す力を子どもたちが育んでいけるよう努めることが求められている。

（2）保育所保育指針にみる保育者

保育所保育指針とは，保育所における保育のガイドラインである。全国の認可保育所が守るべき保育の原則や保育内容，その運営等について厚生労働省が規定している。1965（昭和40）年の制定後，1990（平成2）年，2000（平成12）

53

表3-6　保育所保育指針の目次と内容一覧

章構成	内　　　　容
第1章	総　則
第2章	保育の内容
第3章	健康及び安全
第4章	子育て支援
第5章	職員の資質向上

出所：保育所保育指針を基に筆者作成。

年，2008（平成20）年，2017（平成29）年の4回にわたって改正されており，2017（平成29）年3月31日に改正された新しい保育所保育指針が，2018（平成30）年4月1日に施行された。

2017（平成29）年の改正によって，保育所は初めて日本の「幼児教育施設」として位置づけられ，幼児教育で「育みたい資質・能力」，「幼児期の終わりまでに育ってほしい姿」（第3節（1），（3）参照）が総則の4に示された。

指針は全5章からなり，保育所の役割や社会的責任，保育の目標や方法，保育の環境や配慮事項等が示されている（表3-6）。以下，その要点を紹介する。

第1章「総則」では，保育所の役割として，「入所する子どもの最善の利益を考慮し，その福祉を積極的に増進することに最もふさわしい生活の場でなければならない」とし，「保育の目標」として以下の5つの点を挙げている。

① 十分に養護の行き届いた環境の下に，くつろいだ雰囲気の中で子どもの様々な欲求を満たし，生命の保持及び情緒の安定を図ること。

② 健康，安全など生活に必要な基本的な習慣や態度を養い，心身の健康の基礎を培うこと。

③ 人との関わりの中で，人に対する愛情と信頼感，そして人権を大切にする心を育てるとともに，自主，自立及び協調の態度を養い，道徳性の芽生えを培うこと。

④ 生命，自然及び社会の事象についての興味や関心を育て，それらに対

する豊かな心情や思考力の芽生えを培うこと。

⑤　生活の中で，言葉への興味や関心を育て，話したり，聞いたり，相手の話を理解しようとするなど，言葉の豊かさを養うこと。

⑥　様々な体験を通して，豊かな感性や表現力を育み，創造性の芽生えを培うこと。

また，「総則」の「保育の方法」では，次に挙げる 6 つの事項に注意して保育を行うことを求めている。

①　一人一人の子どもの状況や家庭及び地域社会での生活の実態を把握するとともに，子どもが安心感と信頼感をもって活動できるよう，子どもの主体としての思いや願いを受け止めること。

②　子どもの生活リズムを大切にし，健康，安全で情緒の安定した生活ができる環境や，自己を十分に発揮できる環境を整えること。

③　子どもの発達について理解し，一人一人の発達過程に応じて保育すること。その際，子どもの個人差に十分配慮すること。

④　子ども相互の関係づくりや互いに尊重する心を大切にし，集団における活動を効果あるものにするよう援助すること。

⑤　子どもが自発的，意欲的に関われるような環境を構成し，子どもの主体的な活動や子ども相互の関わりを大切にすること。特に，乳幼児期にふさわしい体験が得られるように，生活や遊びを通して総合的に保育すること。

⑥　一人一人の保護者の状況やその意向を理解，受容し，それぞれの親子関係や家庭生活等に配慮しながら，様々な機会をとらえ，適切に援助すること。

さらに，総則では「保育所の役割」について，「保育に関する専門性を有する職員が，家庭との緊密な連携の下に，子どもの状況や発達過程を踏まえ，保

育所における環境を通して，養護及び教育を一体的に行うことを特性としている」こと，「保育所は，入所する子どもを保育するとともに，家庭や地域の様々な社会資源との連携を図りながら，入所する子どもの保護者に対する支援及び地域の子育て家庭に対する支援等を行う役割を担うものである」としており，保育者は，子どもの保育だけでなく，地域の子育て支援を行うことが求められている（児童福祉法においても，保育士は「登録を受け，保育士の名称を用いて，専門的知識及び技術をもつて，児童の保育及び児童の保護者に対する保育に関する指導を行うことを業とする者」〔第18条の4〕と定義されており，その職務内容は，子どもの保育だけでなく保護者への保育指導を含むものとなっている〔第1節（2）参照〕）。

　このことを受け，第4章「子育て支援」では，「保育所を利用している保護者に対する子育て支援」「地域の保護者に対する子育て支援」に積極的に取り組み，保育所が，地域に開かれた児童福祉施設として地域の子育て支援を総合的に行っていくことを求めている。

（3）幼稚園教育要領にみる保育者

　幼稚園教育要領は，幼稚園における教育課程の基準である。幼稚園または認定こども園における教育課程やその詳細について，学校教育法施行規則を根拠に文部科学省が規定している。1956（昭和31）年の制定後，1964（昭和39）年，1989（平成元）年，1998（平成10）年，2008（平成20）年，2017（平成29）年の5回にわたって改正されており，最新の幼稚園教育要領が2018（平成30）年4月1日に施行された。

　幼稚園教育要領は全3章からなり，幼稚園教育の目標や教育課程，指導計画作成上の留意点などが示されている（表3-7）。

　第1章「総則」で，幼稚園教諭の役割は，「幼児との信頼関係を十分に築き，幼児が身近な環境に主体的に関わり，環境との関わり方や意味に気付き，これらを取り込もうとして，試行錯誤したり，考えたりするようになる幼児期の教育における見方・考え方を生かし，幼児と共によりよい教育環境を創造するよう努める」こととされている。その際，幼稚園教諭は，幼児の主体的な活動が

表 3 - 7　幼稚園教育要領の目次と内容一覧

章構成	内　　容
前　文	
第 1 章	総　則
第 2 章	ねらい及び内容（健康，人間関係，環境，言葉，表現）
第 3 章	教育課程に係る教育時間の終了後等に行う教育活動などの留意事項

出所：幼稚園教育要領を基に筆者作成。

確保されるよう幼児一人一人の行動の理解と予想に基づいて計画的に環境を構成することと，幼児一人一人の活動の場面に応じて，様々な役割を果たし，その活動を豊かにすべきことが求められている。

　幼稚園教育において「育みたい資質・能力」及び「幼児期の終わりまでに育ってほしい姿」（第 3 節（ 1 ）参照）は，総則の 2 に示されており，その内容は以下のとおりである。

（注：＊の箇所は，保育所保育指針では「保育所での保育及び教育」または「保育所」，幼保連携型認定こども園教育・保育要領では「幼保連携型認定こども園での保育および教育」または「幼保連携型認定こども園」となる。）

　 1 ）　幼稚園教育＊において育みたい資質・能力

　　① 　豊かな体験を通じて，感じたり，気付いたり，分かったり，できるようになったりする「知識及び技能の基礎」

　　② 　気付いたことや，できるようになったことなどを使い，考えたり，試したり，工夫したり，表現したりする「思考力，判断力，表現力等の基礎」

　　③ 　心情，意欲，態度が育つ中で，よりよい生活を営もうとする「学びに向かう力，人間性等」

　 2 ）　幼児期の終わりまでに育ってほしい姿

　　① 　健康な心と体

　　　　幼稚園＊生活の中で，充実感をもって自分のやりたいことに向かって心と体を十分に働かせ，見通しをもって行動し，自ら健康

で安全な生活をつくり出すようになる。

② 自立心

　身近な環境に主体的に関わり様々な活動を楽しむ中で，しなければならないことを自覚し，自分の力で行うために考えたり，工夫したりしながら，諦めずにやり遂げることで達成感を味わい，自信をもって行動するようになる。

③ 協同性

　友達と関わる中で，互いの思いや考えなどを共有し，共通の目的の実現に向けて，考えたり，工夫したり，協力したりし，充実感をもってやり遂げるようになる。

④ 道徳性・規範意識の芽生え

　友達と様々な体験を重ねる中で，してよいことや悪いことが分かり，自分の行動を振り返ったり，友達の気持ちに共感したりし，相手の立場に立って行動するようになる。また，きまりを守る必要性が分かり，自分の気持ちを調整し，友達と折り合いを付けながら，きまりをつくったり，守ったりするようになる。

⑤ 社会生活との関わり

　家族を大切にしようとする気持ちをもつとともに，地域の身近な人と触れ合う中で，人との様々な関わり方に気付き，相手の気持ちを考えて関わり，自分が役に立つ喜びを感じ，地域に親しみをもつようになる。また，幼稚園*内外の様々な環境に関わる中で，遊びや生活に必要な情報を取り入れ，情報に基づき判断したり，情報を伝え合ったり，活用したりするなど，情報を役立てながら活動するようになるとともに，公共の施設を大切に利用するなどして，社会とのつながりなどを意識するようになる。

⑥ 思考力の芽生え

　身近な事象に積極的に関わる中で，物の性質や仕組みなどを感じ取ったり，気付いたりし，考えたり，予想したり，工夫したり

するなど，多様な関わりを楽しむようになる。また，友達の様々
な考えに触れる中で，自分と異なる考えがあることに気付き，自
ら判断したり，考え直したりするなど，新しい考えを生み出す喜
びを味わいながら，自分の考えをよりよいものにするようになる。

⑦ 自然との関わり・生命尊重

自然に触れて感動する体験を通して，自然の変化などを感じ取
り，好奇心や探究心をもって考え言葉などで表現しながら，身近
な事象への関心が高まるとともに，自然への愛情や畏敬の念をも
つようになる。また，身近な動植物に心を動かされる中で，生命
の不思議さや尊さに気付き，身近な動植物への接し方を考え，命
あるものとしていたわり，大切にする気持ちをもって関わるよう
になる。

⑧ 数量や図形，標識や文字などへの関心・感覚

遊びや生活の中で，数量や図形，標識や文字などに親しむ体験
を重ねたり，標識や文字の役割に気付いたりし，自らの必要感に
基づきこれらを活用し，興味や関心，感覚をもつようになる。

⑨ 言葉による伝え合い

先生や友達と心を通わせる中で，絵本や物語などに親しみなが
ら，豊かな言葉や表現を身に付け，経験したことや考えたことな
どを言葉で伝えたり，相手の話を注意して聞いたりし，言葉によ
る伝え合いを楽しむようになる。

⑩ 豊かな感性と表現

心を動かす出来事などに触れ感性を働かせる中で，様々な素材
の特徴や表現の仕方などに気付き，感じたことや考えたことを自
分で表現したり，友達同士で表現する過程を楽しんだりし，表現
する喜びを味わい，意欲をもつようになる。

また，第3章「教育課程に係る教育時間の終了後等に行う教育活動などの留

意事項」では，放課後の子どもの教育活動や子育て支援へのさまざまな配慮が示されている。

　そこでは，「幼稚園の運営に当たっては，子育ての支援のために保護者や地域の人々に機能や施設を開放して，園内体制の整備や関係機関との連携及び協力に配慮しつつ，幼児期の教育に関する相談に応じたり，情報を提供したり，幼児と保護者との登園を受け入れたり，保護者同士の交流の機会を提供したりするなど，幼稚園と家庭が一体となって幼児と関わる取組を進め，地域における幼児期の教育のセンターとしての役割を果たすよう努めるものとする」とされており，保育所と同様，幼稚園もまた地域に開かれた子育て支援センターとしての役割を果たしていくことが求められている。

（4）幼保連携型認定こども園教育・保育要領にみる保育者

　幼保連携型認定こども園の創設にあたり，2014（平成26）年に内閣府・文部科学省・厚生労働省が定める「幼保連携型認定こども園教育・保育要領」が制定され，幼保連携型認定こども園の教育課程や保育内容に関するガイドラインとなっている。保育所保育指針・幼稚園教育要領同様，2017（平成29）年3月31日に改正され，2018（平成30）年4月1日に最新の要領が施行されている。

　幼保連携型認定こども園教育・保育要領は，教育課程に関しては幼稚園教育要領に，保育内容に関しては保育所保育指針に基づいている。策定にあたり重視されたことは，幼稚園教育要領と保育所保育指針との整合性を確保すること，小学校教育との円滑な接続に配慮すること，幼保連携型認定こども園として特に配慮すべき事項を明示することの3点である。

　また，幼保連携型認定こども園として特に配慮すべき事項として以下の事項が挙げられている（総則の3）。

1）　0歳から小学校就学前までの一貫した教育及び保育を園児の発達の連続性を考慮して展開していくこと

2）　園児の1日の生活の連続性及びリズムの多様性への配慮，園児の在園

表 3 - 8　幼保連携型認定こども園教育・保育要領の目次と内容一覧

章構成	内　　　容
第 1 章	総　則 　1．幼保連携型認定こども園における教育及び保育の基本及び目標等 　2．教育及び保育の内容並びに子育ての支援等に関する全体的な計画等 　3．幼保連携型認定こども園として特に配慮すべき事項
第 2 章	ねらい及び内容並びに配慮事項 　1．乳児期の園児の保育に関するねらい及び内容 　2．満 1 歳以上満 3 歳未満の園児の保育に関するねらい及び内容 　3．満 3 歳以上の園児の教育及び保育に関するねらい及び内容 　4．教育及び保育の実施に関する配慮事項
第 3 章	健康及び安全 　1．健康支援 　2．食育の推進 　3．環境及び衛生管理並びに安全管理 　4．災害への備え
第 4 章	子育て支援 　1．子育ての支援全般に関わる事項 　2．幼保連携型認定こども園の園児の保護者に対する子育ての支援 　3．地域における子育て家庭の保護者等に対する支援

出所：幼保連携型認定こども園教育・保育要領を基に筆者作成。

　時間の長短，入園時期や登園日数の違いを踏まえた教育及び保育の内容やその展開を工夫すること

3)　乳幼児期の特性を踏まえた教育及び保育の環境の構成の留意事項

4)　指導計画作成に関すること

5)　養護に関すること

6)　健康及び安全に関すること

7)　保護者に対する子育ての支援に関すること

　認定こども園の役割は，「質の高い教育及び保育並びに子育て支援の安定的な提供」であり，そこで働く保育者には，保育士の役割と幼稚園教諭の役割，さらには子育て支援施設の職員としての役割を総合的に果たしていくことが求められている。

（5）子どもの施設にみる保育者

表3-4で挙げた児童福祉施設のうち，ここでは児童養護施設と児童館を取り上げ，そこで働く保育者の役割をみていくことにする。

1）児童養護施設における保育者の役割

児童養護施設は，「保護者のない児童，虐待されている児童その他環境上養護を要する児童を入所させて，これを養護し，あわせて退所した者に対する相談その他の自立のための援助を行うことを目的とする施設」（児童福祉法第41条）である。現在では，親はいるものの何らかの事情で養育ができなくなったため預けられているケースが増えている。中でも，虐待のため実の親から離れて生活せざるを得なくなった児童の割合は年々増加しており，近年では約6割を占めるといわれている。

児童養護施設は家庭に代わる場所であるため，そこで働く保育者は，子どもたちにとっての親としての役割を担うことになる。具体的には，子どもの生活支援にあわせて，子どもたちが自律的に生活していくための力を付けていくことが主な仕事になる。食事，入浴，着替えなど日常生活の世話や，心や身体の発達の支援，子ども同士の人間関係の調整，トラブルへの対処，心のケアなどその業務は多岐にわたり，施設での行事の運営を行ったり，子どもが通う学校の行事などに保護者の代わりに参加したりすることもある。

児童養護施設では18歳を超えて入所している者もいるため，これらの施設で働く保育者には，乳幼児だけでなく，青少年に関する知識や理解が求められる。

2）児童館における保育者の役割

児童館は，「児童に健全な遊びを与え，その健康を増進し，または情操を豊かにすること」を目的として設置される屋内型児童厚生施設である（屋外型児童厚生施設は「児童遊園」という）。その規模により，小型児童館，児童センター，大型児童館（A型，B型）がある。全国に約4,600か所（2015年段階）があり，児童福祉施設としては保育所に次いで多い施設となっている。

児童館の規模にもよるが，一般には遊戯室，集会室，図書室のほか，育成室，調理室，音楽室，相談室，創作室，パソコン室などが設けられており，児童の

遊びを指導する者（第2節〔4〕-1）を参照。保育士はその任用資格を有している）が，地域の実情に合わせた健全な遊びの指導を行っている。

　児童館における保育者の役割は，日常的な遊びへの援助のほか，行事の企画・立案・実施，子どもからの相談への対応，育児相談・子育て支援，地域の小中学校との連携など多様である。具体的には，図工や絵画などの製作活動，音楽，劇，紙芝居や映画の上映などの活動のほか，地域の子ども会や母親クラブなど，子どもをめぐる地域の組織活動の支援や，地域の高齢者や障害者との交流，ボランティア活動の企画運営なども行う。放課後児童クラブ（放課後児童健全育成事業）を併設することもあり，地域の子育て環境づくりや子どもたちの放課後の居場所づくりを担っている。

　また，不登校や非行，虐待等を発見した場合には，児童相談所や警察との連携が必要になることもある。子どもが抱える問題が多様化する中，児童館で働く保育者の役割もまた多様化しており，単に遊びを通じた成長発達の援助だけでなく，地域の中で子どもたちが健全に育っていくための対応や地域への働きかけも大切な職務となっている。

　以上，保育者のあり方や資格と要件，その役割について，主に法や制度の面から見てきた。子どもを取り巻く社会環境の変化にともなって，保育者には，子どもの保育だけでなく，保育者としての専門性の向上，地域にひらかれた子育て支援，他の専門職や専門機関との連携など，さまざまな役割が期待されるようになっている。また，今後は保育と教育，子育て支援とを一体として行っていく総合的な力が一層求められていくだろう。

　自らが目指す保育者という職業が担うべき役割と職責，それを規定する法令，さらに，その法令の基盤をなす精神を理解し，日々の学びと実践を積み重ねてほしい。

【ポイント整理】

○登録制

　保育士として働くために，都道府県知事に対し登録申請の手続きを行い，保育士証の交付を受ける制度。「保育士」として保育の職業に就くためには，保育士資格を有していることに加え，都道府県の保育士登録簿に登録されていることが必要である。

○信用失墜行為の禁止

　秘密保持義務（守秘義務）と並ぶ保育士の義務。児童福祉法第18条の21に「保育士は，保育士の信用を傷つけるような行為をしてはならない」と定められている。

○秘密保持義務の原則

　プライバシー保護を目的に保育士に課せられた義務で，守秘義務ともいう。児童福祉法第18条の22に「保育士は，正当な理由がなく，その業務に関して知り得た人の秘密を漏らしてはならない。保育士でなくなった後においても，同様とする」と定められている。

○指定保育士養成施設

　厚生労働大臣の指定する保育士を養成する学校等の施設のこと。この施設に入学し，指定された科目の単位を全て取得し，保育園と福祉施設での実習を全て修了して卒業すると保育士資格を取得することができる。児童福祉法第18条の６第１号で規定される。

○放課後児童クラブ（放課後児童健全育成事業）

　保護者が仕事で昼間家庭にいない小学生を対象に，授業終了後等に小学校の余裕教室や児童館等を利用して適切な遊び及び生活の場を与える活動。青少年の健全な育成を図ることを目的とし，児童福祉法第６条の３第２項の規定に基づいている。

【振り返り問題】

1　2017年の改正により，保育所保育指針や幼稚園教育要領がどのように変わったのか，詳しく調べてみよう。また，その変更の背景に，どのような社会的ニーズの変化があるのか考えてみよう。

2　自分が住む市区町村にある認定こども園を１つ取り上げ，４つの型のどのタイプなのか調べてみよう。また，そこではどのような資格をもった保育者が働いているだろうか。

3　あなたが実習に行く児童福祉施設では，保育士以外にどのような資格を

もった専門職が働いているのか調べてみよう。また，それぞれの専門職がどのような役割をもち，お互いどのように連携して仕事をしているだろうか。

〈参考文献〉

厚生労働統計協会『国民の福祉の動向2011/2012』2012年。

厚生労働省雇用均等・児童家庭局長通知,「指定保育士養成施設の指定及び運営の基準について」, 2015年3月31日。

厚生労働省「新たな社会的養育の在り方に関する検討会（第14回）参考資料1」平成29年5月26日。

全国保育士養成協議会ホームページ「受験の手引き」（https://www.hoyokyo.or.jp/exam/guidance/, 2018（平成30）年1月10日閲覧）。

社会保障審議会児童部会保育専門委員会「保育所保育指針の改定に関する中間とりまとめ」2016年8月2日。

民秋言編著『改訂 保育者論』建帛社, 2000年。

内閣府「認定こども園制度の在り方に関する検討会（第5回）参考資料集」平成21年3月31日。

内閣府ホームページ「認定こども園概要」（http://www8.cao.go.jp/shoushi/kodomoen/gaiyou.html, 2016年10月15日閲覧）。

内閣府・文部科学省・厚生労働省「幼保連携型認定こども園教育・保育要領解説」2014年12月。

文部科学省ホームページ「教員免許更新制」（http://www.mext.go.jp/a_menu/shotou/koushin/index.htm, 2016年10月15日閲覧）。

和田光一監修, 横倉聡・田中利則編著『保育の今を問う相談援助』ミネルヴァ書房, 2014年。

【文献案内】

無藤隆・汐見稔幸編『イラストで読む！ 幼稚園教育要領 保育所保育指針 幼保連携型認定こども園教育・保育要領はやわかりBOOK』, 学陽書房, 2017年。

——2017年3月，幼稚園教育要領，保育所保育指針，幼保連携型認定こども園教育・保育要領が同時改正された。本書は，改正の要点と今後目指すべき保育について具体的事例を示しつつ，イラスト入りでわかりやすく解説している。

日本保育学会編『保育を支えるしくみ——制度と行政』（保育学講座2）東京大学出版会, 2016年。

——2015年度に施行された子ども・子育て支援新制度。本書は，保育・子育て支援に関する諸制度や政策，国際情勢等を踏まえ，新制度の特徴や今後の課題を提示している。

文部科学省・厚生労働省・内閣府『平成29年告示 幼稚園教育要領 保育所保育指針 幼保連携型認定こども園教育・保育要領〈原本〉』チャイルド本社, 2017年。

——幼稚園教育要領，保育所保育指針，幼保連携型認定こども園教育・保育要領を1冊にまとめた本書は，大判で読みやすく，三者の比較をする上でも大変便利である。

（八木玲子）

第4章
保育者の専門性

──本章のポイント───

　少子化，核家族化といった子どもや子育てを取り巻く社会の変化を受けて，保育ニーズは増大・多様化している。こうした状況を反映して，2015（平成27）年，子ども・子育て支援新制度が導入された。このように，日本の保育制度が大きく変わろうとしている今，保育の質が問われている。

　保育の質を支えるものは，保育者の専門性である。保育に携わる保育者には豊かな人間性とともに倫理観に裏づけられた専門性を有していること，さらに，その専門性を高めていく姿勢をもつことが求められる。ここで大切にしたいのは，社会の変化に伴う保育ニーズを敏感にとらえ取り入れつつも，保育者の専門性の根底にある不変の原点を理解することである。

　本章では，保育者に求められる専門性とはどのようなものか，またそれをどのように高めていくかについて，その職務と関連づけながら考察する。

第1節　養護と教育

（1）子どもの発達と養護

　保育者の職務として，まず挙げられるのは「子どもを保育する」ことであろう。保育の定義には諸説あるが，2018（平成30）年施行の保育所保育指針からとらえると，「養護及び教育を一体的に行うこと」といえる。

　ここでの養護とは，子どもの生命の保持と情緒の安定を図るために行われる

第4章　保育者の専門性

保育者の援助や関わりのことである。子どもの生命の保持を図るために行われる援助とは，以下のような子どもが生きていく上で必要となるものを指す。[1]

- 食事や睡眠などの子どもの生理的欲求を満たす。
- 清潔な環境の中で事故防止に努め子どもが健康で安全に過ごせるようにする。
- 適度な運動と休息をとり子どもの健康増進を図る，など。

　子どもの発達や状況をとらえて，こうした援助を適切に行うことは，保育者の専門性においても基本となるものである。しかし，生命の保持を図る援助のみでは，養護は成り立たない。以下のような情緒の安定に向けた援助と相まって初めて養護となり得る。[2]

- 子どもの気持ちが安定し自分の気持ちを表すことができるよう受容的に関わる。
- 子どもの気持ちを汲み取り共感しながら応答的に関わる。
- 一人ひとりの子どもが主体として受け止められ，主体として育ち，自信や自己肯定感を育んでいけるようにする，など。

　たとえば，オムツを替える時，子どもと目を合わせながら「きれいにしようね」「気持ちよくなったね」と優しく声をかけたり，スキンシップをとったりする。オムツが汚れた不快感やお尻を拭かれることへの不安が，こうした保育者の温かいまなざしや言葉かけを受けて，安心感や心地よさへと変わっていく。ここにこそ，重要な保育者の専門性があるといえよう。つまり，保育者は単に子どもの生命を守り，身の回りの世話をするだけではなく，常に子どもの心に寄り添い，子どもが安心感をもって安定して過ごすことができるよう援助する必要がある。このように，養護的な関わりにおいては，生命の保持と情緒の安定を図る援助を一体的に行うようにする。

これらの養護に関わる援助は，子どもの状況や発達過程に応じて行われる。特に乳児期には，細やかな観察と丁寧な関わりが求められる。乳児期は，体調の変化が著しく，発達の個人差も大きく，自分の欲求を言葉で伝えることが難しい時期である。だからこそ，その表情や仕草，体温や顔色などから子どもの発するサインを受け取り，その都度，応答的に応えていく。そうした応答的関わりの繰り返しの中で，自己肯定感や人への信頼感が育っていく。

このような乳児期の育ちを土台として，少しずつ自我が育っていき，自立へと向かっていく。保育者は，子どものできないことをすべて援助したり，子どもの思いを先回りして，自立の芽を摘んでしまうことがないよう注意したい。自分でできたという喜びや満足感を味わい，自分でやってみようとする意欲へとつなげていくようにする。

なお，養護は保育所に限る援助ではない。幼稚園は教育の場であることから，養護的側面はないものと誤解されることがあるが，2018（平成30）年施行の幼稚園教育要領の総則に「安定した情緒の下で自己を十分に発揮することにより…（後略）…」と示されていることからも，養護の視点をもって援助することは必要であろう。保育所以外の児童福祉施設も同様に，児童の発達や特性に応じて養護的関わりを行うことが求められる。つまり，保育者にとって養護を理解し実践することは，その専門性において欠くことのできないものといえる。

（2）子どもの発達と教育

保育所保育指針に示される教育とは，子どもが健やかに成長し，その活動がより豊かに展開されるための発達の援助のことであり，その育ちを見る視点として，健康・人間関係・環境・言葉・表現の5つの領域が示されている（0歳児は発達特性に合わせて，身体的発達・社会的発達・精神的発達の3つの視点）。

こうした幼児期の教育におけるねらいや内容は，保育所保育指針，幼稚園教育要領，幼保連携型認定こども園教育・保育要領において整合性が図られている。ここでの教育に対する考え方として大切なことは，子どもが主体的に環境と関わる中で，遊びを通して，生きる力の基礎となる資質・能力が育まれるよ

第4章　保育者の専門性

図4-1　幼児期に育みたい資質・能力
出所:「保育所保育指針」, 第1章総則。

うにすることである。「遊びを通して」の「遊び」とは, 子どもが自発的・主体的に取り組むものである。「自発的・主体的に」とは, 強制されないということである。大人の目から見て遊びに見えることも, それが子どものやりたいことではなく強制されているものだとすれば, 遊びではない。逆に, 大人から見て遊びに見えないことであっても, 子どもが面白さを感じ没頭しているならば, それは遊びである。保育者は,「子どもにとっての遊び」を大切にしたい。

なお,「生きる力の基礎となる資質・能力を育む」とは, 到達すべき目標を設定して指導するということではない。図4-1は, 保育所保育指針に示される「幼児期に育みたい資質・能力」と, その具体的な姿を示した「幼児期の終わりまでに育ってほしい姿」であるが, そのとらえ方には注意したい。ここに挙げられる姿は, あくまで子どもの育ちの方向性を示す保育の目標に基づいて, 子どもが主体的に生活や遊びを展開する中で, 現れてくるものである。

保育における教育は, 特別な知識や技能の習得を目指すものではない。したがって,「〜ができるかどうか」という目に見える指標のみで子どもの育ちをみたり, 発達の知識と照らして, そこに沿うかどうかという到達的なチェックリストで評価したりすることは避けたい。発達の知識は, 子ども理解の一助と

なり得てもすべてではない。発達の特徴を把握しつつ，目の前の子どもの興味や関心，経験なども考慮しながら「今，育とうとしているもの」を見極めたい。たとえば，言葉が育つ時期に話さない子どもに対して，すぐに発達の遅れと評価するのではなく，その子の内面に語りかけられる心地よさの経験や話すことへの意欲がどう育っているかを，まずはとらえるようにしよう。

　ただし，遊びを十分に楽しむ中で，結果として知識や技能が身に付くことはある。たとえば，カルタ取り遊びでは，取った札の枚数で勝敗を競うが，「遊びを楽しむために必要なこと」として数の知識が取り入れられている。一方で，知識や技能を得ること自体に面白さを感じて夢中になる姿に出会うこともある。たとえば，光る泥団子づくり（コラム1）で，「磨けば光る」発見に驚き，そこに面白さを感じて，より光らせるにはどうしたらよいかと調べ，試し，光らせる達人になったりする。ここで大切なのは，子ども自身が自発的に感じた面白さ（興味や関心）を主体的に楽しんでいるかどうか見極めることである。

　このように，「すごい」「うれしい」「やったぁ」「すてき」「なんでだろう」といった子ども自ら心を動かされる体験を十分に経験する中で，心情が育ち，意欲や態度の育ちへとつながっていく。つまり，子どもの内面の育ちを重視することが保育における教育といえる。そうした経験を十分に重ねていく中で，前述した「10の姿」が見えてくる。そして，こうした育ちが土台となり，小学校以降の生きる力が育っていく。そのために保育者は，子どもの興味や関心，個々の発達などの実態を踏まえながら，子どもの心が動かされるような環境との出会いを工夫し，援助を行うようにする。コラム1にあるように，私たちが子どもの頃，泥団子に夢中になった時に感じていた「こだわり」や「面白さ」は，誰かに強制されたものではなく，自分自身の中で生まれた自分のものであろう。保育者は，子どものやりたいことが生まれるように，そしてその実現を支えていけるように関わりたい。

（3）養護と教育の一体性
　上述の養護と教育は，切り離されることなく一体的に行われる。「安心でき

第 4 章　保育者の専門性

--- コラム 1 ---

光る泥団子づくり

　多くの人たちは，子どもの頃に泥団子を作ったことがあるのではないだろうか。そこでは，幼稚園や保育所の砂場で夢中になって泥を丸め，水を加え，砂をかけ，乾かしてはまた砂をかけてと繰り返したことだろう。「どういう土で作ると硬くなるのか」と園庭中の土を掘り起こしてみたり，「どうしたらピカピカになるか」と色々な素材で磨いたりした人もいるかもしれない。

　泥団子を作るきっかけもさまざまだろう。誰かが作っているのを見て心が動かされ，自分も作ってみたいと思ったからかもしれない。土や砂，水と関わっているうちに偶然発見したのかもしれない。他の遊びから派生したのかもしれない。いずれにせよ，自ら土や道具といった環境に働きかけ，その変化に心を動かされる中で意欲的に取り組んだことだろう。石のように硬い泥団子ができた時，宝石のように光り輝く泥団子ができた時，その感動は今も心に残っていることと思う。

　かつて子どもだった大人がそうであったように，今を生きる子どもたちも同じである。目を輝かせ，環境と格闘し，子ども同士でアイディアを出し合いながら失敗や成功を繰り返し，遊んでいる。そうした経験は，その後の生きていく力につながっていくだろう。

　　　　写真①　　　　　　　　写真②

　写真①②は，「光る泥団子」である。同じ土で作っているが，磨き方を変えているため，実際に写真①と②を比べると光り方や色，模様が異なる。ぜひ，子どもになって遊んでみてほしい。

　出所：筆者作成。

る環境の下，十分に自己を発揮し，その思いを保育者に受け止められながら，主体的に環境と関わって遊ぶことを通して，生きる力の基礎を培っていく」というように，養護的な側面と教育的な側面は重なり合っている。以下の事例か

71

ら，養護的な側面と教育的な側面を読み取ってみよう。どちらも含まれていることや重なり合っていることに気づくであろう。

事例1

「ワンワンいたね」

つかまり立ちができるようになったコウタ（仮名，10か月）は，すぐに床に座り込んでしまうが，「キャッ，キャッ」と声をあげ見え方の変化を楽しみながら何度もつかまり立ちを繰り返している。保育者は，コウタの動きに合わせて，床に転がっているブロックを取り除きながら見守っている。保育室の壁に手をついてつかまり立ちをしていたコウタは，目の高さに貼ってある犬の写真を見つけて「あ！」と指を指した。保育者は，コウタと一緒に写真を見つめながら「ワンワンいたね」と優しく声をかけた。コウタはしばらくの間，犬の写真を嬉しそうに眺めていた。その後，様々な場所に移動してつかまり立ちをし，保育者とともに探索を楽しむ姿があった。

出所：筆者作成。

事例1の中では，子どもの発見や興味に共感し思いを代弁する言葉かけが行われている。「ワンワンいたね」という短い言葉かけではあるが，その瞬間の子どもの心の声を聞き取り，その声に即した言葉をかけている。このような共感的・応答的な援助の中で，見守られている安心感や語りかけられる心地よさを感じ，さらなる探索や伝えようとする意欲が育まれていく。つかまり立ちをした時の目の高さに犬の写真を貼っていることも，興味や意欲が掻き立てられる工夫であろう。また，立つ姿勢が不安定なことから転倒の可能性を考慮し，事故を防ぐ援助を行っている。子どもが安心して安全に遊べるよう援助することで，自発的な遊びが保障され充実していく。ただし，事故を恐れるあまり，子どもの遊びを過度に制限したり日常にそぐわないほど過保護な環境を設定したりすることには注意したい。個々の発達に応じて安全に配慮しつつ，子どもがのびのびと過ごせるようにしよう。

事例2では，分離不安の強い子どもが，保育者に十分に受け止められることを通して，保育者の存在を心の拠り所とし，自ら外界に働きかけている。分離不安の強い子どもと出会った時，その欲求に応えることを甘やかす行為ととらえてしまうことがある。しかし，子どもは十分にその欲求が満たされることで，

> ─ 事例2 ─────────────────────────────
>
> ### 「せんせい，みててね」
>
> 　入園して間もないナナミ（仮名，1歳3か月）は，ユカ先生と離れることに強い不安を示し，いつもユカ先生の膝の上で遊んでいた。
>
> 　ある日，少し離れた所にある遊具で他児が遊んでおり，ユカ先生がその子の動きに合わせて「面白いねぇ」と声をかけていた。しばらくユカ先生と一緒に他児の遊びを眺めていたナナちゃんは，自らユカ先生の膝を降り，遊具に移動して，他児の真似をしながら遊び始めた。ふと，ユカ先生の膝から離れてしまったことを思い出したようで，泣きながら膝まで戻ってきた。それでもやはり遊具が気になるようで，膝を降りたり戻ったりを繰り返すようになった。徐々に，膝を離れている時間が長くなり，時折キョロキョロとユカ先生を探すことはあっても，ユカ先生が優しく微笑みかけると再び遊び始めた。
>
> 　出所：筆者作成。
> ────────────────────────────────────

自立へと向かっていくのである。言い換えれば，子どもが自立に向かっていくには，欲求を受け止め満たしてくれる他者の存在が必要となる。このように，保育者への信頼感が育まれ，保育者が安全基地となることで安心して環境に関わり，世界を広げていけるようになる。その際，思わず働きかけたくなる環境や真似をしたくなる他者の存在も大切である。信頼関係を築いている保育者が，そうした外界に関心を向け面白がったりすることで，自然と子どもも興味をもち，外界へと誘われていく。

　以上のように，保育者には，一人ひとりの子どもの発達や特性を理解し，その時々の子どもの発するサインを汲み取るまなざしをもって，環境を整え，適切に援助することが求められる。なお，2018（平成30）年施行の保育所保育指針では，それ以前の指針と比較して3歳未満児の保育における教育的側面が強調されているものの，依然として3歳未満児の保育に教育的側面はないという誤解がある。したがって，ここでは3歳未満児の事例を取り上げたが，3歳以上児においても当然ながら養護と教育は一体的に行われる。こうした養護と教育を一体的に実践する力を養い高めていくことが保育者の専門性として求められる。

第2節　保育者に求められる資質と能力

（1）子どもを見るポイントと気づき

　保育者が「子どもを見る」時，どのようなまなざしを向け，何を見ているのであろうか。保育者として見るべきことは何か，という視点で考える前に，子どもにとってどういうまなざしを向けてくれる保育者が嬉しいか，という視点で考えてみよう。

```
─ コラム2 ─────────────────────────────

            倉橋惣三が述べる「子どもにとってうれしい先生」

　泣いている子がある。涙は拭いてやる。泣いてはいけないという。なぜ泣くのと尋
ねる。弱虫ねえという。……随分いろいろなことはいいもし，してやりもするが，た
だ一つしてやらないことがある。泣かずにいられない心もちへの共感である。
　お世話になる先生，お手数をおかけする先生，それは有り難い先生である。しかし
有り難い先生よりも，もっとほしいのはうれしい先生である。そのうれしい先生はそ
の時々の心もちに共感してくれる先生である（…後略…）。

　出所：倉橋惣三著，津守真・森上史郎編『育ての心（上）』フレーベル館，2011年，35頁「廊
　　　　下で」より一部抜粋。
```

　子どもが困っていたり泣いていたりする場面に出会うと，何とか解決してあげたいと思うものである。解決するにはどうしたらよいかと，いろいろと思いを巡らせて，さまざまな手立てを講じる。あるいは，「子どもにこうなってほしい」という願いをもって子ども自身で解決させようとすることもあるだろう。どちらも，子どものためを思っての行動である。しかし，1936（昭和11）年，倉橋が述べているように，子どもにとって「うれしい先生」とはその時々の自分の思いに共感してくれる存在である（コラム2）。

　もちろん，子どもが一人で解決できない時に適切な援助をすることや保育者側が願いをもって関わることは必要であり，それを否定するのではない。ここで大切にしたいのは，共感的なまなざしの中で，子どもの"今"の思いや子ども自身がどうありたいと思っているのかを汲み取ることで，保育者の願いが生

第4章　保育者の専門性

表4-1　子どもを見るときの3種類の「まなざし」

3つのまなざし			概　要
観察するまなざし	子ども ← 保育者		・個人の能力に焦点化し，その子どもにはどういう能力がありどういう性質があるかを推測しようとするまなざし。 ・子どもと関わろうとすることはなく外からの評価者としてみる「後ろからながめる」まなざし。
向かい合うまなざし	子ども ↔ 保育者		・こちらの要求を全面に出し，「期待される子ども像」を押し付けてしまいがちになるまなざし。 ・子どもの方も，保育者の期待を感じ取りそれになんとか応えようと頑張ってしまうまなざし。
横並びのまなざし	☆ 子ども　保育者		・子どもが見ている世界を共に見て，思いを共にしようとするまなざし。 ・保育者が見ている世界を共に見よう，思いを共にしようとするまなざし。

出所：佐伯胖編『共感――育ち合う保育のなかで』ミネルヴァ書房，2007年，25-26頁を基に筆者作成
　　　（概要の文章は，原文の表現を一部間接的に引用）。

まれ，必要な援助がみえてくるということである。子どもへの共感なしに行われる援助や抱いた願いを一方的に押し付ける実践は，かえって子どもをみえなくしてしまう。

　では，子どもに共感的なまなざしを向けるとはどういうことであろうか。2007（平成19）年，認知心理学者の佐伯胖（ゆたか）は，子どもを見る時の3種類のまなざしを挙げ，共感を呼び起こすまなざしとして「横並びのまなざし」を提案している（表4-1）。

　子どもを見る時，表4-1にあるような「横並びのまなざし」で，子どもと場を共にし，子どもの視線の先にあるものを共に見て，子どもがやっている行為を共にしてみよう。その中で子どもの感じていることが自然に伝わってきたり，自分の感じていることが子どもに伝わったりする。そうした相互的な思い

75

の共有の中で，共感的な間柄が形成されていく。

　もちろん，保育者が子どもを見ようとする時，その子の興味や関心を探ったり発達を把握したりするために，子どもから離れて，何をして遊んでいるのか，玩具や道具・素材をどう使っているのか，遊びや生活の中でどのような表情や仕草・会話が見られるのか，その子の得意なことや苦手なものは何かなど視点をもって観察することもある。このように，観察の視点をもって子どもを見ることで，客観的に子どもの姿を知ることができる。

　その際に注意したいことは，表4-1に示される「観察するまなざし」の子ども理解に陥らないことである。佐伯が述べるように，観察の視点をもって子どもを見るということには，周囲からその子だけを切り取って，観察者が見たいものを，設定した枠組みの中だけでとらえてしまう危惧がある。子どもを観察する際にも，一人ひとりの子どもに関心をもって共感的なまなざしを向け，その子の思いと共にあろうと心に寄り添いながら見るようにしたい。子どもの表面的な行為や一部の切り取られた関わりを見るのではなく，何に心を動かされながら，どういう願いをもっているのか，子どもの周囲にある環境にも目を向け，子ども一人ひとりのヒト・モノ・コトとの関わり合いの様子を観察しよう。その子の思いを共にする中で，その子にとっての環境の意味や関わりの意図がみえてくる。

　一方で，子どもを見つめすぎてしまうこともある。このまなざしを佐伯は，「向かい合うまなざし」と呼んでいる（表4-1）。向かい合うまなざしの先には，互いしか映っていない。つまり，子どももまた保育者を見つめ，その期待や願いを感じ取ろうとする。これは，思いを共にしようとするというよりも，互いに探り合うまなざしであろう。そこで保育者の願いが強すぎると「～しなさい」「～してはいけません」などの指示や禁止の言葉かけが多くなったり，「こうなってほしい」という思いが強く態度に表れてしまったりする。こうしたまなざしでは，本来の子どもの姿や思いが見えなくなってしまう。

　以上のように，「子どもをみる」という時に大切にしたいことは，子どもと共にあろうとする共感的なまなざしをもつことであるが，そのような心もちで

第４章　保育者の専門性

保育の場に身を置くと，自然と見えてくるものがあることに気づく。コラム３にある「ふれ合い体験」という活動に参加した学生の感想から考えてみよう。

コラム３

「ふれ合い体験」とは

　日本保育協会神奈川県支部の主催で，2013（平成25）年より「ふれ合い体験」というプロジェクトが始まった。その趣旨は，「保育学生が保育所に気軽に足を運び，保育の魅力を知る」というものである。そのため，保育学生が評価や課題にとらわれることなく，思い思いの視点で保育に参加することが可能となっている。その中で，保育者としての原動力を蓄え育んでいけるよう，保育所と養成校とが互いに連携を図り協同する全国でも先駆的な取り組みである。

　ここでは，ふれ合い体験に参加したある保育学生の感想から，「子どもを見る」ことに焦点をあてて紹介したい。

○ふれ合い体験に参加した学生の感想（一部抜粋）

　今までは授業の一環で保育所や幼稚園に行っていた。…（中略）…今回ふれ合い体験に参加して，今までで一番子どもがきらきらしてみえた。子どもと一緒に喜んだり楽しんだり思いを共有して汗をかいている保育士の姿を見てその理由が分かったような気がする。―坂本さん（仮名，大学２年生）―

　子どもの輪に加わって一緒に遊び，給食を食べ，先生方のお話を一緒に聞き，保育所での子どもの生活を共に体験しました。…（中略）…子どもと生活を共にさせて頂いたことで，子どもと同じ目線で物事を感じられたように思います。お昼寝に入る前，先生に絵本を読み聞かせて頂く時間がありました。子どもたちと一緒に気持ちを落ち着かせて，お話を心地よく聞かせて頂きました。―岡田さん（仮名，大学２年生）―

　出所：ふれ合い体験の概要や趣旨は，日本保育協会神奈川県支部が作成した学生への案内資料，
　　　2016（平成28）年から作成。学生の感想は，ふれ合い体験参加後に相模女子大学に提出された報告書から一部抜粋し筆者作成。

　同じ保育を見るということであっても，さまざまな課題にとらわれ，評価される立場として「～しなくてはいけない」という気持ちで「見えるもの」と，そういったものから解放されて「見えるもの」とは，その見え方が異なる。

　坂本さんは，ふれ合い体験を通して，これまでの授業の一環の中で見えてい

た子どもの姿との違いを感じ，「一番子どもがきらきらして見えた」と述べている。さらに子どもと共にあろうとする保育者の姿に目を向け，保育者としてのあり方に対する気づきが生まれている。これは，「保育者としてどうあるべきか」という視点で見ようとしたことではなく，子どもと共に生活や遊びの中に身を置くことで，躍動感あふれる生き生きとした子どもの様子に心が揺さぶられることで生まれた気づきである。

　また，岡田さんは，睡眠前の絵本の読み聞かせを「心を落ち着かせて」「心地よく」聞くことができたという例を挙げ，子どもと生活を共にすることで，子どもと同じ目線で物事を感じられたと述べている。この気づきも「絵本の読み聞かせの仕方」「睡眠前の適切な過ごし方」という視点で得たものではない。

　2008（平成20）年，佐伯は「私たちが目指すことは，見ようとして見ることではなく，見えてくることを，見逃さないことなのではないだろうか」(4)と述べている。「保育者として何を見るべきか」という気持ちで子どもをわかろうとするのではなく「横並びのまなざし」を通して，自然と見えてくるものに気づいていきたい。その気づきは，生きた学びへとつながっていくだろう。

（2）保育者の関わりと環境

　2006（平成18）年，発達心理学者の鯨岡峻は，「子どもと保育者とは互いに主体である」ことを述べ，単に子どもの欲求をすべて受け入れるのではなく，また保育者の思いを押し付けるのではなく，子どもの思いを受け止めることを基本としながら，互いの思いを調整し，省察していくことの必要性を説いている。(5)この調整とは，「子どもの思い」か「保育者の思い」か，という二項対立的な選択ではない。子どもは，共感的まなざしを向け，自分の思いを受け止めてくれる保育者を信頼する。そして，子どももまた保育者に共感的なまなざしを向けるようになり，互いに相手の思いをわかろうとする関係が築かれていく（表4‐1）。ここには，「子ども—保育者」の関係だけでなく，「子ども—子ども」「子ども（個）—子どもたち（集団）」といった多様な関係構築も含まれてくる。

第4章　保育者の専門性

そうした互いの思いの調整過程やその中で生まれた新たな思いを受けて，認め
たり，励ましたり，代弁したり，共に考えたり，提案したり，見守ったり，子
ども同士をつないだりといった関わりが生じる。このように，保育者の専門性
として，子どもとともに保育を構築していくことが求められる。

　この思いの調整には，十分な吟味が必要である。互いの思いが乖離している
時はもちろんのこと，一見して合致していると思えてしまうことには注意した
い。たとえば，子どもがいざこざの解決を求めてきた時，仲良く遊んでほしい
と思う保育者は，どちらが悪いか判定する裁判官的存在になってしまうことが
ある。また，子どもが疑問をぶつけてきた時に，関心を深めてほしいと思う保
育者は，すぐに答えを示す教科書的存在になったりすることもある。こうした
関わり方が必要な場面もあるだろうが，ともすると，保育者が示す「正しいこ
と」を，子どもが受け身的に「覚える」だけというものになってしまう。子ど
もの葛藤や疑問は育ちの芽である。関わりの先にある育ちに目を向け，芽生え
たものを大切に育てていきたい。

　このように，自らの関わりが子どもの育ちにもたらすものは何か，それは子
ども自身がなりたいと思っている姿なのか，常に自らの実践を振り返ることが
必要である。子どもに寄り添おうとするまなざしに包まれた見通しをもった計
画と丁寧な省察を繰り返す中で，その専門性が磨かれていく。

　次に，子どもに対して間接的に行われる関わりについて，保育の環境構成を
取り上げる。神奈川県相模原市にある保育園「RISSHO KID'S きらり」では，
子どもの何気ない「つぶやき」に遊びや生活を発展させる可能性があると考え，
そのつぶやきを拾い上げながら協同的な学びが生まれる保育を実践している。[6]
ここで，その実践を紹介しながら，子どもにとって魅力的な環境，働きかけた
くなる環境について考えていく。

　一見すると，ホームセンターや手芸店のように思うかもしれないが，写真
4-1〜2は保育室の空間である。「RISSHO KID'S きらり」では，子どもたち
が自分自身で好きな遊びや興味のあるテーマを見つけることができ，その実現
に必要な使いたい素材や道具を自由に選択できる環境を整えている。[7]写真4-

写真 4-1　　　　　　　　　　　　　　　　写真 4-2

出所：「RISSHO KID'S きらり」の見学時に筆者撮影（2016年6月3日撮影）。

1～2では、素材や道具を単に並べておくのではなく、子どものひらめきが生まれ思わず手に取りたくなるような工夫や、実際に手に取りやすく使いやすい工夫がみられる。このように、素材や道具をただ「置く」のではなく、「見せる」という視点をもつことは、環境との出会い方を考える上で重要である。

　さらに、子どもが「何に出会うのか」ということを考えてみよう。前述の素材や道具の見せ方から、子どもの目線から生まれる「ひらめき」や「やりたいこと」が見えてきたり、その思いに応える「保育者の思い」を感じたりする。こうした環境と出会うことで、当初はぼんやりと描いていた「やりたいこと」が、具体化され発展していく。写真には、「保育所にありそうもないもの」との出会いもあり驚かされるが、そのような環境に刺激を受けて、新たな「やりたいこと」が加わったり、つながったりすることも生じてくる。子どもが環境と出会った時、心の動かされ方は多様である。当然、「やってみたいこと」も異なってくる。集団としてのまとまりにとらわれ子どもの思いを置き去りにしてしまうことがないよう、思い思いの楽しみ方を保障したい。そうした経験を重ねる中で、互いのやっていることに関心をもったり、つながったりしていく。思いがけない子どものつぶやきとの出会いを面白がり、自らも楽しめる保育者でありたい。

　写真4-3～5には、「昨日の続き」が保障され、イメージが深められる環境の工夫がある。子どもの遊びは大人が設定した時間の中で完結するものではな

第 4 章 保育者の専門性

写真 4 - 3

写真 4 - 4

写真 4 - 5

写真 4 - 6

出所:「RISSHO KID'S きらり」の見学時に筆者撮影（2016年6月3日撮影）。

い。明日も続きをやりたいと思える遊びがあることは子どもにとって嬉しいことである。ここでも，単に作品を「取っておく」のではなく「見せる」ことを工夫したい。「見せる」環境からは，昨日の「楽しかった」という思いとともに遊びが思い起こされたり，「今日はこうしよう」と新たな意欲が沸き起こったりする。そうした思いが実現するように，確かめ，調べ，また，他児と鑑賞し合い，互いに関わりや共有が生まれるような環境づくりも大切にしたい。

　写真4-6は，自分のタイミングで落ち着いて過ごせる「くつろぎの空間」である。長時間を集団の中で過ごす子どもたちには，1日の中で「ほっとしたい時」がある。こうした静と動の空間を子どものペースで行き来できることは，子どもが安心して安定した1日を過ごす上でも必要であろう。集団生活の場においては，休息の時間や移動のタイミングを大人の都合で設定してしまうこと

81

がある。そこには，やむを得ない事情もあるだろうが，当然ながら子どもが「ほっとしたい時」は一様ではない。子ども自身が自分の気持ちに耳を傾け，自分で決めて行動できることを大切にする中で，生きる力の基礎が培われていく。

　本章で述べてきた保育者の専門性を高めるには，保育者自らが「保育の引き出し」の中身を蓄える必要がある。その引き出しの中には，保育に関するさまざまな専門知識や技術が詰まっている。実際に子どもを前にした時，「どの引き出しを開け，何を出すか」「出したものをどう使うか」という判断が生まれる。その判断には，保育者の生活経験や実践経験，価値観など保育者の専門的知識・技術のみならず「生き方」そのものが影響する。つまり，保育の知識・技術の習得はもちろんのこと，自らの生活経験を豊かにして感性を磨くこと，実践経験を重ねる中で自己を省察すること，その中で子どもへの愛情や保育観を深めていくことが，その専門性を高めることにつながる。

第3節　子育て支援

　保育所保育指針に示される保育者のもう一つの職務として，子育て支援が挙げられる。保育所での子育て支援には，「保育所を利用している保護者に対する子育て支援」と「地域の保護者等に対する子育て支援」がある。

　子育て支援において必要となる機能について，教育学者の大豆生田啓友は，単に保育サービスの充実を図り提供するということではなく，子どもがよりよく育つための支援であること，親自身が子育て者として育つと同時に自分らしく生きるための支援であること，社会全体が子育てを支えるための仕組みをつくるための支援であること等を挙げている。[8]こうした機能が果たされるよう，保育所全体で共通理解を図り体制を整えていくことが必要である。

　保育の専門性を有する保育者は，その専門的知識・技術をもって，保護者とともに子どもの育ちを支え，保護者と共に子どもの成長を喜び合う関係を構築することが求められる。こうした保護者との信頼関係の下，「子どもが今を最

第4章　保育者の専門性

も善く生きる」ために必要な支援に向けて保護者と協力・連携を図っていく。なお，保護者の負担を軽減することは大切であるが，保護者から子育ての喜びを奪ってしまうことがないようにしたい。保育者は，子育ての喜びを奪う者でも一方的に指導する者でもなく，子育てのパートナーとして寄り添う姿勢をもちながら，保護者自身が親としての喜びや成長を感じられるようにしていくことが重要である。

　したがって，子育ての相談・助言にあたっては，「受け止める」「共感する」といった姿勢を基本とする。保護者の気持ちに耳を傾けつつ，子どもの代弁者になったり，情報を提供したり，保育の視点を伝えたり，時には実践を見せたりして，保護者自身が納得し自己決定していけるよう進めていく。そうした支援の中では，保育者と保護者との関係づくりにとどまらず，保護者と子ども，保護者同士，保護者と地域社会とをつないでいくことも求められる。

　これらの支援は，担任や園のみで抱え込むのではなく，園内で連携を図りつつも，必要に応じて外部の専門機関とも協力しながら進めるようにする。

　こうした子育て支援における機能を理解し，その役割を果たしていくことが，保育者の専門性といえよう。具体的な保護者・地域との協力・連携のあり方については第8章にて学んでほしい。

【ポイント整理】

○養護と教育の一体性
　養護とは，子どもの生命の保持と情緒の安定を図る援助であり，相まって行われる。また，教育とは，子どもが主体的に環境と関わる中で遊びを通して行われる発達の援助である。保育者は，養護と教育が相互に関連し重なり合っていることを理解し，一体的に実践する力を身に付け高めていく。

○子どもをみるまなざし
　子どもを見る時には，その子どもに関心を寄せながらその思いと共にあろうとする共感的なまなざしを向けるようにする。そこで見えてきたものをとらえ，気づきを大切にする中で子どもを見る目が磨かれていく。

○保育者の関わりと環境
　共感的・応答的な関わりの中で，子どもの思いと保育者の思いを互いに調整しな

がら，子どもと共に保育を構築していく。子どもにとって魅力的な環境を構成し子どもの育ちを見通した関わりを行うために，計画と省察の力を高めていく。

○ **子育て支援**

　保育者が，保育の専門性をもって保護者に対して行われる支援を指す。子どもの最善の利益を重視し，保護者自身が育児の喜びと自らの成長を感じられるよう支援していく。

【振り返り問題】

1　養護と教育が一体となった援助について例を挙げ，援助の意図や子どもの育ちにとっての意味を考えてみよう。

2　幼児期に出会った保育者との関わりについて，嬉しかったことや悲しかったことなど印象に残っているエピソードを挙げ，子どもの視点から保育者の専門性を考察してみよう。

3　親の立場としてわが子を預けるなら，どのような保育者を求めるだろうか。そこから，保護者と信頼関係を築くために必要なことを考察してみよう。

（注）
(1)　厚生労働省「保育所保育指針」2018年，第1章を基に筆者作成。
(2)　同上書。
(3)　佐伯胖編『共感——育ち合う保育のなかで』ミネルヴァ書房，2007年，25頁。
(4)　佐伯胖『幼児教育へのいざない——円熟した保育者になるために』東京大学出版会，2001年，20頁。
(5)　鯨岡峻『ひとがひとをわかるということ』ミネルヴァ書房，2006年，105-107, 110頁。
(6)　「RISSHO KID'S きらり」が作成した保育園の資料。
(7)　「RISSHO KID'S きらり」が作成した保育園の資料。
(8)　大豆生田啓友「子育て支援」森上史朗・柏女霊峰編『保育用語辞典 第8版』ミネルヴァ書房，2015年，357頁。

〈参考文献〉
吉村真理子，森上史朗ほか編『保育実践の創造——保育とはあなたがつくるもの』ミネルヴァ書房，2014年。

【文献案内】
佐伯胖編『共感——育ち合う保育のなかで』ミネルヴァ書房，2007年。

——私たちは「共感の大切さ」は知っていても「共感とは何か」については曖昧ではないだろうか。本書は共感の奥深さについて学べる必携の書である。

大豆生田啓友編著『「子ども主体の協同的な学び」が生まれる保育』学研，2014年。

——本章で紹介した「RISSHO KID'S きらり」をはじめとして，全国の魅力溢れる園の実践を学ぶことができる。子ども主体の保育を考える上で，ぜひ役立てたい。

（金元あゆみ）

第5章
保育者の省察と記録の役割

―― 本章のポイント ――――

　保育者には一人ひとりの子どもたちが主体的に生きいきと活動し，心身ともに健やかな成長発達を遂げることができるよう，保育を計画し，実践することが求められる。実践した保育は，記録することで子ども理解が深まり，自らの実践を省察することにつながる。本章では，省察により「保育の質」を高め，子どもを主体とした保育実践を行うために記録が果たす役割について理解する。

第1節　保育者の記録

（1）「保育日誌」と「保育経過記録」

　保育者の仕事には記録が欠かせない。実習を終えた学生から「こんなにメモをとるとは思ってもいませんでした」と，1頁目からびっしりと記入されたメモ帳を見せられたことがあった。その学生は続けて「先生も打ち合わせや，何かある度にメモをとっていました」と言っていた。保育者の記録は，忘れないためのもの，残し保存するためのもの，引き継ぐためのものなど，さまざまな性格をもつ。また，記録される書類の種類もさまざまなものがある。

　たとえば子どもたちの日々の活動と成長は，次の2つに記録される。1つ目は，「保育日誌」である。これは，「その日の保育を振り返る」という性格のために記録される。「保育のねらい」に基づいた出来事やポイント，実際の子ど

もの姿と具体的な保育者の援助と配慮，保育者が関わることで子どもの取り組みがどのように変化したのか，などを記録する。2つ目は，「保育経過記録」である。1人の子どもについて「1年間の子どもの成長発達を記録・保存」し，「次年度のクラス担当へ引き継ぐ」という性格をもっている。「保育経過記録」は「保育日誌」における子どもたちの姿を基本に，個々の子どもの成長発達，特に発達上引き継ぐ必要がある事柄が記録される。1年を通した発達の評価や，保育者が1年間の保育を振り返る材料ともなる大切な資料である。こうした記録の目的は，一人ひとりの子どもたちが主体的に生きいきと活動し，心身ともに健やかな成長発達を遂げるために実施する「より良い保育」のためのものである。保育日誌等の記録を記すことは，子ども一人ひとりの発達の違いや変化について理解を深め，自らの保育実践について振り返り，より良い保育を実施するための資料となる。自身の「保育の質」を上げていくための記録であり，記録を活用して「より良い保育」を実践するのである。

　では，実際に保育者はどのような記録を行っているのか，保育所と幼稚園の例をみてみよう。

（2）保育所における記録のポイント

　保育所では，保育の全体計画を示した「全体的な計画」を作成している。従来は「保育課程」と呼んでいたが，保育所保育指針の改定に伴って，幼稚園教育要領と幼保連携型認定こども園教育・保育要領との整合性が図られた。「全体的な計画」は，保育所保育指針に示された「保育所の役割」と「保育の目的」を達成するために，園の保育方針や目標を踏まえ，0歳児から就学前までの子どもの発達過程と保育内容を示した全体の計画である。この全体的な計画を基に，「長期の指導計画（年間・期間・月間）」と「短期の指導計画（週案・日案）」等を立案し，日々の保育実践が展開されるのである。こうした計画を立案する際に役に立つのが，前述の「保育日誌」であり，「保育経過記録」である。

　事例1は，1歳児クラスの例である。保育者は計画立案の際，次のような点

に留意している。0歳児の場合，一人ひとりの子どもの成長発達はさまざまであるため，入所前の家庭における生活習慣や子どもの成育歴について丁寧に理解した上で，細やかな保育者の援助方法を具体的に記入する。1・2歳児の場合は，生活習慣の自立に向けて，一人ひとりの子どもの育ちに応じた対応が求められる。そのため，保育者の援助方法を詳細に記しておくことで，複数いるクラス担当者が保育のねらいに一貫性をもった保育を行うことが可能になる。こうした状況を理解した上で，事例1を読んでみたい。

事例1

1歳児の排泄の自立に向けて

①　子どもの様子

　午前中，おやつ前の時間に，保育者の言葉かけにより，子どもたちは保育者と一緒にトイレに行く。文ちゃん（仮名）と杏ちゃん（仮名）は仲が良い。杏ちゃんは先日，トイレでの排泄に成功したばかりだ。それをきっかけに，ここ数日文ちゃんは自ら積極的に便座に座ろうとする姿が見られるようになった。この日も杏ちゃんは便座に座って排泄に成功した。私は文ちゃんにも排泄に成功してほしいという思いから，「杏ちゃん，すごい。上手だったね。文ちゃんもできるかな？」と言葉をかけた。すると，文ちゃんは急に不安な表情をして，「文ちゃん，おわり」とすぐに便座から立ち去ってしまった。

②　保育者の考察

　午睡の時間に日誌を書きながら，文ちゃんのトイレでの姿を何度も思い起こした。なぜ文ちゃんは，便座からすぐに立ち去ってしまったのだろう。私の言葉かけのどこが，具体的にまずかったのだろうか。ここ数日，杏ちゃんから良い刺激を受けて，自分からトイレに行けるようになった文ちゃんだっただけに，文ちゃんの意欲を引き出すような対応をしたかったが，うまくいかなかった。先輩の先生に相談しながら，今後の文ちゃんへの対応方法について考えていきたい。

　出所：筆者作成。

　保育者は文ちゃんの排泄への自立に向けての意欲を汲み取り，その様子について記録を通して丁寧に振り返っている。記録には，文ちゃんに対する適切な対応方法について模索する気持ちが記されていた。一方で実際の保育現場では，生活や遊びなどさまざまな場面で保育者の意図とは違う展開になることも多い。

事例1では，保育者は文ちゃんの排泄への意欲を受け止め，「今日こそは排泄を成功させてあげたい」気持ちと，文ちゃんのペースに合わせて「焦らずに排泄の自立を進めていきたい」気持ちが混在していた。

　子どもの成長はその日の体調や気持ちの変化，環境等によって大きく影響され，保育者の思いや予想とは異なる結果をみせる。このことは，子どもが子どもらしく，主体者として生活していることの現れでもある。保育者は保育実践の中で，子どもの育ちの意味，自らの援助の目的について繰り返し振り返り，問うていくことが大切である。その中で，目の前で成長する子どもと自らの保育実践に対して長期的な見通しをもつことが，子どもの実態に即した保育の計画立案，そして「より良い保育」につながるのである。

（3）幼稚園における記録とポイント

　幼稚園に入園する3歳児は，家庭で過ごしてきた場合や，保育所から転園してきた場合などさまざまであり，発達の個人差が大きい。基礎的な運動機能が育ち，走る，跳ぶなどの動作がスムーズにできるようになる。基本的な生活習慣が形成され，食事や排泄，衣類の着脱がある程度できるようになる。語彙数が増し，言葉のやり取りが活発になる。保育者の仲立ちにより，友だちとの関係が深まる時期である。

　4歳児は，身体の動きが巧みになり，身近な自然環境にも興味を示し，友だちとの遊びが広がりをもつようになる。

　5歳児では基本的な生活習慣が身に付き，友だちと同じ目的に向かって集団で行動するようになる。けんかを解決し，相手の気持ちや意見を尊重する姿がみられるようになる。就学に向けて，社会生活に必要な力を身に付ける時期である。こうした発達段階を理解した上で，事例2をみていくこととする。これは4歳児クラスにおけるドッジボール遊びの様子と，保育者の考察を記録したものである。

┌─ 事例2 ───

4歳児クラス翼くんの成長場面

① 子どもの様子

午前中の活動では子どもたちの希望を聞いて，ドッジボールゲームを行った。子どもたちは自分たちで考えて赤と白の2チームに分かれた。ゲームでは，最初からボールをしっかりと受け止める子どももいたが，翼くん（仮名）は，いつものようになかなかボールが受け止められず，悔しそうにしていた。すると，同じ青チームの子どもたちが，そんな翼くんの様子に気が付いて，「青チームがんばれ」と応援の声をあげた。翼くんは友だちからの応援に見事に応えて，敵のチームから飛んできたボールを力強く受け止めることができた。

② 保育者の考察

ドッジボールを行うにあたり，子どもたちの意見を聞いて，ルール決めを含めて自主的にゲームを進められるよう考慮した。運動会を終えた時期あたりから，運動能力が高まり，集団遊びなどで活発に体を動かしたりする姿が多く見られるようになってきた。また，さまざまな遊びや生活の場面で友だちと一緒の取り組みを通して，自ら頑張って困難なことに挑戦する姿も見られるようになった。以前から運動が苦手な翼くんは，初めボールを受け止められなかったが，友だちからの応援に勇気づけられて，見事にボールを受け止めることができた。また，ボールを受け止められたことで，後半のゲームでは，翼くんが自信をもって遊びに参加する姿が見られた。

　出所：筆者作成。

└──

　この事例では，ドッジボール遊びを通じて，主体的にルールや遊び方を考えて遊ぶことをねらいとしていた。秋の運動会が終わる頃には，4歳児クラスの子どもたちの大半は5歳の誕生日を迎えていると考えられる。子どもたちは簡単な決まりを作り，友だちと一緒に遊びを発展させることができるようになる。保育者は普段から，運動が苦手な翼くんにも，友だちと一緒に運動遊びをすることを通して，運動遊びの楽しさを知ってほしい，これまで苦手だったことにも挑戦してほしいと考えていた。翼くんは，ボールに対する苦手意識から楽しさを感じられず，遊びに対して消極的な態度であった。徐々に友だちの声援に励まされてボールを受け止めることができ，その後の遊びが活発になっていった。この時，保育者は「翼くんが自信を持って遊びに参加する姿が見られた」と記している。これは，自分で苦手だったことを克服して自信をもてたことで，

ドッジボールに継続して参加できるようになったことを意味している。このように，保育者は日々の子どもの姿を記録することで，子どもたちの成長・発達過程を確認し，その記録を基に子どもの育ちに応じた活動を展開することが可能となる。こうした記録の積み重ねは，子ども一人ひとりに対する適切な援助や，保育活動の立案など，その後の保育に役立つのである。

第2節　保育ドキュメンテーション

　前述のように指導計画の立案には，保育者が子どもたちを観察し，成長発達を十分に理解しておく必要がある。そのために必要なのが，日々の保育記録である。保育所における保育実習や，幼稚園における教育実習では，実習生として「実習簿」「実習日誌」などと呼ばれる実習記録をつけるのが一般的である。実習記録では比較的多くの場合，「保育者の動き」や「子どもの活動」「実習生の動き」をそれぞれ時間の流れにそって記述する「時系列方式」を用いる。すでに経験した方もいるだろう。

　保育の現場では，各園の保育方針や基本理念等により，記録に用いられる項目や記述方法は実にさまざまである。そのため，一概には説明できないが，事例1・事例2の「子どもの様子」の記述で見られたような「保育経過記録」を用いることもある。近年，用いられるようになってきたのが，「エピソード形式」「エピソード記録」と呼ばれる方式である。鯨岡はこの「エピソード」について，できごとを客観的，手短に文章にした経過記録とは異なるものとして位置づけ，「心が揺さぶられた場面」「描きたいと思ったもの，あるいは描かずにはおれないと思ったもの」だとと説明している[1]。また，記録を読み手と共有し，自らの保育実践を振り返ることで，これまでの保育を見つめ直すことを可能にするとしている[2]。こうした記録による振り返りが，「子どもの育ちに対する評価」や「保育者の対応」といった「保育の質」に焦点を当てることになり，エピソードの質の向上が「保育の質」の向上につながるものとしている。

　一方，資料1のようにイタリアのレッジョ・エミリア市の保育実践から生ま

れた「ドキュメンテーション」記録も徐々に広まってきている。

資料1

レッジョ・エミリア市の保育実践

　レッジョ・エミリア市では「レッジョ・エミリア・アプローチ」と呼ばれる取り組みが，創始者の1人であるローリス・マラグッツィ（Maglaguzzi, Loris：1920-1994年）を中心に始められた。この取り組みは，乳児保育所（0～2歳児）と幼児学校（3～6歳児）において展開され，クラスには保育者のほかに芸術の専門家と教育の専門家が配置される。これらの専門家は専門的視点から保育者を支援し，保護者や地域との結びつきについても支援を行う。子どもたちはさまざまな種類の道具と材料を使って保育者と共に活動に参加する。現場ではテーマに沿って，自然物や人工物等を用いた創造的な活動が行われている。

　なお，「レッジョ・エミリア」については，第9章でも取り上げているので参考にされたい。

　　出所：ヘンドリック・ジョアンナ／石垣恵美子ほか訳『レッジョ・エミリア保育実践入門——
　　　　　保育者はいま，何を求められているか』北大路書房，2000年を参考に筆者作成。

　保育活動は「ドキュメンテーション」によって記録され，可視化される。「ドキュメンテーション」とは，文書や証拠などの記録を体系的に整理し書面化するという意味である。このドキュメンテーションを職員が共有し，子どもの成長への評価や次回の活動への課題発見と計画へと活かされる。子どもが取り組む過程と成長の様子は，子どもとその保護者も見ることが可能である。こうした「保育ドキュメンテーション」は日本でも注目されている。その理由は，保育記録を子どもや保護者などに向けて「可視化」，共有することで「保育の質の向上」を目指す取り組みが容易に行えるためである。「可視化」とは見えるようにすることであり「見える化」などと表現されることもある。

　「保育ドキュメンテーション」における保育者の役割は，子どもたちの活動を計画し，その推進を援助することである。保育者は子どもたちの活動状況を深く理解するために，子どもの言葉に耳を傾け，活動を撮影した写真や映像，メモ，録音などを用いて観察することで，活動を進めるために必要となる資料を提供する役割を担う。保育者は子どもたちに問いかけ，彼らの新しい発想や発見，想像や推測，思考を探っていく。この時，保育者と専門家たちは，子ど

もたちの意見，討論，活動場面を撮影した写真や映像の意見交換を行う。丁寧に整理することで，場に応じた計画の立案や，次回の取り組みの準備に役立てる。また，写真などはパネルなどにして可視化し，誰もが見ることのできる場所に掲示する。パネルの写真には，言葉やメッセージなどが添えられ，子どもの取り組みやそこから得た学びが「ドキュメンテーション」として一緒に掲示されているのである。子どもたちにとっても取り組みの振り返りとなり，次の活動と学びにつながる機会となっている。こうした取り組みは，保育者たちの専門的な成長を促進させるだけではなく，保護者や地域の人々に子どもたちの取り組みを目にしてもらうことで，「保育」を知ってもらう仕組みになっている。

　高橋は保育ドキュメンテーションの意義について，子ども，保護者，保育者が共有することで，保育実践の学びや育ちを三者が互いに確認し合い，その先の保育実践を深く，広く見通すことにつながると指摘している[3]。日本でもドキュメンテーションの導入を実施しようとする保育所や幼稚園がみられるようになった。坂﨑らは，日本における保育のドキュメンテーションの役割について，「保育士が発達の科学的根拠に基づいた情報発信をするための自己研鑽の機会になること，保護者が子どもの発達を正しく理解する手助けとなること，そして地域社会に子どもの育ちを発信することで，三者が協力して子どもを育てていく構造」を作り上げていくために有効であると言及している[4]。

　では，保育ドキュメンテーションを活用するには，どのようにしたらよいのだろうか。繰り返しになる箇所もあるが，活用について整理してみよう。保育現場では，全体的な計画や教育課程，指導計画，保育日誌などの記録を基に，自らの保育実践の振り返りや他者による評価が行われてきた。こうした振り返りや評価の場面において，視覚的理解が可能な「保育ドキュメンテーション」を活用するのである。映像や写真等の記録を「見える化」し，振り返りの材料として用いることで，職員全体が共通の課題を「見える形で認識する」ことができ，スムーズに事例検討を行うことが可能になる。近年，事務的な仕事が煩雑化し，ゆとりを失っている保育士もいる。時間をかけ，一つの事例について

掘り下げたり，研修資料を用意したり，研修会の開催が難しい場合がある。資料2で示すように，こうした状況に悩む園で有効な手段である。

資料2

保育ドキュメンテーションを活用した研修例

① 記　　録

保育者は日々の保育場面を写真や映像として記録する。記録には，個々の保育者の保育観や子どもの成長のとらえ方の違いなどが投影される。

② 情報共有

記録について複数の保育者が意見を交わし，子どもを取り巻く状況について情報共有する。記録者がとらえた子どもの姿だけではなく，参加した保育者の多種多様なとらえ方が共有される。

③ 意見交換・考察

情報共有を基に，保育者はより客観的に子どもの興味や心情の変化について考察を行い，互いの意見を述べ合う。

④ 課題の模索・展望

子どもの姿や実践への気づきを基に，今後の子どもへの関わり方や保育実践の課題解決を模索していく。

出所：中村萌・澤田ゆい・高橋健介「ドキュメンテーションを用いた保育カンファレスの取り組み——写真を介した話し合いによる幼児理解の広がりと深まり」第7回幼児教育実践学会，2016年を参考に筆者作成。

資料2のように，保育ドキュメンテーションを活用し，保育者が互いの事例を検討する場合，文章や言葉ではうまく伝わらない学びと育ちの姿を「見える化」することが重要である。たとえば，保育のねらいや，それにふさわしい保育者の援助と配慮，子どもたちの取り組みの経過，実践における気づきから，その後の保育者の関わりや見通しを表示し，ドキュメンテーションを構成するのである。「見える化」した材料を用いて研修することで，誰もが実践の様子を見ることができ，場面を想像しやすい。また，写真や映像を用いることで，研修資料の準備に時間的・精神的な負担が軽減される。このような研修を設けることで，職員同士の意思疎通を促し，園の雰囲気を「風通しの良い」ものにし，「保育の質」を向上させることにつながるものと期待されている。

「保育ドキュメンテーション」には，保護者と地域住民に「保育を知っても

らう」利点があることを紹介したが，その利点には３つの効果がある。１つ目は，園への理解を得る機会になることである。多くの園では，保護者や地域からの信頼や理解を得るために，書面や掲示，地域住民を行事に招く，高齢者施設を訪問する，といった取り組みを行ってきた。しかし，そうした取り組みでは，理解を深めてもらうことが難しい状況であった。これを打開するために「見える化」を利用するのである。２つ目は「第三者評価」への活用である。「第三者評価」は次の第６章で詳しく取り上げるが，福祉サービスの質の向上を目的として，「第三者」である外部機関に園の評価をしてもらうものである。限られた時間と資料の中で，園の実際を見極めて評価してもらうことは難しい。保育ドキュメンテーションを資料として用意することで，評価者の理解が深まるのである。３つ目は保護者に対し，子どもの姿や成長の変化をわかりやすく伝えることである。保育ドキュメンテーションを保育者と保護者の二者で共有することで，子どもへの関わり方について二者が一緒に考える機会になる。また，親子で一緒に保育ドキュメンテーションを見ることで，親子が「同じ場面を共有する」ことができる。

　親子による共有後の会話は，共感性が生まれ，コミュニケーションを促進する良い機会となる。しかし，画像は「できた」「美しい」といった目に見える側面だけがクローズアップされやすい。結果にいたる経過を大切にし，必要に応じてキャプション（説明文）などを用いることで，育とうとしている子どもの心情，意欲，態度が保護者にも理解できるように配慮することが必要である。

第３節　記録からの省察

　省察とは自らを振り返って考えることをいう。保育に当てはめれば，「自らの実践を振り返り，考察する」のである。保育実践は，終ればそこで完結するものではない。保育者は日々，子どもと関わり一緒に活動している。その営みの中で振り返り，自身への課題を明確にし，関わりと活動を改善するのである。その際に，重要な材料となるのが「記録」である。

保育者は日々慌ただしい中で,「できる限り子どもの気持ちに寄り添いながら保育をしたい」と考えている。しかし,いつの間にか子どもに対して,自らの「願い」や「援助したいこと」を優先させてしまうことがある。また,保育実践がうまくいかないと,保育者として自信を失うこともある。こうしたことを防ぐために,保育者は日々の保育記録を用いて省察を行うのである。記録を用いて省察する過程で,保育中には気づかなかったことや,冷静に考える時間がないまま実践していたことに,あるいは計画と大きくかけ離れてしまったり,子どもへの理解が不十分であったりと,さまざまなことに気づかされる。記録から振り返ることで,自身の保育について客観的に見つめ直す機会をもつことが可能となるのである。

コラム1

子どもの姿をとらえ直す

保育者は,年・期・月ごとの指導計画を基に子どもの姿を振り返り,子どもの生活状況や遊びの実態に沿った保育の計画を立案する。そして,実践を行った後の記録には,子どものふさわしい成長を願う思いや関わりが記述される。場合によっては,保護者から聞いた,子どもへの思いや願いまでもが記述されることがある。クラスが複数担任であれば,記録を手掛かりとして,お互いの保育実践を客観的に振り返ることができる。活動時の子どもの姿をとらえ直し,適切な対応や次回への取り組みに向けた環境設定を考察するのである。

たとえば,事故が発生したとしよう。事故当時の客観的な状況が記された記録があれば,問題への対処に有効であるとともに,その後の事故防止に役立てることができる。さらに,連絡帳・連絡ノート等の記録を用いることで,子どもの家庭での姿と園での姿を情報共有することも可能になる。保護者の置かれている状況や,子どもへの思いや心情の変化に配慮した上で,事故の後に生じる問題を解決に向かわせることが可能になるのである。

出所:筆者作成。

保育の計画を立案する際は,クラスや特定の集団を対象にした集団活動と,子ども一人ひとりの成長発達を踏まえ,意図的に保育の目標を定める。実践後には,保育の計画に沿って定期的に自らの保育を振り返る。保育目標や人的環境・物的環境の構成が,集団での取り組みに適切であったのか,また一人ひと

りの取り組みに適切であったのか，自ら省察するのである。つまり，設定した保育目標が，集団全体や個々の発達過程にふさわしいものであったか，客観的に見直さなければならないのである。そのため，保育者は自らを「客観的にとらえる力」が求められる。

　保育現場では日々，目まぐるしく生活や遊びが展開されるが，保育者はすべての場面で「意図的な関わり」を実践しなければならない。しかし，子どもに寄り添い生活する中で，自らを保育の実践者として客観的にとらえることが，時として困難になる場合がある。定期的に職員会議等で，保育の計画に沿った振り返りを行い，園長や主任，他のクラスの保育者から，保育実践に対する客観的な意見や評価を得ることが，価値のある自己省察へとつながるのである。

　保育者は指導計画の作成，保育日誌，園便り，保護者との連絡帳・連絡ノート，けが・事故等の記録，行事の計画及び報告書，同僚保育者と連携のための記録など，相当量の記録や立案を行わねばならない。しかし記録に追われてしまうと精神的なゆとりを失い，援助や配慮，保護者対応などにミスを生じかねない。保育者自身が記録を効率よく行うことも課題であるが，園によっては書式の簡素化やパソコンによる記録などを進めている。「保育の質を向上」させるための記録によって，本来の保育に支障が生じるのは本末転倒である。こうした中で保育ドキュメンテーションは，見える化や作成の簡便さから，保育実践の省察，子ども理解，指導計画の見直し・作成に有効な方法として注目されているのである。

第4節　保育の全体的な計画における保育の展開と自己評価

　保育の全体的な計画における「保育の展開」とは，保育の全体的な計画に基づいて立案された指導計画により保育実践を行い，その実践を振り返り保育実践を改善する「組織的な取り組み」のことを指す。本節では，この保育の全体的な計画における「保育の展開」を説明する。第1節に示したように，保育所は保育目標を達成するために「全体的な計画」を作成しなければならない。幼

稚園も同様に「教育課程」を作成しなければならない。いずれも，「指導計画」を立案する際の指標となる計画であり，入園から卒園までの長期的な視点に立って作成されるものである。

事例3は，「全体的な計画」を受けて立案された3歳児クラスの月間指導計画の一部である。

全体的な計画を踏まえ，「ねらい」は現在の子どもの姿から，子どもにとってふさわしい成長を見通して設定される。10月は，基本的生活習慣である排泄の自立や，運動会を通して達成感を味わう中で，自分に自信をつけていく成長の姿を見通した「ねらい」が設定されている。この「ねらい」を基に，具体的な「養護　生活・情緒」欄が設定される。手伝いを子どもが主体的に実行できるよう，取り出しやすい場所にテーブル拭きを常備することを盛り込む等，子どもの主体的な活動につながるような人的環境・物的環境への配慮がわかりやすく記されている。

週案は1週間の生活について，継続的な視点をもって具体的に構成するものである。日案は全体的な計画，年間指導計画，月間指導計画，週案を受けて立案される。

事例4は2歳児クラスの日案である。12月初旬，園では幼児クラスの子どもたちによるツリーの飾りつけが行われている。乳児クラスの子どもたちもクリスマスリースを製作するなど，クリスマスへの期待が高まっている。そこで，2歳児クラス担任の新人保育者が，子どもたちにクリスマスの幻想的な雰囲気を味わってほしいと考え，計画したものである。

こうした日案は，事例4のように園全体の行事が行われる場合に立案される。日案を作成することで，保育者は時系列で全体の活動の流れと自分の役割に必要な動きを理解した上で，保育を展開することができる。また，保育のねらいや活動内容を明確にすることで，他の保育者と意思の疎通や連携が行いやすくなるメリットがある。行事の立案にあたっては，子どもが主体的に楽しく参加することができ，豊かな経験ができるよう，日常の保育との調和がとれるよう配慮する。また，その時期における子どもの成長，生活や遊びに即した保育が

第5章　保育者の省察と記録の役割

── 事例3 ──

3歳児クラス月間指導計画（マンスリープログラム）

10月	3歳児さくら組 （男児9名・女児8名）	園長	主任	担当	担当

ね ら い	・戸外活動を通してたくさん身体を動かす。 ・トイレ後の手洗い，ペーパーの使い方を知る。 ・はさみやのり等の用具を使って製作を楽しむ。 ・友だちとの言葉のやり取りを楽しむ。 ・運動会に参加し，達成感を味わったり，認められたりする中で，自分に自信がもてるようになる。 ・最後まで箸を使って食べる。	行 事	5日　（土）　運動会 10日　（木）　誕生会 21日　（月）　体操教室 29日　（火）　避難訓練

子 ど も の 姿	・新聞紙，封筒，絵の具等の身近な素材を使ってお店屋さんごっこの材料をつくる。 ・リレー，かけっこなどで体を動かし，運動会の日を楽しみにしている。 ・友だちや保育者と一緒に「とんぼのめがね」を繰り返し歌って楽しむ姿がある。 ・食事の場面で，箸の使い方が不安な子はスプーンを使おうとする姿がみられる。	家 庭 と の 連 携	・季節の変わり目で夏の疲れが出やすい時期なので子どもたちの健康状態をよく把握し，衛生管理に気を配る。 ・活動しやすい服や靴を選び，気温や活動に応じた，子どもが自分で調節しやすい衣服の実用性を知らせる。 ・送迎時に，挨拶や活動の様子を伝えるように心掛ける。

	ねらい	子どもの姿	保育者の援助と配慮
養護 生活・情緒	◎保育者に見守られながら，身の回りのことを自分でしようとする。 （登降園時の支度。衣服の着脱。手洗いや食後のうがい） ◎身の回りをきれいにする心地よさを感じる。	・身支度を自分でする。 （タオルかけ，連絡ノート） ・自分で衣服の着脱をし，畳んでビニール袋に入れる。 ・靴の左右を気にしながら，履いてみようとする。 ・戸外から戻ったら，自分から手洗い・うがいを行おうとする。 ・保育者の手伝いをする（テーブル拭き，椅子運び，布団敷き） ・保育者と一緒にロッカーや荷物の整理を行う。	・朝夕の支度を一緒に行ないながら，順序や方法を伝える。 ・帰り支度は，荷物をまとめてリュックに入れるよう言葉かけする。 ・地震による怪我等を防ぐため，上履きを履く大切さを伝える。 ・上履きを左右履き間違える子には気づくよう言葉かけする。（Aちゃん，Bちゃん） ・子どもたちが手伝う気持ちになれるよう，取り出しやすい場所に，小さいサイズのテーブル拭きを置いておく。

出所：筆者作成。

99

― 事例4 ―

2歳児クラス日案（デイリープログラム）

[日案]

平成○○年12月10日（火曜日）　さくら組（2歳児）　男児6名　女児7名　担当　○○・△△

現在の子どもの姿	
保育者や友だちとクリスマスの歌をうたったり，ツリーや部屋の装飾を眺めて，クリスマスが来ることを楽しみにする姿がある。紙皿に折り紙やシールを貼ってクリスマスリースを作るなど，指先を使った製作活動が楽しめるようになる。	ねらい ・ブラックシアターを見ながら，歌やお話に興味をもち，感じたこと，思ったことを自分の言葉で伝えようとする。 ・クリスマスへのイメージを膨らませながら，歌やリズムに合わせて体を動かすことを楽しむ。
	子どもの経験する活動 ・友だちや保育者と一緒にブラックシアターを見ながら，歌をうたうなどして，クリスマスの雰囲気を楽しむ。

時間・環境の構成	予想される子どもの活動	保育者の援助と留意点
10：10 ○室内に戻る ・椅子に座って保育者の説明を聞く 10：20 ○ブラックシアター「赤鼻のトナカイ」 〈準備する物〉 ・パネルシアター ・パネル台，ブラックライト ・歌「赤鼻のトナカイ」 ▬ パネル台 ● 子ども ○ 保育者 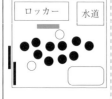	室内に戻り，手洗い・うがいを終えた子どもから保育者の周りに集まる。椅子に座り，これから何が始まるのかと期待する様子で友だちと楽しそうに話をする姿がある。 保育者がクリスマスツリーの飾りについてクイズを出すと，「キャンディー」「お星さま」「ローソク」など，嬉しそうに答える。 室内が暗くなると，怖くなって不安になる子どもがいる。 クリスマスのパネルシアターが始まると，集中して話を聞く姿がある。 サンタが登場し挨拶をすると，大きな声で「こんにちは」と挨拶をする。 トナカイやソリが登場すると嬉しくて，自分が思ったこと，感じたことを伝えようとする子どもがいる。	なかなか集まらない子どもには個々に言葉をかけ，子どもたち全員が座り終えたかを確認する。 全員揃ったところで，子どもたちにツリーの飾りについて，クイズを出題しながら，落ち着いた雰囲気になるまで待つ。 子どもたちの様子が落ち着いたところで，室内の明かりを消し，ブラックシアターを開始する。 不安な子には保育者が側に付き，見守りつつ，パネルシアターに興味をもてるような言葉かけをする。 ゆっくりとパネルの後方からサンタを取り出し，まるで子どもたちに挨拶をするように自分も頭を下げサンタと同じ動きをする。
	終　結　部　分	
	室内が明るくなり，集中がほぐれたのか，「明るくなった」等，言葉にする子どもがいる。 ブラックシアターの中で印象だったシーンを思い出して，保育者に伝えようとする子どもがいる。	ブラックシアターと歌が終わった後，余韻を楽しむために，ゆっくりとカーテンを開けて徐々に室内を明るくする。 子どもたちに，お話に出てきたサンタやトナカイの赤い鼻のことについて，ストーリーを振り返ったり，質問するなどしてお話の余韻を楽しめるようにする。 子どもたちの反応に丁寧に応答し終えたところで，活動の終わりを告げる。

出所：筆者作成。

柔軟に展開されるための計画でなければならない。

　指導計画の役割は，保育を展開したらそれで終わりではない。保育者が記録した保育の過程を踏まえ，指導計画に基づいて保育内容を見直し，改善を行うのである。「保育の展開」の営みは，保育の過程を記録し，見直しを行い，改善を図るプロセスが重要なのである。その結果，保育の内容がより良いものに改善され，自身の「保育の質」を向上させていくのである。こうした「保育の展開」の営みに「自己評価」が重要な役割を果たす。保育者は，保育の計画や記録を通して，自らの保育実践を振り返ることで「自己評価」を行う。この自己評価を通して，自らの専門性を向上させ，保育実践を改善するのである。つまり「保育の展開」の営みは，保育者一人ひとりの「自己評価」によって行われるのである。自己評価については，厚生労働省より「保育所における自己評価ガイドライン」が示されているが，このことからも保育の質を向上させるために，保育者一人ひとりの自己評価がいかに重視されているか理解できよう。

　自己評価には保育者による保育者自身の「自己評価」と，園による園の「自己評価」の2つがある。2つの自己評価は独立して営まれるものではなく，保育者一人ひとりの自己評価が基盤となって，園の自己評価が行われるのである。保育者の自己評価は，研修や検討会を通して確認し，話し合い，園の課題の共通認識として深めることで，課題意識や保育の計画作成，組織としての機能を高めることにつながる重要な位置づけになっている。「保育の質の向上」は，保育者の自己評価に基づいた園の自己評価が，組織的で継続的に取り組まれる過程で向上するものである。保育者の自己評価は自身の「保育の質」を向上させるだけではなく，保育所全体の「保育の質の向上」につながる。このことを，保育者一人ひとりが常に意識し，園が保育者の自己評価を組織として取り上げ，改善につなげる体制を作ることが重要なのである。「自己評価」を活かした「保育の質の向上」を「組織的な取り組み」にしていくことが必要なのである。

┌─ コラム2 ─────────────────────────────────

保育の質の向上と「PDCA サイクル」

　自己評価などで用いられる考え方に，「PDCA サイクル」というものがある。「指導計画（Plan）」に基づいた「保育実践（Do）」，その実践を「省察・評価（Check）」し「改善（Action）」する営みを，循環（サイクル）させるという意味である。PDCA サイクルを行いながら，子どもの成長や保育実践，職員同士の連携，家庭との連携等について，経過にともなう成長や変化を追い，子どもの実態に合わせて計画を見直すのである。こうしたサイクルを続けることで，保育の質と職員の連携が高まるのである。サイクルは持続できる方法を選ぶことが重要である。先に説明した「保育ドキュメンテーション」は，PDCA サイクルを持続させる方法として注目されている。

　出所：筆者作成。
└──────────────────────────────────────

　保育者は子どもが自分らしく生き，主体的に活動するために，子どもの言葉や行動からの気持ちを受け止め，その気持ちに寄り添った対応や働きかけを行おうとする。こうした日々の繰り返しの中で，子どもと保育者の間には信頼関係が構築され，その安定した関係性が基盤となり，子どもが自己肯定感を獲得し，自らの考えに自信をもてるようになり，ひいては周囲の友だちとバランスを取りながら関係性を深めていくことができるようになる。一方で時に保育者にとっては，著しく成長発達し変化する子どもの心を受け止め，理解することが容易ではない場合がある。そのためには子どもの気持ちを感じ取るための役割を果たす記録を継続して取り続け，その記録を基に保育の営みを振り返り，立案された計画に立ち戻り，自らの実践を評価し，次の取り組みに活かしていくことが重要である。

【ポイント整理】

┌──────────────────────────────────────

○保育の記録

　保育者が保育を記録することは，日々成長する子どもへの理解を深めるだけでなく，今後の子どもへの援助や対応について考えるために必要である。保育者は，お互いの保育の記録を重ね，保育場面や子ども理解の解釈をめぐって振り返ることに

より，自身の保育観やこども観を問い直し，専門性を高めていくのである。

○保育の記録の種類

　保育の記録の代表的なものとしては，保育者が日々の保育の状況を記録する保育記録，個々の子どもの生活や遊びの状況を記録する個人記録がある。日々の個人記録は，週，月，期，年齢ごと等にまとめられ，就学時には「幼稚園幼児指導要録」「保育所児童保育要録」として記録され，小学校に送付されて小学校の指導にも生かされる。保護者に向けて記される記録（連絡帳，連絡ノート等）も，園と家庭の連携を図り子どもの育ちを支えている。

○保育の計画，実践，記録，評価

　保育における計画，実践，記録，評価は循環する関係にある。記録を通しての評価は，子どもの発達の理解と保育者の指導の改善という2つの側面から行われる必要があり，それらの反省や評価を生かして次の保育の計画・実践を改善していくことが重要となる。故に，保育の評価は，子どもを他児と比べて評価したりするものではなく，子どもの個々の可能性や良いところを見出すとともに，保育者自身が自らの保育を振り返り，次の保育の計画，実践の改善に資するものである。

○エピソード記述

　近年，保育現場ではエピソード記述が多く取り入れられている。これまでの時系列的で客観性を重視した保育記録とは異なり，保育者の目線で印象に残った場面を具体的に記述するものである。この記述の第一人者である鯨岡は，これまでの客観性重視の保育記録では表面化しづらかった子どもに関わる際の保育者の気づき等に目を向け，エピソード記述を基に保育者自らが保育実践を振り返ることの重要性を指摘している。

【振り返り問題】

1　日々の保育を展開する際の，計画，実践，記録，評価という保育の過程について，各段階での配慮やその流れの意義について整理してみよう。

2　「省察」という言葉について調べ，保育者に求められる「省察」の意義について考えてみよう。

3　保育ドキュメンテーションの役割と有効性について考えてみよう。

〈注〉
⑴　鯨岡峻・鯨岡和子『保育のためのエピソード記述入門』ミネルヴァ書房，2007年。
⑵　鯨岡峻『子どもの心の育ちをエピソードで描く——自己肯定感を育てる保育のために』ミ

ネルヴァ書房，2013年。
⑶　請川滋大・高橋健介ほか『保育におけるドキュメンテーションの活用』（新時代の保育1）ななみ書房，2016年。
⑷　坂﨑隆浩ほか「安全・安心——地域と子どもの環境（保育ドキュメンテーションを用いて）」『保育科学研究』4，日本保育協会，2013年，3頁。

〈参考文献〉
厚生労働省『保育所保育指針解説書』フレーベル館，2008年。
厚生労働省『保育所保育指針解説書』フレーベル館，2017年。
文部科学省『幼稚園教育要領解説』フレーベル館，2008年。
文部科学省『幼稚園教育要領解説』フレーベル館，2017年。
内閣府・文部科学省・厚生労働省『幼保連携型認定こども園教育・保育要領解説』フレーベル館，2015年。
厚生労働省社会保障審議会児童部会保育専門委員会「保育所保育指針の改定に関する中間とりまとめ」（平成28年8月2日）（http://www.mhlw.go.jp/file/05-Shingikai-12601000-Seisaku toukatsukan-Sanjikanshitsu_Shakaihoshoutantou/matome.pdf，2016年11月25日閲覧）。
神長美津子ほか編著『幼稚園幼児指導要録・保育所児童保育要録記入ハンドブック』ぎょうせい，2009年。
ヘンドリック・ジョアンナ／石垣恵美子ほか訳『レッジョ・エミリア保育実践入門——保育者はいま，何を求められているか』北大路書房，2000年。
請川滋大・高橋健介ほか編著『保育におけるドキュメンテーションの活用』（新時代の保育1）ななみ書房，2016年
坂﨑隆浩ほか「安全・安心——地域と子どもの環境（保育ドキュメンテーションを用いて）」『保育科学研究』4，日本保育協会，2013年，1-13頁。
北野幸子編『保育課程論　新保育ライブラリー——保育の内容・方法を知る』北大路書房，2011年。
厚生労働省『保育所における自己評価ガイドライン』2009年。

【文献案内】
日本保育学会編『保育者を生きる——専門性と養成』（保育学講座4）東京大学出版会，2016年。
　　——専門職として保育者のあり方や生き方が問われている。本書では保育者の専門性に着目し，保育実践と省察，研修を通して，保育者の資質・専門的力量の向上を目指すことの重要性が語られている。また，保育士の処遇とその現状，今後についても触れられており，子どもや保護者にとって，良い保育者養成のあり方を検討している。
請川滋大・高橋健介ほか著『保育におけるドキュメンテーションの活用』（新時代の保育1）ななみ書房，2016年。
　　——「子ども・子育て支援新制度」により「保育の質を可視化」することが求められている。このような中，子どもの姿等を職員が共有し，指導計画等に活かせる「保育ドキュメンテーション」が注目されている。本書では，「ドキュメンテーション」の制作から活用までを紹介している。

（宮﨑静香）

第6章
保育の評価と苦情，事故等の対応

―― 本章のポイント ――――――――――――――――――――――――

　第2章で「保育者の役割と子どもの権利」について学んだ。そこでは，「子どもの最善の利益を考える上で，重要な視点となる，何が最善であるのかを保育者間，保育者・子ども・保護者で共有し，子どもに対して真摯に向き合うことが，信頼関係をより深めることにつながる」ことを確認した。保育は子どもの生命を預かる仕事であり，常に危険や事故とのたたかいでもある。保育者として，このリスクやアクシデントと向き合い，対処していくことは，子どもの最善の利益を保障していく上で，重要な役割となる。そのためには，保育を孤立させてはいけない。常に地域社会，保護者との信頼関係を深める努力が必要である。

　本章では，日々の保育の取り組みに関して評価を行う第三者評価について学ぶ。さらに，苦情解決の組織的関わりとリスクマネジメント，クライシスマネジメントについて考察し，子どもの最善の利益を保障する保育環境について，保育者としての視点を深めていくことを目的とする。

―――――――――――――――――――――――――――――――――――

第1節　保育の評価の必要性と課題

　経営学者のドラッカー（Drucker, P.：1909〜2005年）は『未来への決断』の中で，「この半世紀の間に，マネジメントとは，企業に限ることなく，あらゆる種類の組織が必要とする機能であることが明らかとなった。組織は，それをい

┌─ コラム1 ───┐

PDCA サイクルとは

　第二次世界大戦後，品質管理を構築したデミング（Deming E.）らにより PDCA マネジメントサイクルが提唱された。PDCA サイクルとは，計画を立て（Plan）─実行し（Do）─評価（Check）─改善（Action）するという一連の品質マネジメントシステムのことあり，品質向上の基本的なシステムである。この PDCA のサイクルは提唱者の名前をとってデミングサイクルとも呼ばれている。

　出所：高橋幸三郎ほか監修『社会福祉士テキストブック 専門科目ダイジェスト版』ミネルヴァ書房，2010年，62頁。

└──┘

かなる名前で呼ぼうとも，マネジメントに相当するものを必要とする」といっている。では，このマネジメント（management）とは何か。マネジメントとは，一般的には管理と訳され，一定の目的を効果的に実現するために，人的・物的諸要素を適切に結合し，その作用・運営を操作・指導する機能もしくは方法をいう。

　社会福祉施設で提供されるサービスは，従来は「処遇」という言葉で代表されるように，対象者を評価し，その評価に応じた対応，指導をしていくことにあった。しかし，現在では「福祉サービス」という言葉が定着している。福祉サービスという言葉は法的には，1990（平成2）年の社会福祉事業法（現・社会福祉法）改正時から使われた。社会福祉事業法第3条の対象が「援助，育成又は更生の措置を要する者」から「福祉サービスを必要とする者」へと変更になった。また，2000（平成12）年に社会福祉事業法が社会福祉法へと変わり，第1条（目的）に「福祉サービスの利用者の利益の保護及び地域における社会福祉の推進」が入り，福祉サービスという言葉が定着した。さらに，同法では，「福祉サービスの質の向上のための措置等」として，第78条に，「社会福祉事業の経営者は，自らその提供する福祉サービスの質の評価を行うことその他の措置を講ずることにより，常に福祉サービスを受ける者の立場に立つて良質かつ適切な福祉サービスを提供するよう努めなければならない」としている。

　このように，「処遇」から「福祉サービス」へと提供される支援の求められ

第**6**章　保育の評価と苦情，事故等の対応

コラム2

社会福祉法における「経営」と「福祉サービス」

　認可保育所の多くは社会福祉法人が経営している。社会福祉法人は社会福祉法により，その活動の根拠をもつ。ここでは，社会福祉法における社会福祉法人の「経営の原則」「福祉サービスの質の向上のための措置等」を確認する。

（経営の原則等）

第24条　社会福祉法人は，社会福祉事業の主たる担い手としてふさわしい事業を確実，効果的かつ適正に行うため，自主的にその経営基盤の強化を図るとともに，その提供する福祉サービスの質の向上及び事業経営の透明性の確保を図らなければならない。

（福祉サービスの質の向上のための措置等）

第78条　社会福祉事業の経営者は，自らその提供する福祉サービスの質の評価を行うことその他の措置を講ずることにより，常に福祉サービスを受ける者の立場に立つて良質かつ適切な福祉サービスを提供するよう努めなければならない。

　2　国は，社会福祉事業の経営者が行う福祉サービスの質の向上のための措置を援助するために，福祉サービスの質の公正かつ適切な評価の実施に資するための措置を講ずるよう努めなければならない。

出所：「社会福祉法」から筆者作成。下線筆者。

るものが変わり，社会福祉施設にも「運営」から「経営」という新たな視点が導入された。

（1）保育評価の必要性

　保育所保育指針（平成29年厚生労働省告示第117号）では，第1章「総則」に「保育の計画及び評価」があり，「保育所は，保育の質の向上を図るため，保育の計画の展開や保育士等の自己評価を踏まえ，当該保育所の保育の内容等について，自ら評価を行い，その結果を公表するよう努めなければならない」としている。また，保育所の自己評価を行うに当たっては，「地域の実情や保育所の実態に即して，適切に評価の観点や項目等を設定し，全職員による共通理解をもって取り組むよう留意すること」としている。さらに，「設備運営基準第36条の趣旨を踏まえ，保育の内容等の評価に関し，保護者及び地域住民等の意見を聴くことが望ましいこと」としている。この設備運営基準（児童福祉施設

の設備及び運営に関する基準）第36条とは、「保育所の長は、常に入所している乳幼児の保護者と密接な連絡をとり、保育の内容等につき、その保護者の理解及び協力を得るよう努めなければならない」であり、保育における保護者の理解、協力を求めている。

また、厚生労働省は2009（平成21）年3月に「保育所における自己評価ガイドライン」を発行した。この中に、「保育所が、自己評価の取り組みを基盤に、第三者評価など外部評価を受けることは、評価に客観性を増し、保育所の説明責任をより一層適切に果たすことにつながる」とあり、「保育の内容等の自己評価を保護者や地域社会等に公表することは、保育所が社会的責任を果たす上で、たいへん重要である。公表を通して様々な人との関わりが生まれ、そのなかで、自らの保育の充実を図っていくことが期待される」とある。

さらに、ガイドラインでは図6-1を示し、「保育の計画（P）—実践（D）—評価（C）—改善（A）からなる循環的なシステムの理念モデルを示したものである。この一連の流れは、保育士等個人によって行われるものと保育所（組織）として行われるものとが、相互に関連しながら絶えず営まれていくことを想定している」といっている。このように保育所において自己評価に、PDCAサイクルを導入するよう求めている。

（2）第三者評価等への取り組み

福祉サービスの質の向上のための措置として、社会福祉法第78条第2項で前述の通り、「国は、社会福祉事業の経営者が行う福祉サービスの質の向上のための措置を援助するために、福祉サービスの質の公正かつ適切な評価の実施に資するための措置を講ずるよう努めなければならない」としており、福祉サービスにおける第三者評価事業の普及促進等について、国の役割を示している。

この、福祉サービス第三者評価事業については、2004（平成16）年5月7日付「福祉サービス第三者評価事業に関する指針について」が厚生労働省から出され、福祉サービス第三者評価事業に関する指針が示されるとともに、2004

第 6 章　保育の評価と苦情，事故等の対応

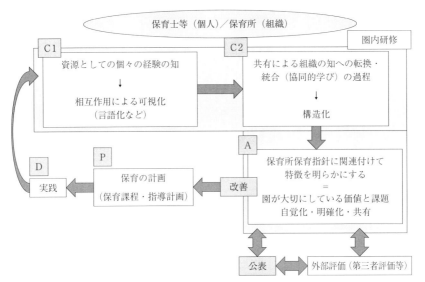

図6-1　自己評価の理念モデル
出所：厚生労働省『保育所における自己評価ガイドライン』2016年，5頁。

（平成16）年8月24日付「福祉サービス第三者評価基準ガイドラインにおける各評価項目の判断基準に関するガイドラインについて」が出され，各評価項目の判断基準に関するガイドライン等が示された。さらに，社会福祉法人全国社会福祉協議会が設置した評価基準等委員会において基準ガイドラインのあり方の検討が行われ，それを踏まえ，施設種別の「福祉サービス第三者評価基準ガイドラインにおける各評価項目の判断基準に関するガイドライン」が策定された。

　このガイドラインは，「第三者評価共通評価基準ガイドライン」で，福祉サービスの基本方針と組織理念，基本方針，経営状況の把握，事業計画の策定などの各組織の共通項目について評価を行い，「第三者評価内容評価基準ガイドライン」で，その内容についての評価を行っている。資料1は「第三者評価内容評価基準ガイドライン（保育所版）」の評価項目である。

―― 資料1 ――

第三者評価内容評価基準ガイドライン（保育所版）

A－1保育内容

A－1－（1）保育課程の編成

A①　A－1－（1）－①保育所の理念，保育の方針や目標に基づき，子どもの心身の
発達や家庭及び地域の実態に応じて保育課程を編成している。

A－1－（2）環境を通して行う保育，養護と教育の一体的展開

A②　A－1－（2）－①生活にふさわしい場として，子どもが心地よく過ごすことの
できる環境を整備している。

A③　A－1－（2）－②一人ひとりの子どもを受容し，子どもの状態に応じた保育を
行っている。

A④　A－1－（2）－③子どもが基本的な生活習慣を身につけることができる環境の
整備，援助を行っている。

A⑤　A－1－（2）－④子どもが主体的に活動できる環境を整備し，子どもの生活と
遊びを豊かにする保育を展開している。

A⑥　A－1－（2）－⑤乳児保育（0歳児）において，養護と教育が一体的に展開さ
れるよう適切な環境を整備し，保育の内容や方法に配慮して
いる。

A⑦　A－1－（2）－⑥3歳未満児（1・2歳児）の保育において，養護と教育が一
体的に展開されるよう適切な環境を整備し，保育の内容や方
法に配慮している。

A⑧　A－1－（2）－⑦3歳以上児の保育において，養護と教育が一体的に展開され
るよう適切な環境を整備し，保育の内容や方法に配慮してい
る。

A⑨　A－1－（2）－⑧障害のある子どもが安心して生活できる環境を整備し，保育
の内容や方法に配慮している。

A⑩　A－1－（2）－⑨長時間にわたる保育のための環境を整備し，保育の内容や方
法に配慮している。

A⑪　A－1－（2）－⑩小学校との連携，就学を見通した計画に基づく，保育の内容
や方法，保護者との関わりに配慮している。

A－1－（3）健康管理

A⑫　A－1－（3）－①子どもの健康管理を適切に行っている。

A⑬　A－1－（3）－②健康診断・歯科健診の結果を保育に反映している。

A⑭　A－1－（3）－③アレルギー疾患，慢性疾患等のある子どもについて，医師か
らの指示を受け適切な対応を行っている。

第 **6** 章　保育の評価と苦情，事故等の対応

> | Ａ－1－（4）食事 |
> |---|
> | Ａ⑮　Ａ-1-（4）-①食事を楽しむことができるよう工夫をしている。 |
> | Ａ⑯　Ａ-1-（4）-②子どもがおいしく安心して食べることのできる食事を提供している。 |
>
> Ａ－2子育て支援
>
> | Ａ－2－（1）家庭との緊密な連携 |
> |---|
> | Ａ⑰　Ａ-2-（1）-①子どもの生活を充実させるために，家庭との連携を行っている。 |
>
> | Ａ－2－（2）保護者等の支援 |
> |---|
> | Ａ⑱　Ａ-2-（2）-①保護者が安心して子育てができるよう支援を行っている。 |
> | Ａ⑲　Ａ-2-（2）-②家庭での虐待等権利侵害の疑いのある子どもの早期発見・早期対応及び虐待の予防に努めている。 |
>
> Ａ－3保育の質の向上
>
> | Ａ－3－（1）保育実践の振り返り（保育士等の自己評価） |
> |---|
> | Ａ⑳　Ａ-3-（1）-①保育士等が主体的に保育実践の振り返り（自己評価）を行い，保育実践の改善や専門性の向上に努めている。 |
>
> 出所：全国社会福祉協議会「福祉サービス第三者評価事業保育所」（平成28年3月1日）。
> （http://shakyo-hyouka.net/evaluation4/, 2016年10月31日閲覧）

（3）第三者評価のメリットと課題

　2004（平成16）年5月7日付「福祉サービス第三者評価事業に関する指針について」については，2012（平成24）年3月29日に一部改訂が行われた。さらに，2014（平成26）年11月1日付で全部改訂が行われた。その主な理由としては，①サービスの種別にかかわらず共通的に取り組む項目（共通評価項目）に，ばらつきがみられる，②福祉サービス第三者評価事業の目的・趣旨が，他制度との違いが明確でない等の要因により広く認識されていない，③第三者評価機関や評価調査者により，評価結果のばらつきがみられる，④受審件数が少ないなどが挙げられている。

　なお，見直しについては次の3点が行われた。まず，1点目としては「評価項目の整理・統合」である。「評価項目について，法人の基本理念の明文化の有無と周知状況を分離して確認していた等の項目の整理・統合，運営の透明性を高める取組みに関する項目の追加，地域ニーズに対する公益的取組みや，福

111

祉人材の育成，リスクマネジメントに関する項目を見直す等，評価項目の重点化を行った。その結果，項目数について，53項目から45項目に変更となった」である。

　2点目としては「判断水準（a, b, c）の検討」である。「判断水準（a, b, c）について定義が明確に示されていない，又『a』評価でなければ適切なサービスが提供されていないとの誤解を招くとの意見等を踏まえ，最低基準を満たしていることを前提として，『a 評価』（よりよい福祉サービスの水準・状態，質の向上を目指す際に目安とする状態），『b 評価』（a に至らない状況，多くの施設・事業所の状態，『a』に向けた取組みの余地がある状態），『c 評価』（b 以上の取組みとなることを期待する状態）と位置付けを改訂した」である。

　3点目としては「評価項目の解説事項の整理・その他」である。「解説事項については，施設・事業所及び評価機関に対して評価項目の理解の促進が図られるよう，体系的に整理されていなかった評価基準の考え方と評価の留意点について，(1)目的，(2)趣旨・解説，(3)評価の留意点を明確に区分し，内容の拡充を行うとともに，評価の着眼点についても再整理した。その他，評価項目を見やすくするため，構成を見開き1枚で表現できるよう見直しを実施した」である。

　保育は，幼児期の子どもたちの発達を保障する大事な生活の場である。常にその取り組みについて，地域社会，保護者の理解を得て行うことが大切である。従来の「処遇」といわれていた時代には，その行っている処遇を「監査」されることはあっても「評価」されるということはなかった。監査とは一般的に，「監督し運営が適切であるか検査を行う」ことである。「評価」には保育の特色が出る。当然，良い取り組みも，悪い取り組みも評価される。保育の質を確保，向上させるためには，この「第三者評価」が活用されることが重要な意味をもつ。地域社会や保護者の要望に応えるためには支援の透明性が必要であり，自らの保育内容を評価し，保護者をはじめ地域社会に情報として伝えることは保育所の社会的使命でもある。

　しかし，2014（平成26）年11月1日付「福祉サービス第三者評価事業に関す

る指針について」の全部改訂の理由に挙げられているように，受審件数が少ないという問題点ある。これは，保育所保育指針には，「保育所の社会的責任」の中に，「保育所は，地域社会との交流や連携を図り，保護者や地域社会に，当該保育所が行う保育の内容を適切に説明するよう努めなければならない」とあり，この点からも第三者評価の積極的な受審が望まれる。

　一方，2012（平成24）年３月29日付，厚生労働省社会・援護局長通知「社会的養護関係施設における第三者評価及び自己評価の実施について」では，「第三者評価事業は，社会福祉事業の事業者が任意で受ける仕組みであるが，社会的養護関係施設（児童養護施設，乳児院，児童心理治療施設，児童自立支援施設及び母子生活支援施設をいう）については，子どもが施設を選ぶ仕組みでない措置制度等であり，また，施設長による親権代行等の規定もあるほか，被虐待児等が増加し，施設運営の質の向上が必要であることから，第三者評価の実施を義務付けることとした」とある。評価については，「社会的養護の施設は，第三者評価指針通知及びこの通知に基づいて行われる第三者評価を３年に１回以上受審し，その結果の公表をしなければならない」とし，「また，その間の年においては，第三者評価基準の評価項目に沿って，自己評価を行わなければならない」としている。

第２節　苦情・保育事故への対応

　保育を取り巻く環境は大きく変化してきた。その原因の一つとして「待機児童問題」がある。この待機児童問題に対処するため，国はさまざまな施策を打ち出した。2000（平成12）年３月30日付で，厚生省児童家庭局長（当時）から「保育所の設置認可等について」を通知したが，その後数回の改正を通じ，規制緩和の施策を行っている。主な施策としては「保育所設置に係る主体制限の撤廃」「定員規模要件の引下げ」「資産要件の緩和」である。特に，「保育所設置に係る主体制限の撤廃」については，社会福祉法人以外のものから認可申請があった場合の審査基準を設定した。

また，2001（平成13）年3月30日付厚生労働省雇用均等・児童家庭局保育課長通知により，「地方公共団体が設置する保育所の運営業務（施設の維持・保存，利用者へのサービス提供等）については，『規制緩和推進3か年計画』（平成13年3月30日閣議決定）のとおり，事実上の行為として，地方自治法（昭和22年法律第67号）第244条の2第3項の適用はなく，同項に規定する公の施設の管理受託者の要件を満たさない民間事業者にも当該業務を委託することは可能である」とされた。

　このように，社会福祉法人以外の事業者（NPO，株式会社等）の参入が保育所にも導入され，子どもたちを守るシステムと安全，安心な保育システムの構築が求められている。

（1）苦情への対応

　福祉サービスの苦情とは何か。苦情とは一般的に，他から害や不利益などをこうむっていることに対する不平・不満のことをいう。福祉サービスでは「利用者及び家族が福祉サービス提供者からこうむった害や不利益なことに対する不平や不満。その時に生じた苦しい事情」のことをいう。保育所保育指針では「保育所は，入所する子ども等の個人情報を適切に取り扱うとともに，保護者の苦情などに対し，その解決を図るよう努めなければならない」としている。

（2）苦情解決の仕組み

　苦情の訴えは，保護者，親族からの苦情，利用している子どもたちからの苦情，さらに，第三者からの苦情などさまざまである。図6-2は「福祉サービスに関する苦情解決の仕組みの概要」である。苦情解決の仕組みについては，2000（平成12）年に厚生省（当時）から「社会福祉経営者による福祉サービスに関する苦情解決の仕組みの指針について」が出され，苦情解決体制として，苦情解決責任者（施設長・理事長等），苦情受付担当者（職員の中から任命），第三者委員（経営者の責任において選出する）が示され，解決結果の公表が求められた。

　また，運営適正化委員会は，福祉サービス利用者の苦情などを適切に解決し

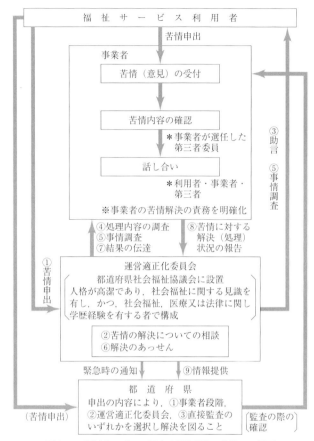

図6-2 福祉サービスに関する苦情解決の仕組みの概要
出所:厚生統計協会「国民の福祉の動向」2006年。

利用者の権利を擁護することを目的に,2000(平成12)年6月の社会福祉法改正により,都道府県社会福祉協議会に設置された委員会である。

この委員会には2つの役割がある。一つは福祉サービスの利用者が,事業者とのトラブルを自力で解決できない時,専門知識を備えた委員が中立な立場から解決に向けた仲介を行うことである。もう一つは「福祉サービス利用援助事業の運営監視事業(地域福祉権利擁護事業)」で,サービスや利用者の財産管理

事例1

登園の時に話したのに

　たかし君（仮名，3歳7か月）は，まだオムツが取れていない。たかし君の家族は祖父母と両親の5人家族である。たかし君の祖母はオムツが取れないことを心配し，「小さい子を一人にして働いているからオムツが取れないのでは」と話している。<u>たかし君のお母さんは，いずれは取れると心配してはいないが</u>，たかし君の保育所での様子を聞くため，登園時に担任の吉田先生に「たかしのことでご相談したいことがあるので，お時間をとっていただけますか」と話したが，吉田先生は「たかし君は元気で問題はありません。オムツもお母さんが心配するほどのことではありませんよ」といって取り合ってくれない。何度かたかし君のお母さんは吉田先生に話したが，いつも同じ回答のため，保育所の苦情受付担当者に「苦情」として申し出を行った。

　出所：筆者作成。

が適切に運営されているかを調査し，助言・勧告する役割である。福祉サービス利用援助事業の運営監視事業とは，判断能力の不十分な人であっても福祉サービスの利用が適切に利用できるよう助け，これにともなう日常的金銭管理等をあわせて行う仕組みのことである。

　苦情の多くは事例のようにコミュニケーションの縺れから生ずることが多い。保育者は登園時が一番忙しい時でもあり，多くの子どもたちの状況把握や保護者への対応に追われる。「たかし君のお母さんもオムツのことを心配している」との思い込みから「大丈夫ですよ」との対応をしている。しかし，ここで保育者としての「気づき」が問われる。「何かおかしい」と気づくことが未然に苦情を解決する手段でもある。「何かおかしい」と感じた時は，一人で抱えるのではなく，先輩やベテラン職員へ相談することが大切である。特に，「心に不満や不安」をもっている人は，その不満や不安を何度か言葉で繰り返す傾向がある。この不満や不安に気づくことが大切である。さらに，この対応が遅れると「何度も言っているのに何もしてくれない」となる。

　図6-3は「埼玉県運営適正化委員会相談受付種別件数」である。苦情相談の中心は障害者，高齢者サービスが中心であるが，徐々にではあるが児童，特に保育所への苦情相談が増えてきている。

第 6 章 保育の評価と苦情, 事故等の対応

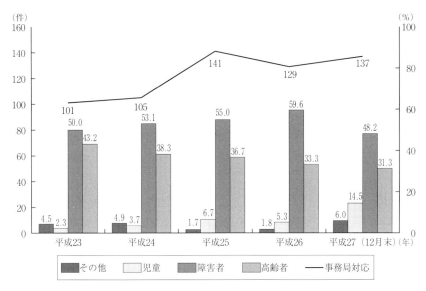

図 6-3 埼玉県運営適正化委員会相談受付種別件数
出所:埼玉県運営適正化委員会「平成27年度運営適正化委員会苦情相談の状況」から筆者作成。

第3節 保育事故とリスクマネジメント

　保育所保育指針では,第3章「健康及び安全」の中で,「事故防止及び安全指導」として,「保育中の事故防止のために,子どもの心身の状態等を踏まえつつ,施設内外の安全点検に努め,安全対策のために全職員の共通理解や体制づくりを図るとともに,家庭や地域の関係機関の協力の下に安全指導を行うこと」といっている。
　保育はその対象が乳幼児であり,自ら危険を回避することが困難な子どもたちである。その子たちを危険や災害から守ることは保育所・保育者の使命でもある。

```
┌─ コラム3 ──────────────────────────────────────┐
│                                                        │
│            保育所保育指針の「事故防止及び安全対策」            │
│                                                        │
│  ア  保育中の事故防止のために，子どもの心身の状態等を踏まえつつ，施設内外の安  │
│     全点検に努め，安全対策のために全職員の共通理解や体制づくりを図るとともに， │
│     家庭や地域の関係機関の協力の下に安全指導を行うこと。                 │
│  イ  事故防止の取組を行う際には，特に，睡眠中，プール活動・水遊び中，食事中等 │
│     の場面では重大事故が発生しやすいことを踏まえ，子どもの主体的な活動を大切に │
│     しつつ，施設内外の環境の配慮や指導の工夫を行うなど，必要な対策を講じること。 │
│  ウ  保育中の事故の発生に備え，施設内外の危険箇所の点検や訓練を実施するととも │
│     に，外部からの不審者等の侵入防止のための措置や訓練など不測の事態に備えて必 │
│     要な対応を行うこと。                                       │
│     また，子どもの精神保健面における対応に留意すること。               │
│                                                        │
│  出所：保育所保育指針（平成29年厚生労働省告示第117号）から一部抜粋。         │
│                                                        │
└────────────────────────────────────────────┘
```

　「リスク」とは危険のことである。保育所や社会福祉施設のリスクとは，一般的に「事故発生の可能性」「事故それ自体」「事故発生の条件，事情，状況要因，環境」のことをいう。

　福祉施設におけるリスクマネジメントについて，弁護士の多久島耕治は「リスクマネジメントとは危険や事故に対して，可能な限り事前に予測，予見し，適切に予防し，可能な限り結果の発生を回避し，万一事故が起こったら迅速に対応し，また，処理し被害の拡大を予防し，損害を最小限に抑えることである」といっている。[1]

　この「危険や事故に対して，可能な限り事前に予測，予見し，適切に予防し，可能な限り結果の発生を回避し」とは思い込みをなくし，危険と思われることへの想像を働かせることである。事故報告書，ヒヤリ・ハット報告書を作成し，それを分析することによって，未然に事故を防ぐ活動が大切となる。

　さらに，「万一事故が起こったら迅速に対応し」するためには，内部コミュニケーションを活用し，危機管理体制の周知を行い，対応マニュアル等を作成し，訓練等を行い，迅速に対応できる体制をつくることが必要である。また，事故は起きた段階では，最悪の事態を想定して動くことが大切である。

第6章　保育の評価と苦情，事故等の対応

コラム4

ヒヤリ・ハットと保育

　アメリカの労働事故の発生確率を調査したハインリッヒ（Heinrich, H. W.：1886-1962年）は事故の発生に関する経験則を *Industrial Accident Prevention-A Scientific Approach* にまとめ1931年に発表した。1件の重大事故の背後には，29件の軽微な事故があり，さらに300件の事故につながりかねない，いわゆる「ヒヤリ・ハット」の事象があるとする。労働災害5,000件以上を統計学的に調べた結果，上記の法則が見出された。

　ヒヤリ・ハットの事例は多ければ多いほど危険性回避の手段をとることができる。それには，事故や危険について，保育者が隠さないで話し合える職場環境をつくることが大切である。たとえば「門のところで，園児が挟まりそうになってハットしたけど大丈夫だった」ではなく，インシデント（危機）「なぜ挟まりそうになったのか」，また，「挟まった時の事故の可能性」などをヒヤリ・ハット報告書により分析し，情報を共有することがリスクマネジメントでは大切になる。

　出所：コトバンク「知恵蔵 mini」（https://kotobank.jp/word/ 2016年10月31日閲覧）を参考に
　　　　筆者作成。

（1）保育事故の現状と課題

　厚生労働省により，2014（平成26）年1月1日から12月31日までの1年間の「保育施設における事故報告集計」が出された（表6-1～3）。認可保育所（155件）と認可外保育所（22件）で1年間に177件の事故が発生している。認可保育所の方が，事故が発生しているように思えるが，子どもの数と事故件数の割合でみると，認可保育所は0.0068％であるが，認可外保育所は0.01％になっている。死亡事故に関しては圧倒的に認可外保育所が多いことがわかる。

　睡眠中の死亡事故については，「平成26年に報告のあった，睡眠中の事故は11件（死亡事故17件の約65％）であった（表6-3）。その内，うつぶせの状態で発見されたものは4件（死亡事故17件の24％）であった。睡眠に当たっては，子どもの確認，点検，仰向けに寝かせるなど，一人ひとりを確実に観察する配慮が必要」と分析されている。また，同集計によると2004（平成16）年から2014（平成26）年までの死亡事故は160件（認可保育所50件，認可外保育所110件）となっている。約69％は認可外保育所で起こっていることがわかる。

119

表 6-1　死亡及び負傷等の事故概要

	負傷等					死　亡	計
		意識不明	骨　　折	火　　傷	その他		
認可保育所	150件 (135件)	0件 (0件)	124件 (104件)	0件 (2件)	26件 (29件)	5件 (4件)	155件 (139件)
認可外保育所	10件 (8件)	0件 (1件)	9件 (3件)	0件 (0件)	1件 (4件)	12件 (15件)	22件 (23件)
計	160件 (143件)	0件 (1件)	133件 (107件)	0件 (2件)	27件 (33件)	17件 (19件)	177件 (162件)

注：(　) は平成25年の事故報告件数。
　　「意識不明」は，平成26年12月末時点の状況。
　　「骨折」には，切り傷やくも膜下出血等の複合症状を伴うものが含まれる。
　　「その他」には，指の切断，唇や歯の裂傷等が含まれる。
　　「死亡」のうち1件は，SIDS（乳幼児突然死症候群）。
　　(参考：認可保育所と認可外保育施設の施設数と利用児童数)
・認可保育所
　　施設数24,425か所　利用児童数226万6,813人（平成26年4月1日現在）
・認可外保育施設（事業所内保育施設を除く）
　　施設数7,834か所　利用児童数20万721人（平成25年3月31日現在）
出所：厚生労働省「保育施設における事故報告集計」（2015年2月3日）（http://www.mhlw.go.jp/
　　file/04-Houdouhappyou-11907000-Koyoukintoujidoukateikyoku-Hoikuka/，2016年10月30日閲
　　覧）。

表 6-2　主な死因（死亡事故）

	認可保育所	認可外保育施設	合　　計
SIDS	0名	1名	1名
窒　息	1名	1名	2名
病　死	0名	1名	1名
溺　死	1名	0名	1名
その他	3名	9名	12名
合　計	5名	12名	17名

出所：表6-1と同じ。

　また，うつぶせで寝ている際の死亡事故は乳幼児突然死症候群と判断区別ができない場合がある。1歳になるまでは，寝かせる時は仰向けに寝かせることを専門職として再度確認することが大切である。

第 6 章　保育の評価と苦情，事故等の対応

表 6 - 3　何をしているときの事故か（死亡事故）

	認可保育所	認可外保育施設	合　　計
睡 眠 中	2名	9名	11名
そ の 他	3名	3名	6名
合　　計	5名	12名	17名

出所：表 6 - 1 と同じ。

コラム 5

乳幼児突然死症候群（SIDS：Sudden Infant Death Syndrome）

　乳幼児突然死症候群とは，それまで元気であった子どもが睡眠中に急に死亡してしまい，解剖しても原因を判明できない状態をいう。原因はまだ解明されていない。生後 3 〜 6 か月の乳児に発生しやすく日本での発生頻度は1,000当たり0.5前後である。

　厚生労働省は「SIDS は，何の予兆や既往歴もないまま乳幼児が死に至る原因のわからない病気で，窒息などの事故とは異なる。平成27年度には96名の赤ちゃんがSIDS で亡くなっており，乳児期の死亡原因としては第 3 位となっている。SIDS の予防方法は確立していないが，以下の 3 つのポイントを守ることにより，SIDS の発症率が低くなるというデータがある」として，① 1 歳になるまでは，寝かせる時は仰向けに寝かせる。②できるだけ母乳で育てる。③たばこをやめることを挙げている。

　出所：成清美治・加納光子『現代社会福祉用語の基礎知識』2003年，学文社，177頁。厚生労
　　　　働省ホームページ「乳幼児突然死症候群（SIDS）について」（http://www.mhlw.go.jp/bu
　　　　nya/kodomo/sids.html，2016年10月30日閲覧）を参考に筆者作成。

（2）保育事故と保育者の責任

　保育所保育指針では「災害への備え」について，「火災や地震などの災害の発生に備え，緊急時の対応の具体的内容及び手順，職員の役割分担，避難訓練計画等に関するマニュアルを作成すること」としている。

　内閣府の『子ども・子育て白書 平成24年版』によると，2011（平成23）年 3 月11日に発生した東日本大震災では，被害が大きかった岩手県，宮城県，福島県の 3 県で収容された死亡者は2012（平成24）年 3 月11日までに 1 万5,786人にのぼり，検視等を終えて年齢が判明している人は 1 万5,786人で，そのうち 0 〜 9 歳は466人，10〜19歳は419人となっている。また，物的被害を受けたのは，幼稚園が941か所，保育所等（認可外保育施設を含む）が1,590か所にもなっている。

しかし，多くの保育所が被災したが，そのような状況下でも，多くの子どもたちのその命が救われている。その教訓を活かそうとして全国保育協議会は『東日本大震災被災保育所の対応に学ぶ——子どもたちを災害から守るための対応事例集』を作成した。発生時の対応の中には，「避難時にすぐに履けるよう，午睡の際に上靴を枕元に置いていたことが役に立った【宮城県】」や，「携帯電話の緊急地震速報が鳴ったため，すぐに窓を開けて避難口を確保するとともに，午睡中であった子どもたちを布団ごと，保育室内中央部の，より安全な場所へ移動させた【宮城県】」など当時の保育士の状況，対応がうかがえる。

　また，避難方法の工夫等について同事例集では，「保育所が海の前に立っているため，津波情報は入ってきていなかったが，すぐさま避難することとし，所長は職員に対し，園児を職員の車に分乗させ，それぞれ避難先である数キロメートル先の小学校に移動するよう指示した。保育所周辺には高い建物等がまったくないため，事前に，有事には車で当該小学校に避難することに決めていた。これは，毎年行われる地域の防災訓練に毎回，保育所全体で参加する経験によって共有できていた申し合わせであり，これによって子どもを守ることができた【宮城県】」「震災が年度末の３月であったため，年間を通して定期的に繰り返して行ってきたふだんの避難訓練の経験が活かされ，発災時も子どもたちに職員の指示を聞く姿が見られ，職員も対応意識を高く持っていたため，子どもたちや職員に大きな混乱はなく，避難ができた【福島県】」などの報告が寄せられている。[(2)]

　保育の現場で起こる小さな事故や危険などを回避するために行われる「リスクマネジメント」，地震などの突発的に発生する災害などに対処や，備えを含む「クライシスマネジメント」にどう取り組むかは，子どもの命を守るための管理体制の整備であり，保育者の大きな責任でもある。

　ヒヤリ・ハットの事例，事故報告から保育所のどの場所に一番リスクがあるのかを常に職員間で共有しておくとともに，園内リスクマップなどを作製し，保育者，子ども，保護者などで情報を共有しておくことが大切である。また，地震などの時に使用する言葉を決めておくことも大切である。たとえば，「退

第**6**章 保育の評価と苦情，事故等の対応

避」「待機」ではまったく反対の言葉であるが，語尾の「たいひ」「たいき」を
聞き分ける必要がある。「にげる」「とどまる」などの言葉を訓練の時から使用
し，その言葉に慣れておくことが大切である。

【ポイント整理】

○マネジメント
　一般的には管理と訳され，一定の目的を効果的に実現するために，人的・物的諸
要素を適切に結合し，その作用・運営を操作・指導する機能もしくは方法をいう。

○PDCA サイクル
　PDCA サイクルとは，計画を立て（Plan）―実行し（Do）―評価（Check）―改
善（Action）するという一連の品質マネジメントシステムのことである。

○福祉サービス
　「福祉サービス」という語は，法的には1990（平成２）年の社会福祉事業法（現・
社会福祉法）改正時から使われた。社会福祉事業法第３条の対象が「援助，育成又
は更生の措置を要する者」から「福祉サービスを必要とする者」へと変更になった。

○保育所における自己評価ガイドライン
　厚生労働省が2009（平成21）年３月に作成した。この中に，「保育所が，自己評
価の取組を基盤に，第三者評価など外部評価を受けることは，評価に客観性を増し，
保育所の説明責任をより一層適切に果たすことにつながります」とある。

○福祉サービス第三者評価事業
　利用者でも事業者でもない第三者（評価機関）が，サービスの内容，事業者の経
営や組織マネジメントの力等を評価し，結果を公表する制度である。利用者への情
報提供とともに，サービスの質向上に向けた事業者の取り組みを促し，利用者本位
の福祉の実現を目指すことを目的としている。

○苦情解決
　苦情解決とは，保育所の説明責任や評価とともに，保育の内容を継続的に見直し，
改善し，保育の質の向上を図っていくための仕組みであり，保育所が社会的責任を
果たしていくためには欠かすことのできないものである（『保育所保育指針解説書』
31頁）。

○苦情解決体制
　苦情解決責任者（施設長・理事長等），苦情受付担当者（職員の中から任命），第
三者委員（経営者の責任において選出する）が示され，解決結果の公表が求められる。

○リスクマネジメント
　リスクマネジメントとは危険や事故に対して，可能な限り事前に予測，予見し，

123

適切に予防し，可能な限り結果の発生を回避し，万一事故が起こったら迅速に対応し，また，処理し被害の拡大を予防し，損害を最小限に抑えることをいう。

【振り返り問題】

1　あなたが住んでいる都道府県の「権利擁護センター」について調べ，運営適正化委員会の役割について考察しなさい。

2　乳幼児の午睡の時に「うつぶせ寝」はなぜいけないのか，その理由を考察しなさい。

3　災害に対して保育士が普段から注意すべきことについて話し合いなさい。

〈注〉

⑴　多久島耕治『福祉施設におけるリスクマネジメント介護老人福祉施設（特別養護老人ホーム）を中心に 増補改訂版』東京都社会福祉協議会，2000年，3頁。

⑵　社会福祉法人全国社会福祉協議会・全国保育協議会「東日本大震災被災保育所の対応に学ぶ――子どもたちを災害から守るための対応事例集」2013年（http://www.zenhokyo.gr.jp/cyousa/130321saigai.pdf，2016年10月30日閲覧）。

〈参考文献〉

ドラッカー，P. F.／上田惇生ほか訳『未来への決断――大転換期へのサバイバル・マニュアル』ダイヤモンド社，1995年。

厚生労働省雇用均等・児童家庭局長通知「社会的養護関係施設における第三者評価及び自己評価の実施について」（http://www.mhlw.go.jp/bunya/kodomo/syakaiteki_yougo/dl/yougo 03-02.pdf，2016年10月31日閲覧）。

東京都社会福祉協議会『福祉施設におけるリスクマネジメント――介護老人福祉施設（特別養護老人ホーム）を中心に』美巧社，2000年。

内閣府子ども・子育て本部「『教育・保育施設等における事故報告集計』の公表及び事故防止対策について」（平成28年4月18日付）（http://www8.cao.go.jp/shoushi/shinseido/outline/pdf/jiko_taisaku.pd.，2016年10月30日閲覧）。

厚生労働省「保育所保育指針」（平成29年厚生労働省告示第117号）。

東京都社会福祉協議会ホームページ「福祉サービス運営適正化委員会とは」（http://www.tcsw.tvac.or.jp/activity/tekiseika/about.html20，2016年10月30日閲覧）。

厚生労働省「保育施設における事故報告集計」（2015年2月3日）（http://www.mhlw.go.jp/file/04-Houdouhappyou-11907000-Koyoukintoujidoukateikyoku-Hoikuka/，2016年10月30日閲覧）。

内閣府『子ども・子育て白書 平成24年版』（http://www8.cao.go.jp/shoushi/shoushika/

第**6**章　保育の評価と苦情，事故等の対応

whitepaper/measures/w-2012/24webhonpen/html/，2016年10月30日閲覧）。

【文献案内】

相田みつを・佐々木正美『相田みつを いのちのことば 育てたように子は育つ』小学館，1999年。
　　——本書は，書家相田みつをの書と精神科医佐々木正美とのコラボレーションである。相田
　　の「遠くからみている」との言葉に対し，佐々木は「遠くから見ることができるのは，み
　　ている人自身の自律や自立がしっかりしていなければならない」といっている。子育て，
　　保育の神髄を語っている書籍である。
村尾泰弘『人間関係の心理と支援グループ・アプローチのすすめ』新曜社，2011年。
　　——保育・看護・介護の領域ではグループ・アプローチが大切になってくる。このグルー
　　プ・アプローチとは複数の対象者に対して，集団のもつ力を活用して心理的な支援を行う
　　手法の総称である。本書は，子ども・保護者などの対応に活用できるスキルを学ぶ書籍で
　　ある。

（大塚良一）

第7章
保育者のキャリア形成

┌─ 本章のポイント ─────────────────

　保育者も他の職業と同様に，経験を積み重ねながら学び成熟する。新人
保育者は職場に慣れ，成熟し，やがて中堅となり，次第にその職場にとっ
てより必要な存在となっていくのである。そのため，施設長や主任には職
員を育て，職場にとって望ましい力をもった保育者へと育てる力が求めら
れる。

　また，職場にさまざまな経験をもつ保育者，年齢や成熟度の異なる保育
者が集まることによって，保育はより豊かになる。思いつかなかったアイ
ディアや，新たな価値観が提案されるからである。子どもを取り巻く環境
の多様化（子どもだけでなく社会全体の急速な変化や多様化）に対応していく
ためにも有用である。本章は，こうした保育者の役割とその変化，専門職
としての成長について「キャリア形成」の視点から考える。

└──────────────────────────

第1節　保育者の経験（成熟度）による役割の変化

（1）階層別の役割と責任（新人，中堅，主任，園長・施設長）

　保育者には経験や成熟度による階層がある。それが，新人，中堅，主任，園
長・施設長と呼ばれるものである。階層ごとの役割と責任についてみてみよう。
表7-1に示しているように，階層ごとに役割が違い，職務内容によって責任
も変わってくる。たとえば新人は社会人としての相応しい態度や，クラス運営

表7-1 保育者の階層とその役割

階　　　層	経験年数	役　　　割
新人	経験年数3年以下	社会人，組織人としての振る舞いを学び，身に付け，職場へのスムースな適応を図る。また，担当するクラスの運営や，担当する係の仕事について，専門職として基礎的な知識・技術を習得し，不十分ながらも責任感をもって職務に臨むことが重要である。
中堅	経験年数4年以上10年未満	職場内での振る舞い方や職務（保育内容や事務作業）の遂行方法の実際など，新人にとってより影響力の大きいロールモデル（役割の見本）となる。そのため，保育者としてのあり方を意識した上での言動が求められる。また，今までの保育経験や研修などによって新人とは経験の蓄積による差が生まれていることから，子ども理解に関する知識や実践からの知見が求められる。
いわゆる通称主任	経験年数10年以上	主任保育士は，施設長のサポート役，保育士間の業務調整，新人保育士らの指導などを担う職場のリーダー的な存在であり，キャリアパスの一つの節目となる職位であるといえる。その職務の内容は保育所のもつ機能全般にわたっていると同時に，管理運営や人事に関わる業務も含まれる。
施設長（園長・所長）	一般的には経験年数10年以上だが，規定はない	園での出来事の全責任を負う。そのため，保育の実施と園運営上の根拠となる法令を熟知した，正しい対応が求められる。 全職員のリーダー的存在であり，園の代表者でもあるため，相応しい人間性や倫理観が求められる。保育の質の向上に向けてリーダーシップを発揮し，最新の保育情勢を理解した上で職員の状況に応じたスーパービジョンを行うことで，園の将来を担うに相応しい職員を育成していく。 また，地域の福祉を推進する役割としての力量を高める。

注：階層と経験年数については大森弘子ほか「保育士の専門性を活性化するキャリアパスの構築に向けて——専門性に応じた実践を推進する保育園の取り組みを通じて」（『保育士養成研究』第30号，2013年，31-40頁）では，学生は「新人（Advanced Beginner）」を4～6年，「一人前（Competent）」を7～10年と考えるのに対し，現職保育士は「新人」を11年，「一人前」を20年以上と考えていると報告されている。一般的な区分として年齢を提示する。
出所：社会福祉法人日本保育教会「保育士のキャリアパスに関する調査研究報告書」2014年，厚生労働省 HP「【参考資料3】柏女委員提出資料（http://www.mhlw.go.jp/file/05-Shingikai-11901000-Koyoukintoujidoukateikyoku-Soumuka/0000062634.pdf，2016年10月1日）を参考に筆者作成。

の中で保育者としての基礎的な知識，技術の習得が求められており，責任についても相当のものが求められる。それが中堅，主任，施設長へと立場が変わっていくにつれ，職務内容が変わってくるのである。そのため，階層ごとに求められている役割を，通常業務や階層別の研修，さらにはスーパーバイザーである上司からのスーパービジョン（指導や助言）などを通して学び，身に付けて

いくことで保育者としての成長ができるのである。また，キャリアマップを把握した上で自身のキャリアパス（具体的なキャリアプラン）を描いておくことで，現時点からどのように成長していきたいのか想像し，その方向へ向かって経験を積む努力をすることができるであろう。

1）新人保育者

ここでは「新人保育者」を，新卒または未経験の職員として説明する。現場経験のない状態で，職場ごとの違いはあるものの，まずは日常業務を知り，覚えることが求められる。社会人としても専門職としてもいえることだが，保育内容に関しては実習やアルバイト，ボランティアでの経験，養成校で学んだ知識を活かしながら保育を行う。一方で，先輩保育者の指導を受けながら，組織の一員として職場における相応しい振る舞い方や働き方を学んでいく。何でも学んでいこうとする積極的な姿勢と，先輩保育者等に対して，社会人として礼儀正しく対応することが望まれる。また，役割ではないが，社会人としてのあり方を模索する良い手本，または良くない手本として，先輩保育者をはじめさまざまな職員から学ぶことが望まれる。

新人は，資料1のように担任保育者，担任外，補助担任といったクラス運営や園運営に係る仕事や，分担などの仕事について誠心誠意責任をもって当たることが重要である。

2）中堅保育者

中堅保育者の定義は難しい。たとえば，私立幼稚園の研修会などでは，1年目が新規採用研修会で，2年目からは若手ながらも中堅保育者として研修会に参加させる場合がある。一方で，公立幼稚園研修においては経験10年程度の職員を中堅として参加させることがある。本章では，職場での日常業務を遂行しつつ，後輩にさまざまな業務を伝え，OJT（On the Job Training：日々の業務の中で業務の遂行を通して訓練すること。詳細は第2節で述べる）を実践できるよう，日常的に指導する立場の保育者を中堅保育者として説明する。

中堅保育者は新人にとって主任よりも身近な存在となり，職場内での振る舞い方や職務（保育内容や事務作業）の遂行方法の実際など，新人にとってより影

第7章 保育者のキャリア形成

```
┌─ 資料1 ──────────────────────────────────────────────

              担任保育者・担任外・補助担任の仕事内容

   職場によってさまざまな違いがあるため，一例として仕事内容をみてみたい。また，
 以下の業務内容には通園バス添乗や通園バス運転，その他清掃など付加業務がある場
 合もある。

   ①　担任保育者
   クラスの運営を任され，受け持っている子どもたちの成長及び発達に関して責任を
 もち，日々の職務を遂行する。
   ②　担任外保育者
   クラスの運営を任されることはないが，さまざまなクラスの運営や園全体の行事な
 どの準備や園運営の補助をし，クラス運営や園の運営が円滑に行えるようサポートす
 る。
   ③　補助担任
   担任保育者をサポートしながらクラスの運営に関わる。クラスによって補助の内容
 はさまざまであるが，活動の準備やピアノの演奏，特別な関わりが必要な子ども（た
 とえば発達段階的に顕著にグレーゾーンであったり，ASD（自閉症スペクトラム障
 害）などの診断を受けている子ども）への対応など，多岐にわたる。そのため，補助
 内容によっては新人ではなく熟練したフリーの保育者が担当することもある。
   出所：さまざまな園の情報を基に筆者作成。
──────────────────────────────────────────────────┘
```

響力の大きい役割見本である「ロールモデル」となる。そのため，コラム1の
ように保育者としてのあり方を意識した上での言動が求められる。

　今までの保育経験や研修などによって新人とは経験の蓄積による差が生まれ
ていることから，子ども理解に関する知識や実践からの知見が求められる。子
どもへの望ましい関わり方には，保育理念などの違いから職場ごとに多少の違
いがある。それを踏まえつつ，カリキュラム（保育の計画）をよく理解した子
どもや保護者への「望ましい関わり」が求められる。行事では「今年度の遠足
はこのように改善した方がよいのではないか」などといった，今までの経験を
踏まえたより良い判断や提案が可能となり，新人とは異なる役割が期待されて
いる。このような経験をさらに蓄積することにより，行事や園の運営に関係す
る業務で積極的な参加が求められる。

129

┌─ コラム1 ─────────────────────────────────

先輩保育者と新人保育者の関係

　職場で身近にいて頼りになる存在といえば，先輩保育者である。年下でも年上でも，先輩は先輩である。園での仕事を教えてくれ，一緒に考えてくれ，保育の具体例を実践してみせてくれるため，「こうすればいいのか」と理解が進み，新人にとっては心強いものである。また，退勤後や休日に，一緒に食事や研修，旅行に行くこともあるかもしれない。こういった仕事外のコミュニケーションからも，先輩の人間性が理解でき，日々の仕事がとても楽しくなるのである。何となく学校での部活動での先輩と後輩の関係と似た感覚がある。先輩はさまざまな面において新人がお世話になる存在であるため，先輩に対する感謝と尊敬の念を忘れてはならない。

　一方で，先輩保育者は良い見本を示さなければならない。新人保育者も子どもと同じで，一挙手一投足をよく見て参考にするからである。筆者も新人の頃，色々な先輩と関わってきたが，自分の価値観で考えて良いと思うことは取り入れ，悪いと思う部分は行わないようにしてきた。そのように，場合によっては，自分の保育観・価値観からは相入れない先輩保育者の言動に遭遇し，とまどうこともあるかもしれない。そのような時はお互いに折り合いをつけて良い関係を作ることができれば，職場の居心地が良くなり，チームワークも向上することができるため，職場のためにも自分のためにも，お互いに成長し合えるような関係となることが望ましいといえるだろう。

　出所：筆者の体験を基に作成。

──

3）主任保育者

　本章では，保育をまとめ，管理する中間管理職的な役割の保育者を「主任」と呼ぶこととする。実は法令上，幼稚園にも保育所にも「主任」という役職はない。しかし明記はされていないが，中堅保育者と園長の間に位置づけ，一定の責任を負わせている園は多い。

　主任の役割としては一般的に，保育だけでなく運営に関わる事務作業，また施設長の方針や意向を部下の職員に伝え育てることや，職員の意向を園長・施設長に伝えるなど，中心的な役割を担う。また，職場の雰囲気づくりをし，職員が仕事をスムースに行える仕組みや対応を考え，園長・施設長に提案するなどの役割をもつ。保育については，主任自らが担任クラスをもっている園もある。一方で，担任クラスをもたずにフリーの保育者となり，必要に応じて各クラスの保育に一時的に入り，代休や欠勤した職員の代わりに保育を行う園もあ

る。こうした園では，普段からさまざまなクラスの子どもと信頼関係を築いておき，クラスごとの実情を把握しておく必要がある。

　主任は，職場における模範例（モデルケース）として，他の職員の見本となる保育や保護者対応のスキルが求められる。園の方針や保育の全体計画，教育・保育の関連法令，労働基準法の理解を正しく行い，それに沿ったモラルある言動をすることが望ましい。加えて前述のように，職場の雰囲気づくりを担う立場の職員であることから，良好な人間関係の構築に相応しい人間性も求められる。そのようなスキルやモデル，人間性を兼ね備えることにより，部下である職員の良いモデルとなることができ，部下からも信頼を得ることができるのである。

　その傍ら，シフト（勤務体制）作成やカリキュラム（保育の計画）の管理や監督，勤怠管理などの事務作業を担当しているといったケースもよく見られる。日々行われるミーティングなどにおいて，自らの意見を出しつつも保育者の意見をまとめ，実現可能な方法を提案するなど，今までの保育者としての経験を活かし，各職員へのバランスの良い適切な対応が求められる。主任は職場や職員の状態を適切に把握しておく必要があり，相応の責任も負わなければならないが，自身の意見を強く保育や運営に反映させることができる立場でもある。

4）施設長（園長・所長）

　幼稚園設置基準において幼稚園の施設長は「園長」であるが，児童福祉法では保育所の施設長は「施設長」となっている。しかし，保育所の場合，施設の名称は「○○保育所」や「△△保育園」である。名称が「○○保育所」の場合は「所長」，「△△保育園」の場合は「園長」となる場合が多い。本章ではそれらをまとめて，以下「施設長」とする。

　施設長は施設での出来事の最終的な責任を負う立場である。そのために保育と施設運営上の根拠となる保育関連や，雇用，労働，防災，環境といった各法令を熟知し，日常業務において正しく対応していかなくてはならない。また，組織の長としてリーダーシップを発揮し，施設や職員などの問題点を把握し，保育の質の向上に向けた解決方策を考えて業務を実施しなくてはならない。そ

のため，リーダーとして，また保育者としての人間性，倫理観が求められる。

　職員を育てるために職員一人ひとりと向き合い，個々の性格や実力を把握して，適切な助言を行い，必要な経験をさせることによって「施設の未来を担う職員」を育てる。そのためにも，普段から職員とコミュニケーションを取ることが重要である。

　また，施設長は地域住民への情報提供や，第三者評価を実施するため，地域のニーズ把握と対策も欠かせない。同じ地域の保育施設や公的機関と連絡を取り合い，情報交換を行い，他機関との連携や手続きを適切に処理する役割も担っている。社会人として，上司として，また施設の代表者として，常識やコンプライアンス意識，コミュニケーション能力といった資質が問われる。このことからも，施設長としての高い人間性が求められることとなる。

（2）職員間の連携と会議の役割

　職員同士が連携することによって，力を相乗効果的に生かすことができる。そのためには職員間の情報共有を欠かすことはできない。

　幼稚園では毎日，保育後に職員が揃ってミーティングを行い，その日の保育の振り返りを行っている園も少なくない。しかし，子どもを夜まで保育している保育所や認定こども園では，シフト制による勤務体制を採用しているため，全職員が揃うことが難しい。そのため，コラム2でみられるように週または月に1度の割合で，夜に職員会議を行う園もある。会議は施設長や主任，看護師，事務担当者，行事担当者，委員会担当者などによって，連絡事項や出来事の報告・連絡を行い，職員全体に周知する。また，各クラスの担当者が，生活や遊びの状況，子どもの健康状態，家庭との連携などにおける報告や問題提起を行う。会議は，職員間で連携していくための情報共有の重要な場として機能しているのである。

　全体での会議開催の頻度によって話し合われる内容には差異があり，日常的な事柄から1週間，または1か月を通した事柄へと変化する。きめ細かな対応のためには，日々の職員間の緊密な連携が必要になってくることから，全体で

第**7**章　保育者のキャリア形成

コラム 2

ある保育所での会議

　ある保育所の「職員全体会議」は月に一度，17時30分から始まる。各クラスの担任が保育の状況や問題点，怪我や感染症の罹患状況を報告し，園長や他のクラスの職員からの質問に答える。その後，看護師や調理士，園長からそれぞれの事務的な報告を受ける。

　報告が終わると，職員が順番に作成するテスト形式の園内研修が始まる。質問は，園の規定や保育に関する内容が記載されているしおりから作られるため，正解するためにはしおりをよく読んでおかなければならない。園長から指名された職員は答えなければならないため，間違うと恥ずかしいが，楽しい時間でもある。

　出所：筆者の体験を基に作成。

コラム 3

ある保育所における幼児クラスのミーティング

　ある保育所では，毎日午睡中の13時30分頃に職員が一つの保育室に集まり，日誌作成などの各担任の作業が始まる。木曜日は必ず14時頃から次週の週案作成のためのミーティングが行われる。「火曜日，うち散歩行きますけど，誰か一緒に行きませんか」「じゃあうちが」「あっ，うちも行きたい」「そういえばAちゃんが最近落ち着かなくて……」「ああ，確かに最近お父さんが出張で不安定なんだよね」「あ，お父さんが出張してたんですね」「このお菓子おいしい」「うちのクラスのBちゃんインフルエンザになりました」など，このように，週案の打ち合わせだけでなく，雑談や報告を交えたコミュニケーションによって，さまざまな情報の共有ができるのである。

　出所：筆者の体験を基に作成。

の会議開催が頻繁に行えないようであれば，コラム 3 のように年齢別に，またはある程度のまとまり（たとえば幼児クラスや年齢別など）において話し合いや短時間のミーティングを行うケースも見受けられる。

　また公立保育所などでは，正規職員のミーティングを可能にするために，午睡時に午睡担当のパートタイム職員を雇用する等の手立てが講じられていることもある。各園各所で職員のミーティング会議の時間を確保するために職員体制に関する工夫がなされている。また，午睡担当のパートタイム職員が雇われていることで保育者の休憩時間が確保できる場合もある。

―― コラム4 ――

保育職の時間外勤務について

　時間外勤務や時間外手当という概念は，保育所（主に公立）では当然のように認識
されているシステムである。夜に行われる会議は残業扱いとなるため，仕組みとして
は時間外手当が発生する。

　しかし，私立幼稚園においては時間外勤務手当が支払われず，代わりに担任手当等
といった諸手当が支払われていることが多い。そういった違いからも教育職と福祉職
の違いが窺える。法制度と整合性がない部分や，時間外手当が支払われないなど，保
育職の労働にはまだまだ解決しなければならない問題がある。一園だけの問題ではな
く，保育業界全体として，労働に対する意識改革や労働環境の改善が必要である。

　出所：筆者の体験を基に作成。

第2節　保育における OJT と OFFJT

　OJT とは，On the Job Training のことであり，日々の業務の中で業務の遂
行を通して訓練することである。先輩や上司が後輩や部下に対し，計画性を
もって組織の一員として職員を育てる行為であり，仕事に必要な知識や技術，
望ましい価値観や姿勢などを，働きながら身に付けさせることである。

　保育における OJT の目的は，質の高い保育を行う実力をもった組織の一員
を育成し，組織にとって必要な人材を作り出すことである。そのため，先輩や
上司は後輩や部下に対して，効果的に業務を伝え，教育していかなくてはなら
ない。

　保育所では，複数担任制を採用していることが多いことから，チームとして
OJT が行われることが多い。主担任・チーフ・リーダーなどの立場にある経
験の長い保育士が，後輩保育士を育てることになる。

　幼稚園では，学年主任や主任が後輩教諭に行うことが多い。また主担任と副
担任（補助担任）をチームとし，経験の長い教諭と後輩教諭を組ませて OJT を
行う場合がある。

第 7 章　保育者のキャリア形成

コラム 5

あるこども園における OJT の例

　筆者が初めて勤めたこども園での出来事である。早番の役割に「鍵開け」があった。「鍵開け」について書かれた資料を見ながら動きを確認するが，それだけではよく理解できなかった。その様子を見ていた主任が「では，一緒に早番の鍵開けをやってみましょう」と，教えてくれた。

　そして，「まず，職員玄関の鍵を開け，子ども用玄関の鍵を開けた後に職員室横のドアの鍵を開け，職員室の窓の鍵を開けてから隣のクラスに行き，内側から鍵を開けます」「次に調理室の鍵を使って洗い場から食堂に入り，窓の鍵を開けた後，乳児クラスの子ども用玄関のドアロックを開錠します」と教えてくれた。

　覚えてしまえば簡単なことだが，初めてやってみると思った以上に複雑だった。言葉だけでなく実際にやりながら教えてもらうことができ，とてもわかりやすかった。

出所：筆者の体験を基に作成。

　それに対して OFFJT とは，OFF the Job Training のことであり，職場外研修である。たとえば，保育者には，経験年数によって定められた研修が用意されている。研修内容としては講演会，講習会，実技研修などが挙げられる。「夏休み」に合わせて，夏には多くの研修会が開催される。数十名以上の保育者が集まり，テーマに沿って学びを深めるなどの内容の研修である。

　OFFJT に参加した保育者が学んだ内容を持ち帰り，職場でその情報を共有していくことで，職場全体の知識や視野が広がり，日々の保育に活かすことができる。そのためにも，学んだ内容を発表することで共有し，話し合い，学びを深めるための場を設けることが肝要となる。

コラム 6

ある幼稚園における OFFJT の共有方法の事例

　夏期研修が終了すると，保育者一人ひとりが自分の受けてきた研修レポートを作成する。職員会議で発表しなくてはならないからである。筆者もレポートを作成し，会議で配布するため人数分をコピーして，前日までに発表の準備を終えた。

　職員会議が始まると，一人ずつ研修レポートの要点を口頭で発表し，それに対して他の保育者が気になることを質問する。質問が終わると主任や副園長からの助言（スーパービジョン）を受け，新たな気づきが生まれる。そして，その気づきを全体

で共有することができる。

　気になる研修内容であった場合，職員会議の後で発表した保育者のところへ行き，さらに詳しい話を聞く。これも学びになる。筆者が特に気になったのは，子どもの絵画に対する保育者の関わり方である。その時その時のクレヨンの走らせ方や絵の細かさには，子どもの心持ちが表れており，その心持ちに寄り添った言葉かけをしていくことが重要というものであった。

出所：筆者の体験を基に作成。

　これまでみてきたように OJT と OFFJT は大きく性格が異なるものであるが，最終的に目指しているものは職員の「育成」である。園として，ただ「現場で実践を通して職員を育てる」「職員に研修を受けさせる」「全職員で共有する」だけのものではない。まずは，園として「どのような保育者を育てていきたいのか」を明確にし，それを踏まえた「研修の全体像」を作り，その中でOJT と OFFJT が担う役割を明確にさせる必要がある。理論的な学びを行うOFFJT と，それを基盤に実践的に学ぶ OJT を連動・連携させることで，より意識的に豊かな研修ができるのである。

　一方，研修を受ける保育者も「なぜ，今この研修を受ける必要があるのか」を理解していなければ，いくら充実した研修であっても効果が上がらない。そのため，園におけるキャリアマップやキャリアパスと，それに連動した研修を保育者が理解し，各階層における研修の意味や位置づけを組織全体で共有しながら，「研修を日常の仕事に活かす」必要がある。

コラム7

OJTのメリットとデメリット

　OJTのメリットとして，日常業務を行いながら現場ニーズに即した事柄を学ぶことが可能であることと，研修費用がかからないことが挙げられる。デメリットとしては，教育する側（先輩や上司）に十分な実力がないと，教育内容がレベルの低いものとなり，効果が低くなってしまうことが挙げられる。そのため，職員の年齢に偏りがある場合，たとえば若い職員しかいない状況で，職員が育たないまま離職してしまうということになりかねない。年齢が高く，経験が豊富な職員が，必ずしも質の高い保育をしているとは言いきれない。しかし，若い職員しかいない園では，職員教育の基本となる「職場の文化」自体が成熟していない可能性が高く，十分な教育が行えるか

第7章　保育者のキャリア形成

疑問である。職場に幅広い年齢層の職員がおり，「職場の文化」を継承しながらも，多様な世代の意見を柔軟に取り入れ，時代や地域のニーズに即した新しい取り組みを考え，展開できることが望ましい。

出所：筆者の体験を基に作成。

第3節　保育者の専門職的成長

　常勤・非常勤を問わず就職した時点で，報酬を受け取る立場となり，周囲にはアマチュアではなく「プロ」と認識される。しかし日本の保育者養成システムでは実習期間も短く，就職前に現場経験を実習期間以上に積むことはできない。そのため，就職後に生じた自己の課題を解決するため，上司から必要と判断された研修も含め多種多様な研修を受け，職業人としての自立に向かって成長していく。これが，現時点における一般的な筋道である。その保育者の専門性の発達や生涯発達，キャリア形成は，その経験により，さまざまな広がりをもつ。

（1）専門性の発達

　専門性の発達とは，専門性を高めるということである。保育者の職能成長などとも表現できるだろう。職能成長とは，専門職的成長を意味する言葉であるが，保育者が専門職であるからこそ，こうした専門性の発達や，専門職的成長が求められている。第1節で解説したように，保育者にはその経験年数に応じた役割による階層がある。たとえば，新人が中堅の階層に上がったことで「求められる役割が変化したから，専門性を高めてみようかな」と思いつくような，消極的な意味合いではない。専門性を高めることは保育の質を高めることにつながり，最終的には子どものより良い成長及び発達につながるのである。専門性の発達とは，こうした積極的な意味をもっているのである。

　保育者はいくら高い専門的知識・技能を有していても，最終的に保育として実践できなければならない。そうした意味でOJTを含めた「実践」を日々積

137

み重ねることによって保育現場での実践力となる専門性が高まる。しかし，保育はただ実践すれば終わりではない。そこには「振り返り」が必要になる。この振り返りは一般的な意味ではなく，自らの実践を「振り返る」ことで，次の実践への自己課題を明確にする意味合いがある。また，他者の力を借りて実践を振り返ることで，客観的に課題を明確にすることができる。

　こうした保育者の振り返りを，津守真（1926年- ）は「省察」という言葉で表現している。省察を「保育者の精神作業」と位置づけ，省察のない保育実践はないとしている。[1]保育者は日々，「省察」と「実践」を繰り返しながら専門性を高めていくのである。ただ知識・技能を子どもに当てはめるのではなく，一刻一刻成長・発達する子どもを理解しながら知識・技能を保育として実践し，省察するのである。知識・技能を「知っている」から「使える」に変え，さらに「より効果的に使える」に変えるための「省察」である。

　こうした実践と省察を繰り返す営みは，一見して地味な姿にみえる。しかし，専門性を発達させるためには，自ら主体性をもって「学び続ける保育者」とならねばならない。新人から中堅に，そして主任へと階層を上がりながら，より良く発達を支えることができる保育者として成長するために，一日一日の積み重ねが大切なのである。

コラム8

ある保育者のキャリア形成（保育を追求し学び続ける）

　最初の職場で感じたことは，自分がやりたい保育を方針としている園ではないということだった。一斉的な設定の中で自由のない保育をしていたため，理想と現実のギャップに悩んだのだ。学会に参加したり，県の研究大会で発表するなど，学び続けたが，4年勤めた後に退職した。

　その後，公立保育所で臨時職員（非常勤職員）となった。前職とのさまざまな差異を感じつつ担任業務を楽しんでいた。その中で日常業務や研修で感じた公私，幼保のさまざまな差異やカリキュラムに関する疑問などから，知識不足を感じた。一方でさまざまな経験が必要だと考え，転職と同時に大学院へ進学した。

　昼は幼稚園で働き，夜は大学院で学びながら過ごした。その翌年度には公立保育士になり，保育所に勤めた。その後，保育を違う立場から見たいと考え，異動を希望し，

福祉系事務職に配属された。そして，他職種を経験しながら福祉行政を俯瞰し，保育所はその中の一つであることを再認識した。その後，大学院での研究を通して研究職やこども園に対する興味が湧いた。そしてこども園へ転職をし，同時に非常勤講師として養成校で指導を行い，現在は養成校の教員となっている。

　出所：ある保育者のエピソードを基に筆者作成。

（2）生涯発達とキャリア形成

　フロイト（Freud, A.：1895～1982年）の弟子であったエリクソン（Erikson, E. H.：1902～1994年）は，図7－1のように人生を8つの段階に分け（ライフサイクル理論），各段階に発達課題を設定した。「人間は生涯を通して発達する」というエリクソンの考え方と同じく，保育者も保育中の出来事や研修，人生の出来事（ライフイベント）に直面し，当事者として経験することでさまざまなことを感じ，変容していく。また，自身の環境が変わる，新しいものに触れる，といった出来事に影響され，価値観や言動も変化していく。そのため，どのような人生を送りたいかデザインを考える，どのような環境に身を置くか考える，どのように生きていくか考える，こうした「考える」ことは自身の QOL（Quality Of Life）を向上させていくためにも欠かせない。QOL とは「生活の質」である。日常生活や社会生活のあり方を自身の意思で決定し，生活の目標や生活様式を選択することで，本人が身体的，精神的，社会的，文化的に満足できる豊かな生活を指している。しかしながら，さまざまな決定をするに当たって知らなければならないのは，「自分自身がどのような人間であるか」である。過去のさまざまな体験や経験を通し，自分自身を客観的に分析しながらも，「それを現在の自分が未来にどう反映させていくのか」，また，「どのようになりたいのか」，ということをわかっていなければならない。

　QOL 向上やキャリアの選択をしていくに当たり無視できない要素が労働環境，労働条件や報酬である。就職活動で多くの園へ見学に足を運び，自分に合った方針の職場を見つけることや，業務に関する情報を正確に把握すること，自身が労働者としての権利を把握するために法令を知識として身に付けておくことが，QOL の向上にもつながるのである。

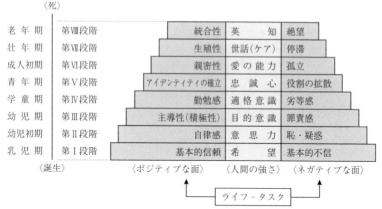

図7-1　エリクソンの心理社会的発達段階，心理社会的危機及び活力
出所：谷田ひろみ「幸せをつかむママに。エリク・H・エリクソン発達段階説より」ファミリーコミュニケーション・ラボ HP（http://fami-lab.com/archives/1666，2016年11月10日閲覧）。

　保育者のキャリア形成についても QOL 向上と同様のことがいえよう。一つの職場で長く働き続けるのか，視野を広げるために他の職場でも経験を積みたいのか，または保育の経験を活かして進学するのか，保育者養成校で研究職に就くのか，または一度，異業種に転職して他の専門性を保育に取り込みたいのか等，選択肢はさまざまである。自分には何ができるか，自分はどのような保育者になりたいのか，これからどのように生きていきたいのかという価値観や目標によって，自分で挑戦してみたいことが浮かび上がってくるであろう。保育職を続けることだけを例に挙げても，行われている保育は園により方針がさまざまであることから，その中から自分に合った園に転職するのか，自分の園を変える目標をもって経験を積むのか，選択肢が分かれる。そのため，自分の理想とは何か，そしてそれを実現するためには何が必要なのか，ということを自問や相談，葛藤を通して見出し，実現に向けて努力していくことが自己実現の第一歩となるであろう。

第**7**章　保育者のキャリア形成

> ─ コラム**9** ─
>
> ### ライフサイクル理論とアイデンティティの概念
>
> 　フロイト（Freud, S.：1856〜1936年）が心理性的発達段階を提唱したことに対して，エリクソンは心理社会的発達段階を提示した。これがライフサイクル理論である。生涯を8つの段階に分け，それぞれの段階において心理社会的危機，言い換えれば，「その発達段階固有の葛藤」が生じると説明している。青年期には「アイデンティティ達成・対・アイデンティティ拡散」という葛藤が生じる。これがアイデンティティの危機であり，この危機を乗り越えてアイデンティティの達成を目指すことが青年期という発達段階固有の特徴である。さらに，エリクソンは，アイデンティティは青年期だけの問題ではなく，生涯を通じて発達し続けていくものであると述べている。言い換えれば，青年期以降の発達段階である，成人期，中年期，老年期においても，アイデンティティは危機を迎える可能性があり，その危機を乗り越えることでアイデンティティは生涯を通じて発達していくものであるといえる。このように，アイデンティティ概念は生涯発達を意味するライフサイクル理論と不可分の関係にある。
>
> 　出所：小沢一仁「教育心理学的視点からエリクソンのライフサイクル論及びアイデンティティ概念を検討する」『東京工芸大学工学部紀要』37巻2号，東京工芸大学，2014年，97-102頁（https://www.t-kougei.ac.jp/research/pdf/vol37-2-09.pdf，2016年10月2日閲覧）を参考に筆者作成。

【ポイント整理】

○OJT

　On the Job Training の略である。職場で日々の業務の遂行を通して訓練することである。先輩や上司が部下や後輩に対し，計画性をもって組織の一員として職員を育てる行為であり，仕事に必要な知識や技術，望ましい価値観や姿勢などを，働きながら身に付けさせることである。

○OFFJT

　OFF the Job Training の略であり，職場外研修の意味である。経験年数に応じた研修が用意されており，講演会，講習会，実技などの研修に参加する。

○QOL

　Quality Of Life の略であり「生活の質」などと訳される。日常生活や社会生活のあり方を自身の意思で決定し，生活の目標や生活様式を選択することで，身体的，精神的，社会的，文化的に満足できる生活を目指して，生活の質を高めようとする考え方である。

○アイデンティティ（Identity）

人間には発達段階に応じた課題がある。青年期には「アイデンティティ達成・対・アイデンティティ拡散」という葛藤が生じる。この危機を乗り越えアイデンティティの達成を目指すことが青年期という発達段階の課題である。こうしたアイデンティティのもつ課題は青年期だけではなく，課題を乗り越えながら生涯を通じて発達し続ける。

【振り返り問題】

1　先輩や上司との良い関係づくりに必要なことを話し合って考えてみよう。

2　自分のキャリアパスについて他職種と比較しながら考えてみよう。

3　自分にとっての QOL やアイデンティティとは何かを友だちと話し合ってみよう。

〈注〉

⑴　津守真『保育の一日とその周辺』フレーベル館，1989年，76-78頁。

〈参考文献〉

学校教育法（http://law.e-gov.go.jp/htmldata/S22/S22HO026.html，2016年10月 1 日閲覧）。

児童福祉法（http://law.e-gov.go.jp/htmldata/S22/S22HO164.html，2016年10月 1 日閲覧）。

文部科学省「幼稚園教育要領」（http://www.mext.go.jp/a_menu/shotou/new-cs/youryou/you/，2016年10月 1 日閲覧）。

厚生労働省「保育所保育指針」（http://www.mhlw.go.jp/bunya/kodomo/hoiku04/pdf/hoiku04a.pdf，2016年10月 1 日閲覧）。

厚生労働省「保育所保育指針解説書」（http://www.mhlw.go.jp/bunya/kodomo/hoiku04/pdf/hoiku04b.pdf，2016年10月 1 日閲覧）。

教育公務員特例法（http://law.e-gov.go.jp/htmldata/S24/S24HO001.html，2016年10月 1 日閲覧）。

秋田喜代美・箕輪潤子・高櫻綾子「保育の質研究の展望と課題」『東京大学大学院教育学研究科紀要』47号，東京大学，2007年，289-305頁。

文部科学省　中央教育審議会初等中等教育分科会幼児教育部会『(第13回) 議事録・配布資料［資料 3 ］「幼稚園教諭の資質及び専門性の向上について」』文部科学省，2004年，文部科学省 HP（http://www.mext.go.jp/b_menu/shingi/chukyo/chukyo3/008/siryo/04060101/003.htm，2016年11月 5 日閲覧）。

社会福祉法人日本保育協会調査研究「保育士のキャリアパスに関する調査研究報告書」社会福祉法人日本保育協会，2014年，社会福祉法人日本保育協会 HP（http://www.nippo.or.jp/research/，2016年11月 5 日閲覧）。

吉川明守・宮崎隆穂「重度・重複障害者における QOL 評価表の検討」『新潟青陵大学短期大学部研究報告』第38号，新潟青陵大学，2008年，147-153頁（http://www.n-seiryo.ac.jp/library/kiyo/tkiyo/08pdf/t0814.pdf，2016年11月5日閲覧）。

土井由利子「総論――QOL の概念と QOL 研究の重要性」『保健医療科学』53巻3号，国立保健医療科学院，2004年，176-180頁（https://www.niph.go.jp/journal/data/53-3/200453030002.pdf，2016年11月5日閲覧）。

谷田ひろみ「幸せをつかむママに――エリク・H・エリクソン発達段階説より」ファミリーコミュニケーション・ラボ HP（http://fami-lab.com/archives/1666，2016年11月5日閲覧）。

大森弘子ほか「保育士の専門性を活性化するキャリアパスの構築に向けて――専門性に応じた実践を推進する保育園の取り組みを通じて」『保育士養成研究』第30号，2013年，31-40頁。

秋山遥香・石井わかなほか「第2グループレジュメ――スーパービジョンの活用」茨城キリスト教大学生活科学部人間福祉学科福祉コース『2012年度 実習報告会』の報告（http://www.icc.ac.jp/nyushi/subject_wel/images/2012/0209/0209_02d.pdf，2016年11月11日閲覧）。

【文献案内】

柏女霊峰「【参考資料3】柏女委員提出資料」（厚生労働省 HP「放課後児童クラブの質の向上のための研修企画検討会【第6回】〔子育て支援員（仮称）研修制度に関する検討会」第2回専門研修ワーキングチーム（放課後児童クラブ）〕」配付資料，平成26年10月21日開催〔http://www.mhlw.go.jp/file/05-Shingikai-11901000-Koyoukintoujidoukateikyoku-Soumuka/0000062634.pdf，2016年11月11日閲覧〕）。

——保育士の専門職としての成長についてだけでなく，社会の中での保育の位置づけと課題など，どのような局面に保育者が置かれているのかを理解するために有用である。

OECD 編著／星美和子・首藤美香子・大和洋子・一見真理子訳『OECD 保育白書――人生の始まりこそ力強く：乳幼児期の教育とケア（ECEC）の国際比較』明石書店，2011年。

——保育を OECD（経済協力開発機構）加盟国で比較して，さまざまな面から政策のメリット及びデメリットについて書かれているため，日本を客観視しながら，どのような政策や保育がどのような効果を生むのかを推測するにあたり，良い学びになると思います。

（浅見優哉）

第8章
保育者の協働

― 本章のポイント ―

　今日の子どもや保護者を取り巻く環境は，社会情勢とともに変化してきた。子どもや保護者を支援する保育者の役割への期待もますます高まり，保育者が子どもの保育を適切に行う上で，保育者同士はもちろんのこと，子どもの保護者，そして地域社会との協働・連携が不可欠である。

　本章では，まず，保育者の協働が必要とされてきた背景について学ぶ。それらを踏まえた上で，保育者と子どもの保護者との連携について，どのようなものがあるのか，またどのような場面で連携が必要となるのか理解する。

　さらに，地域社会との連携について学ぶ。保育施設，小学校等との連携，地域社会における協力体制など，社会資源をどのように活用し協働を深めていくのか，地域における子育て支援にどのような役割を果たしていくのか，具体的に学び，理解を深めていく。

第1節　子どもの保護者との連携

（1）保護者との連携の必要性

　少子化，核家族化などの進行を背景として，子育て家庭をめぐる社会状況は大きく変容している。孤立する子育て家庭の現状や子育てへの不安を抱える母親の現実が表面化し，「子どもを産み，育てること」が，子育て世代の負担感

として表現されることも少なくない。「人口減少社会に関する意識調査」(2015年)によると，子育てをしていて負担・不安に思う人の割合は，「とてもある(28.8%)」「どちらかといえばある (43.6%)」を合わせて約7割に上っている。[1]

　女性の社会進出が進み，共働き家庭が増加したことにより，保育所の需要も伸び続けている。保育所の全体数は増加したが，結果として保護者の就労意欲をも促進し，「預ける場所があるなら働きたい」など，より多くの保育ニーズを掘り起こすことになった。また，家庭における人間関係の変容やさまざまな家庭の形態がみられるようになり，複雑な生活課題を抱える要支援家庭への支援も急務である。

　それらの社会状況を鑑み，2015 (平成27) 年4月には「子ども・子育て支援新制度」が本格的に実施された。新制度においては，「認定こども園制度の改善と普及」「施設型給付・地域型保育給付の創設」「地域の実情に応じた子ども・子育て支援」等の柱を掲げ，待機児童問題の解消とともに，保護者が子育てしやすい，働きやすい社会を目指すとされている。社会全体で子育てを支えるという流れの中で，子どもや保護者と最も身近に接する存在である保育所や幼稚園に期待する役割がいっそう高まってきたといえる。

　一方，児童福祉法では，保護者への支援が保育士の業務として位置づけられ，地域子育て支援が努力義務として明記されている。また，全国保育士会倫理綱領においても同様に，保育士にとって保護者との協力が不可欠であることを掲げている。

コラム1

保護者や地域に対する保育士・保育所の役割

児童福祉法第18条の4

　この法律で，保育士とは，第18条の18第1項の登録を受け，保育士の名称を用いて，専門的知識及び技術をもつて，児童の保育及び児童の保護者に対する保育に関する指導を行うことを業とする者をいう。

児童福祉法第48条の4

　保育所は，当該保育所が主として利用される地域の住民に対してその行う保育に関し情報の提供を行い，並びにその行う保育に支障がない限りにおいて，乳児，幼児等

の保育に関する相談に応じ，及び助言を行うよう努めなければならない。

全国保育士会倫理綱領 ③保護者との協力
私たちは，子どもの保護者のおかれた状況や意向を受けとめ，保護者とより良い協力関係を築きながら，子どもの育ちや子育てを支えます。
出所：児童福祉法及び全国保育士会倫理綱領より（筆者）引用。下線筆者。

　2018（平成30）年施行の保育所保育指針第1章においても，保護者との連携について，「保育所は，その目的を達成するために，保育に関する専門性を有する職員が，家庭との緊密な連携の下に，子どもの状況や発達過程を踏まえ，保育所における環境を通して，養護及び教育を一体的に行うことを特性としている」と述べ，適切な保育を行う上で，保護者（家庭）との連携が欠かせないものであると明記している。

　また，同指針の第4章「子育て支援」においても同様に，「子どもの育ちを家庭と連携して支援していくとともに，保護者及び地域が有する子育てを自ら実践する力の向上に資する」ことを掲げている。特に，「保護者に対する子育て支援を行う際には，各地域や家庭の実態等を踏まえるとともに，保護者の気持ちを受け止め，相互の信頼関係を基本に，保護者の自己決定を尊重すること」・「保育及び子育てに関する知識や技術など，保育士等の専門性や，子どもが常に存在する環境など，保育所の特性を生かし，保護者が子どもの成長に気付き子育ての喜びを感じられるように努めること」[2]という保育所の特性を生かした子育て支援について示すとともに，保育所を利用している保護者に対しては 1)保護者との相互理解，2)保護者の状況に配慮した個別の支援，3)不適切な養育が疑われる家庭への支援を掲げ，保護者や家庭への理解や個別支援の重要性をうたっている。

　このように，今日の保育現場においては，子どもの保育だけではなく，保護者の子育てを支えることがよりいっそう求められている。しかしそれは，保育者が保護者に代わってすべてしつけや教育を行うということではない。子育ての主体は保護者であり，保育者は側面的に保護者を支え協働するという姿勢をもっていなければならない。そのためには，保護者との信頼関係の構築はいう

第8章 保育者の協働

コラム2 ─────────────────────────────

あなたはどのように対応しますか（子育ては親育て）

① 対応1　保護者：先生，うちの子，そろそろお箸で食べさせるようにしたいの
　　　　　　　　　ですが。園で練習お願いしますね。
　　　　　　保育者A：わかりました。お任せください。
　　　　　　　　　すぐにできるようになりますよ。
② 対応2　保護者：先生，うちの子，そろそろお箸で食べさせるようにしたいの
　　　　　　　　　ですが。園で練習お願いしますね。
　　　　　　保育者B：そうですね。家ではお箸を使っていますか？　使いやすいお
　　　　　　　　　箸やお気に入りのお箸があればお持ちくださいね。無理なく進
　　　　　　　　　めていきましょう。

　保育所での一場面である。どちらの保育者の対応が適切だろうか。保育者Aは，保
護者の意向をそのまま受け止めている。それに対して保育者Bは，家での様子を聞き
ながら，一緒に進めていこうという姿勢を示している。
　「お任せください」と言われたら，保護者は安心するであろう。しかし，保護者が
子どもとともにできたことを喜び，達成感を共有するという時間は子育てにおいて何
にも代えがたい大切なものである。子どもの成長，日常における何気ない表情を知る
ことが，子育ての喜びにもつながる。子どもの日々の育ちを通じて，保護者も一歩ず
つ「親」として成長していくのである。
　出所：筆者作成。

────────────────────────────────────

までもなく，個々の保護者がおかれている状況や特性を把握し理解することが
不可欠である。そして保育者には，保護者が本来もっているであろう「子育て
力」を信じ，引き出す支援＝「保護者のエンパワメント」が期待されている。

（2）連携の実際Ⅰ（登園時・降園時）

　登園時や降園時は，忙しく慌ただしい中でも，子どもや保護者の様子を観察
し，コミュニケーションを図る時間である。たとえば挨拶一つでも大切なコ
ミュニケーションであり，相手の顔色・表情，声の調子（トーン）などを把握
し，普段との違いや変化に気づくことが求められる。もし，登園時に普段と違
う様子が見られたのであれば，その日一日は子どもの様子についても変わった
ことがないか，丁寧に観察しておく必要がある。

147

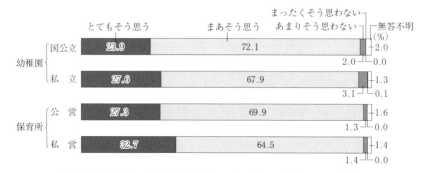

図8-1 日常的に,保護者とよくコミュニケーションがとれていると思うか

出所:ベネッセ教育総合研究所次世代育成研究室「第1回幼児教育・保育についての基本調査(幼稚園編・保育所編)」2009年, 89頁。

　ベネッセ教育総合研究所次世代育成研究室が2007(平成19)〜2008(平成20)年にかけて,全国の国公私立幼稚園及び認可保育所の園長・施設長などを対象に,保育の実態や子育て支援の状況把握のために行ったアンケート調査「第1回幼児教育・保育についての基本調査(幼稚園編・保育所編)」では,「幼稚園・保育所ともに,『よく保護者とコミュニケーションがとれていると思いますか』に対して,『とてもそう思う』・『まあそう思う』を合わせていずれも9割以上」(3)であり,保護者とのコミュニケーションはおおむねよくとれているという結果になっている(図8-1)。

　また,保護者への情報伝達の方法としては,保育所では「送迎時のやりとり」「園便り」「連絡帳」が上位3項目を占めており,幼稚園では「保育参観」「園便り」「学級／クラス懇談会」が上位3項目を占めている。特に保育所の場合は,登園時・降園時に保護者と向き合う時間を重要視していることがわかる(図8-2)。

　「顔色が悪く元気がない」・「いつも通りの挨拶が返ってこない」・「話しかけようとしても目をそらされる」・「そそくさと立ち去ってしまう」・「話をしていても上の空である」など,保護者が発信しているサインはそれぞれ異なっている。自分がおかれている状況に気づいてもらいたくても,自ら声をあげられない保護者もいるだろう。ほんの小さな悩みでも,保育者と話すことで心が軽く

第8章　保育者の協働

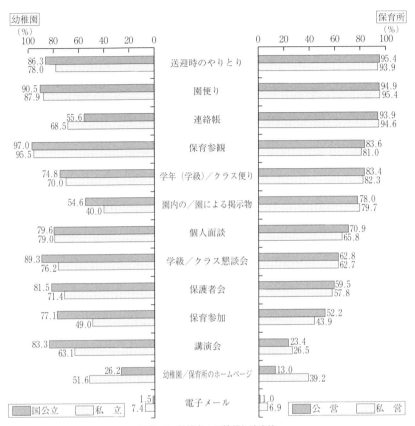

図8-2　保護者への情報伝達方法

注：(1) 複数回答。
　　(2) 全15項目中，幼稚園・保育所の調査で共通する13項目を図示。
出所：図8-1と同じ。

なり，不安が解消されるかもしれない。保護者の様子の些細な変化や違いに気づき，子どもの様子とあわせて状況を把握しながら直接声をかけたり，時には他の保育者と対応を検討することが，保育者の姿勢として求められている。

　なお，保護者と話す時間は，保護者と保育者が子どもの成長や今の姿，家庭の状況について情報共有を行う際に欠かせないが，十分に話ができない場合や担当保育者が保護者と直接会えないような場合は，連絡帳等を活用した伝達方

法も有効である。園での1日の生活リズム，体調，発達の様子，活動や遊び，子ども同士の関わりなど，伝えておくべき情報は幅広い。あわせて家庭での子どもの様子，休日の様子について，保護者から情報を伝えてもらう必要がある。

事例1

親の心配ごとに向き合う

　A保育園のみなみ先生（仮名，3年目）は，3歳児クラスを担当している。先日，お迎えの時間に，クラスのゆうと君（仮名）の母親から相談を受けた。母親は，「先生，ゆうとは最近折り紙が折れるようになったのですが，同じものをたくさん折るだけなんです。それで遊ぶわけでもないし……，うちの子，大丈夫でしょうか？」と不安そうな様子であった。

　そこで，みなみ先生は次のように答えた。「ゆうと君，折り紙が折れるようになってとっても嬉しいんだと思いますよ。園でもきれいに折って私たちに『できたよ！』って見せに来てくれます。今は，折ることが楽しいって思える時期だと思いますよ」。それを聞いた母親は少しほっとした表情を見せ，「そういう時期なんですね」と帰宅していった。

　出所：筆者作成。

（3）連携の実際Ⅱ（保育参観・保護者懇談会・面談）

　保育所や幼稚園においては，クラスごとに行われる保育参観や保護者懇談会，個人面談なども，保護者との連携を図る上で大切な機会の一つである。

　親子参加型の保育参観は，保護者が園での子どもの様子を見るとともに，保護者に保育の意図を理解してもらう貴重な場面でもある。図8-2をみると，「保育参観」は幼稚園・保育所ともに重要な「保護者への情報伝達方法」として挙げられており，特に，幼稚園においては最も高い数値となっている。「幼稚園教育要領」第1章では，「幼児の生活は，家庭を基盤として地域社会を通じて次第に広がりをもつものであることに留意し，家庭との連携を十分に図るなど，幼稚園における生活が家庭や地域社会と連続性を保ちつつ展開されるようにする」とした上で，「家庭との連携に当たっては，保護者との情報交換の機会を設けたり，保護者と幼児との活動の機会を設けたりすることを通じて，保護者の幼児期の教育に関する理解が深まるよう配慮すること」と明記してい

時　　間	子ども	保護者
～14：00	午睡	13：00～　懇談会に参加
14：30～15：00	おやつ	おやつ（試食）
15：00～	遊び（ゲーム，体操など）	遊びに参加
16：00～	親子で順次降園	

図 8-3　保育参観・懇談会のプログラム（例）

出所：筆者作成。

る。保護者と保育者との情報共有にとどまらず，保護者に他の子どもの姿を見てもらうことを通して見通しを示したり，子どもの発達・成長にあわせた保育を理解してもらい，家庭での子育てに結びつけていくことは保育参観の大きな目的といえる。

　また，保護者が自分の子どもだけではなく他の子どもたちの様子や成長を知り，育児に関する悩みや困りごとを共有できる場として，保護者懇談会があげられる。保護者懇談会は，クラスの担任保育者と保護者が子どもの様子や保育方針等について話し合う場であるが，同じような立場の保護者同士で知り合い，話をする時間，子どもたちの成長を喜び合い，子どもの面白さや子育ての楽しさを共有する時間ともなりうる。保育者は，あくまでも保護者が主役であることを忘れずに，話し合うテーマを提供した後は，基本的には保護者同士の話し合いを見守る姿勢で進行する役割を担うことが望ましい。実際には，図 8-3 のように，保育参観と保護者懇談会を組み合わせて行うことも多い。参観や懇談会がスムーズに進められるよう，最近の子どもたちの様子や保育目標（月間・年間）などをまとめた資料を事前に準備しておくことも大切である。

　さらに，保育所・幼稚園においては，子どもの様子を伝え，保護者の気がかりや心配ごとに対応するための個人面談（定期・随時）も設定されている。

　面談において求められるものは，個々の家庭や家族の事情を理解し，傾聴する姿勢やコミュニケーションのスキルである。入園や慣らし保育で顔を合わせた時点から，保護者との協働はスタートしている。しかし，保護者と保育者が顔を合わせてすぐに信頼関係を築けるわけではない。挨拶をはじめとする日々の関わりの中で関係は少しずつ構築されるものである。特に初任者のころは，

どのように声をかけてよいのかわからなかったり，話しかけるタイミングに悩んだりということもあるだろう。

　そしていざ相談された時，すぐに答えが出てこない場合もあるかもしれない。そのような時は，常に保護者の言葉に耳を傾け，様子をよく観察する姿勢が重要である。その場で答えが返せなくても，保護者の話を受容し共感する，わからないものは先輩保育者に確認する，適当な受け答えをしない，などの留意点を踏まえておかなければならない。面談では，保育者が丁寧に子どもたちと向き合い，保育をしていることを保護者に伝えていく。それは，保護者と本音で話すことができる関係づくりにつながるのではないだろうか。

　現在は，保護者自身が病気や障害を抱えている家庭や，虐待など不適切な養育が疑われるケース，ひとり親家庭，親の再婚によって子どもと親の配偶者との間に継親子関係が生じるステップファミリー，貧困家庭等，家族の生活課題も多様化・複雑化してきている。それらの要支援家庭とどのように連携し支援していくかということも大きな課題である。

（4）連携の実際Ⅲ（子どもを育み，親を育てる園行事）

　保育所や幼稚園では，年間を通して季節ごとにさまざまな行事を実施している。行事は，子どもたちの可能性を伸ばし，成長した姿を見せてくれる，保護者にとって楽しみなものである。保育所や幼稚園は，それぞれの園の特徴や保育方針を活かしながら，行事を設定している。運動会や発表会などは，子どもにとって日ごろの成長や練習の成果を発表する場でもあり，また，遠足などの園外行事は，保護者が子どもとともに参加することによって，楽しさを共有できる時間にもなる。いずれにしても行事の主体は子どもであり，子どもたちにとって何が最善であるかを踏まえて，内容を決定していくことが望ましい。

　一方，それら一つひとつの行事において，保護者がただ「見ているだけ」・「出席しているだけ」になっていないだろうか。行事は，保護者に子どもたちの様子を直接見て，理解を深めてもらう大切な機会だが，保護者が「お客さん」で終わることのないように配慮する必要がある。つまり，保護者をどのよ

うに行事に巻き込み連携していくかという視点である。もちろん，親子で参加する競技や保護者が出演するプログラムは，子どもたちにとっても楽しく嬉しいものであるが，加えて，保護者に協力してもらえるところは何か等，準備の段階から話し合うという提案もできるのではないだろうか。園だよりやお知らせを早目に出して時間や予定を確保してもらうという配慮や，保護者も母親だけに限定するのではなく，父親も含めた役割分担の検討も重要である。

　行事への参加や協力を通して，保護者同士の関係も深まり，子育てに対する保護者の視野も広がるだろう。それは結果として子育てを支え合う仲間を増やすことに結びつく。行事は，単なるイベントではなく，保育者と保護者が連携し子育てを支援する場としての意味をもっている。ただし，保護者の参加や協力は，多かれ少なかれ各自の負担感がともなうことも否めない。また，保育者の役割にも変化があるだろう。事例2のように，行事そのもののあり方について保育者自身が考えさせられる場面もあるかもしれない。保護者・保育者の両者の負担感を軽減しながらも，行事を通して達成感が味わえるような工夫が不可欠である。行事後に簡単なアンケートを実施し，保護者の意見を把握し，その結果を保護者にフィードバックしながら次回の行事に活かし反映していくことも有効である。

事例2

保育者の願い，保護者の思い

　B保育所では，今年も秋の親子遠足の季節を迎えている。土曜日に行われるため，遠足では保護者にお弁当づくりをお願いするほか，クラスごとの遊びを考えてきてもらう。毎年，子どもたちは嬉しそうに保護者と手をつなぎ，遊びに参加している。保護者からも「最初は遊びなんて考えられないって思っていたけれど，当日は他の親子とも一緒に盛り上がってよかった」「今年はどんな遊びがいいか，親同士で話し合うのがこの時期は楽しみ」などの感想が寄せられている。

　2歳児クラス担任のかなえ先生（仮名，7年目）は，自身も3歳児の子育て中である。かなえ先生が子どもを預けている保育所では，親子遠足がない。「土曜日も仕事が入るし，お弁当づくりがなくて楽だなぁ」と普段は思っている。しかし，自分の園の保護者からの声を聴き，ふと考え込むかなえ先生だった。

　出所：筆者作成。

第2節　地域社会との連携

（1）小学校との連携（保幼小の連携）

　学校教育現場では，子どもたちの学力や体力の低下，いじめや不登校の増加，学級崩壊や小1プロブレムといった問題が表面化しており，さまざまな対策が求められている。特に，小学校に入学したばかりの1年生で，学校生活に適応できず，「先生の話を聞けない」「落ち着きがない」「授業中に席を立ってふらふらする」「すぐに手が出る」「集団行動ができない」といった状況があり，これらは「小1プロブレム」と総称される。2011（平成23）年に東京都教育委員会が行った調査によると，都内の公立小学校の約5校に1校の割合で，授業中に勝手に歩き回るなどの小1プロブレムが発生していることが明らかとなった。その要因について，元・東京成徳短期大学教授の和田信行は，「家庭のしつけや学校の指導力不足だけにあるのではなく，家庭，地域，保育所・幼稚園，小学校，それぞれが課題を抱えている」と考え，家庭や地域の課題としては，「少子化や核家族化の進行，地域社会の崩壊により，子どもたちに人と関わる力や基本的な生活習慣が十分に身に付いていないこと」，そして保育所・幼稚園と小学校では，「互いの教育内容が十分に共有されていないこと」が問題であると指摘している。子どもたちが小学校生活へスムーズに移行できるようにするためには，保幼小の連携がなくてはならないものであり，国の指導で自治体も独自の「接続カリキュラム」を作成するなど，その取り組みが全国で始まってきている。

　この保幼小接続に関する主な動きとしては，2005（平成17）年に文部科学省所轄の国立教育政策研究所が，「幼児期から児童期への教育」と題した幼稚園教育のための指導資料を作成し，2006（平成18）年の「教育基本法」改正にともない，児童福祉施設である保育所においても「幼児期の教育」を担うことが明示された。そして，2008（平成20）年に告示となった保育所保育指針の中に，指導計画の作成上，特に留意すべき事項として「小学校との連携」について以

下の2点が含まれた。

1) 子どもの生活や発達の連続性を踏まえ，保育の内容の工夫を図るとともに，就学に向けて，保育所の子どもと小学校の児童との交流，職員同士の交流，情報共有や相互理解など小学校との積極的な連携を図るよう配慮すること。
2) 子どもに関する情報共有に関して，保育所に入所している子どもの就学に際し，市町村の支援の下に，子どもの育ちを支えるための資料が保育所から小学校へ送付されるようにすること。

　つまり，保育所は積極的に小学校との連携を図ること，そして，子どもの育ちを継続的に支える資料として「保育所児童保育要録」を作成し，幼稚園の「幼稚園幼児指導要録」と同様に，それを小学校へ送付することが義務づけられたのである。2009（平成21）年に文部科学省と厚生労働省は，「保育所や幼稚園等と小学校における連携事例集」を合同で作成，2010（平成22）年には，文部科学省から「幼児期の教育と小学校教育の円滑な接続の在り方について」の報告書もまとめられた。さらに，2017（平成29）年3月告示の保育所保育指針においては，第1章「総則」の中に「4 幼児教育を行う施設として共有すべき事項」が盛り込まれ，保育所は幼稚園・認定こども園とともに，幼児教育の重要な一翼を担っていることが改めて強調された。「小学校との接続に関しては（前述の）『幼児期の教育と小学校教育の円滑な接続の在り方について』等を踏まえ，幼児教育を通して『育みたい資質・能力』（「知識及び技能の基礎」「思考力，判断力，表現力の基礎」「学びに向かう力，人間性等」）と『幼児期の終わりまでに育ってほしい姿』として10の姿（図8-4）を念頭におき，卒園後の学びへの接続を意識しながら，5歳児後半の幼児の主体的で協同的な活動の充実を，より意識的に図っていくことが重要である」と示されている[5]。

　また，同指針第2章「保育の内容」の中で，「小学校との連携」については，以下のことに留意して保育を実施するようにとある。

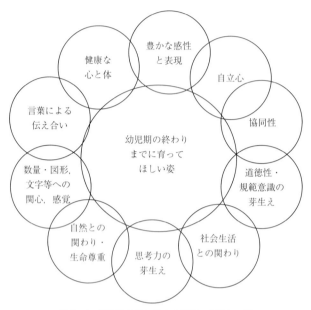

図8-4 幼児期の終わりまでに育ってほしい姿
出所：筆者作成。

1) 保育所においては，保育所保育が，小学校以降の生活や学習の基盤の育成につながることに配慮し，幼児期にふさわしい生活を通じて，創造的な思考や主体的な生活態度などの基礎を培うようにすること。
2) 保育所保育において育まれた資質・能力を踏まえ，小学校教育が円滑に行われるよう，小学校教師との意見交換や合同の研究の機会などを設け，「幼児期の終わりまでに育ってほしい姿」を共有するなどの連携を図り，保育所保育と小学校教育との円滑な接続を図るよう努めること。
3) 子どもに関する情報共有に関して，保育所に入所している子どもの就学に際し，市町村の支援の下に，子どもの育ちを支えるための資料が保育所から小学校へ送付されるようにすること。

このように，保育所保育指針だけでなく，幼稚園教育要領・幼保連携型認定こども園教育・保育要領の改定においても，幼児教育を行う施設としての考え

第8章 保育者の協働

コラム3

「保育所児童保育要録」は何のために書くの？

「保育所児童保育要録」は，一人ひとりの「子どもの育ちを継続的に支えるための資料」として，保育所（園）で作成し，小学校に送付するものである。その様式は，厚生労働省が示した様式を参考に，各市町村で創意工夫し作成することとなっているが，主な項目には，入所から現在までの過程について記入する「子どもの育ちに関わる事項」，「養護（生命の保持及び情緒の安定）に関わる事項」，「子どもの健康状態等」，5領域（健康・人間関係・環境・言葉・表現）に関する主に最終年度の様子について記入する「教育（発達援助）に関わる事項」が含まれている。

乳幼児期の成長・発達は著しく，また個人差も大きい。これまでの保育所における生活を通して，保育者がどのようなことに配慮し援助してきたか，またその子どもがどのように育ってきたかについて，就学後にも必要と思われる情報を整理して記入することが求められるため，保育者自身の振り返りにもなり，保育の質の向上にもつながる。また，小学校の教員も子ども一人ひとりの特性を理解するためのヒントが得られ，入学後の適切な対応に活かされることが期待できる。それは，保護者の安心にもつながるであろう。しかし，ただ単に書類を送付するだけでなく，担任が顔を合わせての引き継ぎや申し送りも行い，子どもの育ちの連続性に関して共通認識を持ち，連携していくことが重要である。

出所：筆者作成。

方が共有され，小学校教育との接続の強化が目指されている。

小学校側の取り組みとしては，2015（平成27）年1月に国立教育政策研究所から「スタートカリキュラム・スタートブック」が全小学校に配布され，入学直後のカリキュラムを見直す取り組みが本格的に始まっている。この冊子の中で，「スタートカリキュラムとは，小学校へ入学した子供が，幼稚園・保育所・認定こども園などの遊びや生活を通した学びと育ちを基礎として，主体的に自己を発揮し，新しい学校生活を創り出していくためのカリキュラム」と説明されている[6]。つまり，子どもたちは幼児期にさまざまな直接的・間接的経験を通して，「学びの芽生え」を培ってきているので，決して「ゼロからのスタートではない」という考えに基づき，スタートカリキュラムによって，児童期への「自覚的な学び」へとつなげていくことを目指している。そして，その「学びに向かう力」の土台として，まずは何よりも，小学校は楽しいところと

事例 3

友だちと別々の小学校へ

　あいちゃん（年長・女児）は園バス送迎で自宅から15分ほど離れた幼稚園に通っていた。年長児のクラスは，約30人で3クラス。仲のいい友だちのグループ（5人）もできていたが，その友だちはみな幼稚園から近くの〇〇小学校に行く予定になっていた。1月のある日，その小学校に年長児全員で歩いて訪問する機会があった。1年生の授業を見学し，小学生と交流して，楽しい時間を過ごして帰ってきた。それから，あいちゃんの周りでは「〇〇小学校に行くの，楽しみだね。同じクラスになるといいね！」といった会話が聞かれるようになった。あいちゃんは家に帰り，母親に言った。「どうしてあいはみんなと同じ〇〇小学校じゃないの？　あいも〇〇小学校に行きたい」と。あいちゃんは，自宅から近くの小学校に入学予定であったが，同じ幼稚園から行く子どもはなく，あいちゃん一人だけだった。

　出所：筆者作成。

いう「安心」感を子どもたちがもてることが大事であると考えられている。たとえば小学校の朝の会で，保育所や幼稚園で親しんできた遊びや活動を取り入れたり，友だちと仲良くなれるような活動を行ったりして，子どもの中に「安心」が生まれることを第一段階としている。そして，友だちに受け入れられながらさまざまなことに挑戦し，自己肯定感を育み，「成長」し，スタートカリキュラムを入口として6年間を見通すことが，子どもの「自立」を促すとされている。「スタートブック」は，そのカリキュラム編成のための指針となるものであり，保育・幼児教育の考え方や手法を取り入れた形となっている。

　新しいランドセルを買ってもらい，小学生になることを楽しみに感じつつも，事例3のように，保育所や幼稚園で一緒に過ごしてきた友だちとの別れを意識し，寂しさや不安を感じる子どももいるだろう。友だちはできるだろうか，先生は優しいだろうか，新しい出会いに期待と緊張が高まる。ランドセルに教科書を入れて，保護者の送迎なしに自分の足で学校に行く。時間割に沿った1日の流れ，45分間という授業の枠組み，勉強についていけるのか，給食のこと等々，これらは子ども自身だけでなく，入学前の子どもをもつ保護者の心配でもある。

第 8 章　保育者の協働

　小学校入学への不安を解消し，入学前後の移行を円滑にするための取り組み
として，保育現場では「アプローチカリキュラム」が実践されつつある。全国
でも先進的な取り組みを行っている埼玉県草加市では冊子を作成し，その中で
「アプローチカリキュラムとは，就学前の幼児がスムーズに小学校の生活や学
習に適応できるようにするとともに，幼児期の学びを小学校教育につなげるた
めに作成する，幼児期の教育終了前（5歳児の10月〜3月）のカリキュラムであ
る」と説明し，市内のすべての園で作成をするように働きかけている[7]。また，
作成の際には「幼児期の教育において小学校の学びの基盤となる経験」を以下
の6点の工夫や配慮に基づいて，カリキュラムに取り入れることが円滑な接続
につながるとしている。

1)　1日の時間の工夫（1日の生活の流れを意識し，一つひとつの活動に見通しを
　　もつ。カレンダーや時計など，時間を意識する。等）

2)　活動の工夫（友達と目的を共有し，役割を分担して一緒に遊ぶ。興味や関心を
　　もったものに取り組む。等）

3)　人間関係についての配慮（互いのよさを分かり合い，信頼関係を十分に築く。
　　小学生との積極的な交流を通して，小学生に対するあこがれが高まる。等）

4)　家庭や小学校との連携（自分のことは自分でする。家庭と，子どもの育ちに
　　ついて確かめる。保護者の不安には，小学校と連携して対応する。等）

5)　きまりへの適応と安全への配慮（きまりやルールの必要性を感じ，規範意識
　　を高める。公共の場などで，安全に気をつけて行動する。等）

6)　小学校生活に向けての配慮（学校見学や体験を通して，小学校の施設に慣れ
　　る。保幼小で，「目指す子ども像」の共通理解を図る。情報交換会を行う。等）

　また草加市では，小学校入学までに家庭で取り組んでほしいことをまとめた
リーフレット「もうすぐ1年生」を就学時健診時に保護者に配布している。家
庭教育アドバイザーによる「親の学習」講座を開催し，情報交換の場を提供す
る等，こうした取り組みは保護者の不安解消や子育ての孤立化予防にもつな

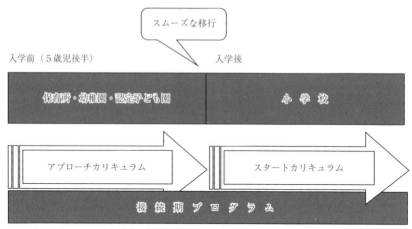

図8-5 スタートカリキュラムとアプローチカリキュラムによる双方からの取り組み
出所:図は筆者作成。

がっている。

　このように現在では,保育所・幼稚園・認定こども園から小学校への「段差」をなくし,スムーズな移行ができるように,双方からの取り組みが行われるようになってきた(図8-5)。小学校の教員による保育参観,保育者による授業参観,日常的な情報交換会,合同研修会,行事等への参加,要録の活用など,互いに理解を深めるための連携の形や方法はさまざまである。子ども,保護者,保育者,教員,それぞれに互恵性のある連携のあり方を地域の実情に合わせて講じていくことが求められている。保育の場における幼児教育が小学校での学習を先取りして行うものではないこと,基本は子どもたちが豊かな経験を通して,たとえば遊びや生活の中で何かに熱中し,少々難しいことにも自分で,あるいは友だちと一緒に挑戦していこうとする気持ちを大事に育てていくことが「意欲」や「集中力」となり,「学びの土台」になるということを忘れてはいけない。

(2) 地域社会との協力体制(子育て支援)

　都市部を中心に待機児童問題が深刻化しており,保育所や保育士不足の話題

が新聞やニュースでも大きく取り上げられ、世間の一大関心事となっている。自治体が認可保育所を増やそうとする計画の中で、住民との調整が難航し、建設を断念、あるいは開園が延期になるといった記事も目にするようになった。地域住民の理解が得られない理由には、送迎にともなう交通量の増加や子どもの声が「騒音」ととらえられるケースなどがある。地域の理解や受け入れなくして保育所運営は難しく、待機児童対策は非常に困難な課題の一つとなっている。

保育所保育指針においても、第2章「保育の内容」「4保育の実施に関して留意すべき事項」の中で、「家庭及び地域社会との連携」については「子どもの生活の連続性を踏まえ、家庭及び地域社会と連携して保育が展開されるよう配慮すること。その際、家庭や地域の機関及び団体の協力を得て、地域の自然、高齢者や異年齢の子ども等を含む人材、行事、施設等の地域の資源を積極的に活用し、豊かな生活体験をはじめ保育内容の充実が図られるよう配慮すること」と示されている。

地域資源は、地域の実情によってさまざまであるが、徒歩で、あるいはバスや電車を使って園外（地域）に出かけていくことで、子どもたちの経験や世界は大きく広がっていくといえる。また、人間関係の希薄化が指摘される現代社会においては、さまざまな人との交流も大変重要な機会である。子育てが家庭の中だけで行われるものではないのと同様に、保育もまた、保育所の中だけで行われるものでもない。図8-6のように、地域ネットワークを活用し、関係機関と連携・協働して、子どもたちを育てていくことが大切である。

保育所や幼稚園・認定こども園では、「地域の子育ての拠点」としての機能がますます求められている。保育所保育指針第4章「子育て支援」「3地域の保護者等に対する子育て支援」においても、保育所は地域に開かれた子育て支援を積極的に行うこと、また地域の関係機関等と連携及び協力して取り組むよう努めることと明記されている。

実際に、多くの保育所では、子育て中の親子の交流の場として「子育て支援センター」等を併設し、地域の親子（未就園）が参加しやすいように工夫がな

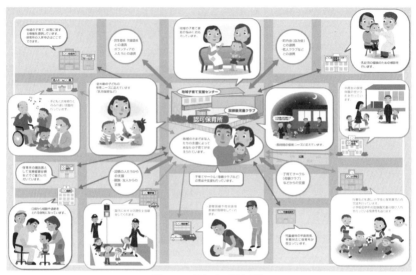

図8-6 保育所と地域連携

出所：全国保育協議会「認可保育所はさまざまな関係機関と連携し地域の子育てと保育を支えています」
（www.zenhokyo.gr.jp/ninka/ninka07/ninka07.htm，2017年7月1日閲覧）。

事例4

初めての子育て支援センター

　かおるさんは，1歳になったこうちゃん（男児）を連れて，その日，初めて，ある保育園の子育て支援センターに出かけた。受付で必要事項を記入している間もこうちゃんは落ち着かない。部屋に入ると，まだハイハイもしない赤ちゃんもいた。こうちゃんは，気になるおもちゃを見つけるとすぐに近づき，遊び始めた。他の子が近づいてきて，そのおもちゃに手を伸ばした時に，こうちゃんはその子をおもちゃでぶってしまった。泣き出したその子のお母さんに「すみません」と謝るかおるさん。実は，児童館などに出かけて行っても，こうちゃんは他の子に手を出してしまうことが多く，かおるさんはそのことを気にして，小さな子どもがたくさんいる場所には行かないようになってきていた。今回は，ちょっと勇気を出して，子育て支援センターに来てみた。周りを見渡すと，お母さん同士の会話が弾んでいる。何となく，居心地の悪さを感じてしまったかおるさんだった。

　出所：筆者作成。

第8章　保育者の協働

―― コラム4 ――――――――――――――――――――――――――

「子育て支援センター」では，どのようなことを行っているの？

　たとえば，ある保育園の子育て支援センターでは，月曜日〜金曜日の9：00〜10：30園庭開放，10：30〜11：30主活動，11：30〜13：00ランチ・フリータイム，13：00〜15：00園庭開放，15：00〜16：00主活動（月水金），サークル活動（火木），土曜日の9：00〜16：00園庭開放，と日曜日以外は毎日開所している。主活動の部分に関して，9月だけでも，その内容は折り紙カレンダー製作，絵の具あそび，シールあそび，粘土，ぬりえ，運動サーキット，園庭あそび，リトミック，親子ヨガ，ぶどう狩りや梨狩り（現地集合），誕生会，ランチ会，十五夜会，敬老の日のプレゼント作り，パッチワーク講習会，10月の飾り作り，避難訓練，と多岐にわたっている。その他に，育児相談（電話または保育園へ直接），図書の貸し出し（絵本やDVDの貸し出し），子育て講演（毎月様々なテーマで開催），給食参加も実施している。基本的に予約不要（活動内容によっては事前申し込みが必要）で，参加費は無料（材料費などは別途）となっている。

　また，別の保育園の子育て支援センターでは，上記のような活動の他に，毎週火曜日13：30〜15：30は0歳児とプレママ（妊婦）を対象とし，母子手帳ケースやこれから生まれてくる赤ちゃんのための布をつかったおもちゃ（ニギニギ等）を手作りする，先輩ママからの話を聞く，実際に赤ちゃんを抱っこさせてもらうといった内容で活動を行っている。

　月の予定表は，親子が行くような身近な場所（スーパーやコンビニ等）にも置いてあり，また園や市のホームページでも見ることができる。

　出所：筆者作成。

―――――――――――――――――――――――――――――――――

され，様々な活動が展開されている。

　子育て支援センターで行っている活動は，実に魅力的なものが多い。社交的な母親は，一人で出かけて行ってもすぐに「ママ友だち」を作ることができる。そこで仲良くなった母親同士で，複数の子育て支援センターに出かけていくなど，家庭内にこもらずに活発に子育て期を過ごしている母親もいる。一方で，事例4のように，初めての場所に，小さな子どもを連れて出かけることに気苦労を感じている母親も決して少なくはない。勇気を出して出かけてみたら，すでに母親たちのグループがあって，入りにくさを感じて次は行かなくなってしまうということもある。子育てが孤立しがちな，本当に支援が必要な人にこそ

利用してもらうこと，支援が届くことが大切である。初めて同士の母親たちが参加しやすくする工夫として，「初めての日」を設定しているセンターもある。場に慣れるように，保育者が様子を見て声をかけるなどの配慮も行われている。

　保育所の需要が増え，待機児童がなかなか減らない現状において，待機児童の8割以上が3歳未満の低年齢児である。特に，1・2歳児の保育所利用率は上昇傾向にあるが，それでも実際に，3歳未満児の約6〜7割は，家庭で育児されている。大なり小なり，育児に悩みはつきものとはいえ，深刻な0歳児への虐待件数の多さは，「子育ての孤立」と大きな関係があると考えられる。現代の超少子社会において，子どもたちは社会の宝であり，地域の子どもは地域全体・社会全体で共に育てていくという意識が重要なのである。近年，フィンランドの「ネウボラ」を参考にした，妊娠期からの継続的な子育て支援の取り組みが始まっている。地域に広がりつつある「子育て世代包括支援センター」もその一つであり，虐待や少子化の歯止めとして期待されている。

　家庭から，保育所や幼稚園・認定こども園，そして小学校へ移行していく乳幼児期の子どもの育ちには，生活の場が変わっても連続性があるということを忘れてはならない。親子の育ちに対しても切れ目なく，地域とつながりながら継続的に支援していく取り組みが求められる。第1節にもあるように，子育ての主体はあくまでも保護者であり，保護者の子育て力を「エンパワメント」することが子育て支援の中核であることを念頭に置きつつ，保育者としての協働について考え，行動していくことが大切である。連携や協働を通して，保育者自身もまた保育の質を高め，成長することができるといえよう。

第8章　保育者の協働

【ポイント整理】

○エンパワメント

　すべての人は生まれながらにして，個性や選択・決定する能力，行動する能力をもっているが，環境や人間関係の中でそれらが抑制され，うまく働かなくなっている場合がある。その本来もっている力を引き出し，適切な社会資源を活用しながら主体性をもって生活できるように支援することをエンパワメントという。

○慣らし保育

　主として保育所に入所する際，まず短時間の保育から始め，子どもが段階的に環境に慣れる期間を設けること。園によって慣らし保育期間や時間の設定は異なる。

○ステップファミリー

　親の再婚によって，子どもと親の配偶者との間に継親子関係が生じた家族。その形態は実に多様であり，複雑な人間関係が構築される場合もある。子どもたちは，義理の親子関係やきょうだい関係を結ぶことになり，親子ともに新しい家族関係をスタートすることになるため，支援が必要となるケースもある。

○小1プロブレム

　東京都教育委員会の定義によると「第1学年の学級において，入学後の落ち着かない状態がいつまでも解消されず，教師の話を聞かない，指示通りに行動しない，勝手に授業中に教室の中を立ち歩いたり教室から出て行ったりするなど，授業規律が成立しない状態へと拡大し，こうした状態が数カ月にわたって継続する状態」のことをいう。

○接続カリキュラム

　保育所や幼稚園，認定こども園から小学校への円滑な移行のためのカリキュラムのこと。保育現場では，「アプローチカリキュラム」を，小学校では「スタートカリキュラム」を工夫しながら作成し，双方が理解を深め，連携して取り組むことが求められている。

○地域の子育ての拠点

　少子化や核家族化の進行にともない，子どもや子育てを取り巻く環境が大きく変わる中で，地域において子育て家庭を支援していこうとする取り組みがますます必要とされている。子育て支援の拠点として，保育所は特に大きな役割を担っている。

【振り返り問題】

1　保護者が心配ごとを訴えてきたとき，保育者はどのような姿勢や態度で対応すべきだろうか。具体的な対応の方法や留意点について考えてみよう。

2 事例2において，かなえ先生はなぜ考え込んでしまったのだろうか。周り
の人とも話し合ってみよう。

3 保育所や幼稚園，あるいは認定こども園での生活と，小学校入学後では，
どのような違いがあるだろう。具体的に考えてみよう。

4 自分が住む地域で行われている子育て支援について調べてみよう。どのよ
うに情報を集めることができるだろうか。できれば実際に見学してみよう。

〈注〉
⑴ 厚生労働省「人口減少社会に関する意識調査」2015年，34頁。
⑵ 保育所保育指針第4章1「保育所における子育て支援に関する基本的事項」。
⑶ ベネッセ教育総合研究所次世代育成研究室「第1回幼児教育・保育についての基本調査
（幼稚園編・保育所編）」2009年，88-89頁。
⑷ ベネッセ教育情報サイト「小1プロブレムはなぜ起きる？　各自治体では幼保小の連携強
化の動きも」2016年1月21日。
⑸ 社会保障審議会児童部会保育専門委員会「保育所保育指針の改定に関する中間とりまと
め」2016年8月2日，5頁。
⑹ 文部科学省国立教育政策研究所教育課程研究センター「スタートカリキュラム　スタート
ブック」2015年1月。
⑺ 埼玉県草加市教育委員会子ども教育連携推進室「草加市幼保小接続期プログラム——心豊
かに充実した小学校生活に向けて」2015年，11-15頁。

〈参考文献〉
金子恵美『増補　保育所における家庭支援——新保育所保育指針の理論と実践』全国社会福祉
協議会，2010年。
塩谷香編著『保育者・子育て支援者のための家庭支援ガイド』ぎょうせい，2011年。
和田信行『スタートカリキュラムがよくわかる！　小1プロブレムを起こさない教育技術』小
学館，2013年。
師岡章『保育カリキュラム総論——実践に連動した計画・評価のあり方，進め方』同文書院，
2015年，38頁。
内閣府・文部科学省・厚生労働省『子ども・子育て支援新制度ハンドブック　施設・事業者向
け　改訂版』2015年。
文部科学省国立教育政策研究所教育課程研究センター「スタートカリキュラム　スタートブッ
ク」2015年。
「幼児教育から小学校教育へ」『月刊保育とカリキュラム』ひかりのくに，2016年9月，68-69
頁。
『2016年度版指導計画&保幼小連携プログラム』小学館，2016年。
厚生労働省『厚生労働白書　平成27年版』2016年。

第8章　保育者の協働

大分県教育委員会ホームページ「保小連携」（2017年7月1日閲覧）。
文部科学省ホームページ『幼児期の教育と小学校教育の円滑な接続の在り方について』（同調
　査協力者研究協力者会議報告書）2010年。

【文献案内】

永野典嗣・岸本元気『保育士・幼稚園教諭のための保護者支援──保育ソーシャルワークで学
　ぶ相談支援』風鳴舎，2014年。
　　──保育ソーシャルワークの視点から保護者を体系的・継続的に支援していく方法などにつ
　　いて事例を取り上げながら解説した一冊。保護者との信頼関係の築き方，保護者に寄り添
　　う意味，適切な関わり方などについて保護者を支える視点を示し，保育者をサポートする
　　内容となっている。
日本保育学会編『保育を支えるネットワーク──支援と連携』（保育学講座5）東京大学出版
　会，2016年。
　　──子どもや子育てを取り巻く環境が大きく変わる中で，家庭や地域，さまざまな関係機関
　　と連携を図り，ネットワークを活かしながら保育を行うことが求められている。そうした
　　ネットワークに関する研究や実践の取り組みから，子育て支援を多角的に論じている一冊。

（第1節　飯塚美穂子・第2節　小屋美香）

第9章
海外の保育から学ぶ

┌─ 本章のポイント ─────────────────────────

　本章の目的は，海外の保育について理解を深めることにある。他の国では，保育者はどのような考えをもって子どもに関わっているのだろうか。また，それぞれの国では子どもの育ちをめぐってどのような課題が存在し，保育者はそれにどのように取り組んでいるのだろうか。

　海外の保育について理解することは，単に知識を増やすことだけを意味するのではない。むしろ，そうした理解を通して自分たちの保育を見直すきっかけとし，よりよい保育を考え実践していくことにつなげていくことこそが重要である。

└──────────────────────────────────────

第1節　諸外国の保育を学ぶ意義

（1）保育者の子どもへの関わりを手がかりに

　私たちは，それぞれさまざまな考え方や価値観，他者との関わり方，世界に対する見方を抱いて生活している。それらは生活を送る中で形づくられたものであり，あらためて考え直すまでもなく自然に抱かれているものである。だからこそ，習慣となった考え方や方法に気づくことは実はそれほど簡単なことではない。当たり前になったことは，当たり前であるがゆえに，かえって意識の内にのぼらなくなってしまう。教育や保育のあり方，子どもに対する見方や関わり方も同様である。自分たちが当たり前と思っている保育観，子ども観を，

168

海外の様子と比べることでもう一度振り返っておくことが必要である。そうした作業を通してこそ，考え方はより広く，よりしっかりとしたものになるだろう。

　まず，私たちにとっておなじみの素材を例にとって考えてみよう。子どもが粘土で人の形を作っている場面を想像していただきたい。一生懸命作っている様子を，あなたは見守り，時に声かけをしながら関わっている。とうとう子どもが「できた！」と言い，粘土で作った人をあなたに見せる。その時，あなたはどのような言葉を子どもに投げかけるだろうか？「よくできたね！」「かっこいいね！」など，"受容"的に子どもの表現を受け入れ，さらに具体的に細部のでき具合をほめるかもしれない。

　このような何気ない場面でも，国によってはだいぶ違ったものになる。ここで比較の対象として紹介するのはイタリア，レッジョ・エミリア市の幼児保育施設でのやり取りである（以下参照）。ある子どもが，サッカー選手の身体の動きを粘土で表現している[1]。子どもは粘土での造形に苦心している。子どもは，粘土で作った人の形が崩れないように，積み木を置いて寄りかからせている。

　　教　　師：どんな風に問題を解決したの

　　子ども：この積み木が支えてくれるの

　　教　　師：どこにおいたの

　　子ども：（自分の脇の下を指しながら，同時に粘土を見て）わきの下においたの

　　教　　師：どうして

　　子ども：（腕を振りながら）腕の辺がぶらぶらしちゃうから

　　――別の子どもが，自分が作っている粘土が倒れないように積み木をもってきて置く。その様子について，教師が先ほどの子どもに尋ねる。

　　教　　師：今はどうして倒れないの

　　子ども：おなかの辺と背中の辺がふらふらして，前にたおれればよりかかって，後ろにたおれればよりかかるから

ここで保育者は，子どもが粘土で身体を表現したとき，「よくできたね」「かっこいいね」といった言葉を投げかけて活動をまとめてしまうことはしていない。子どもが表現を行いながら工夫したところを意識化させ，言葉で表現させようとしている。そのことで，子どもは自ら工夫したことを説明しながら，改めて自分の表現と，そしてまた自分の身体のあり方に気づくのである。ここで保育者は，子どもの表現を引き出し深めようとすると同時に，認識を深めさせようとする意図を，強くもっているようにみえる。ここでは子どもたちが発する表現は幾重にも重層的に織りなされており，保育者はそれを読み解き，さらに子どもたちの表現を促すことを重要な仕事とみなしているようである。

　イタリア，レッジョ・エミリア市の幼児教育については，すでに日本でも紹介されており，ご存じの方も多いだろう。レッジョ・エミリア市には複数の保育施設が存在するが，いずれもレッジョ・アプローチと呼ぶにふさわしい保育を作り上げている。

　保育者のあり方も独特である。レッジョ・エミリアでは保育に携わる者に2種類の区分があり，それぞれペダゴジスタとアトリエリスタと呼んでいる。前者は教育学などの訓練を積んだ教員であり，後者は美術教師である。両者が協力して，子どもたちがさまざまな素材を使用して表現活動を行うことを支えている。このような体制の下であればこそ，粘土を使った表現一つをとっても，これだけの深まりをみせることができるのである。

（2）海外の保育から日本の保育を見つめ直す

　このように，保育に関わる行政や制度だけでなく，日々のやり取りをみても，子どもとの関わり方，子どもの存在のとらえ方が，日本とは大きく異なることがわかる。諸外国の保育を学ぶことは，こうしたことに注意を払い，自分自身の保育観，子ども観，そして保育の活動を見つめ直していく契機とすることにほかならない。

　実際の保育現場では，文化的背景の異なる子ども，国籍の異なる子どもが増えている。宗教的背景が違えば，食べ物なども異なってくる。それまで当たり

前と思っていた事柄も，さまざまな背景をもつ子ども，また保護者には通用しないこともある。その時，あらためて私たちの観点が問い直されるのである。おそらく，教科書を通して海外の保育を学ぶ意義は，そうした「観点のとらえ直し」を行う訓練になることだろう。また，日本に先駆けた社会問題に取り組んでいる国の事例は，将来私たちの身に起こるかもしれない課題を前もって考えておくきっかけを与えてくれる。

　ここでは特に，ドイツの保育を詳しくみていくことで，保育のあり方を考えていきたい。ドイツはヨーロッパ有数の大国であり，教育面では歴史的に日本ともゆかりの深い国である。たとえば，幼児教育史でよく知られているように，日本で初めて設立された幼稚園である東京女子師範学校附属幼稚園では，ドイツ人のクララ・チーテルマン（Zitelmann, Clara Louise：1853～1931年）が保育の指導に当たっていたが，彼女はフレーベル（Fröbel, F.：1782～1852年）の思想を学んだ人物であった。

　ただ，ドイツと日本とは国情も文化的背景もかなり異なっており，教育制度・保育制度にも大きな違いがある。そうした違いを見極めながら，日本の保育のあり方を振り返ることがここでのねらいである。

第2節　ドイツの保育

（1）ドイツの保育制度

　ドイツは正式な国名をドイツ連邦共和国（Bundesrepublik Deutschland）という。国名からもわかるようにドイツは連邦制を取っており，そこでは16の州が国家を構成している。政策の具体的な事項については各州に大きな権限が委ねられており，保育制度も例外ではない。これからドイツの保育制度について基本的な事柄を確認していくが，州ごとの特徴よりも，むしろドイツ全体を特徴づける一般的な性格についてみていこう。

　日本の保育制度では，教育施設としての幼稚園と児童福祉施設としての保育所の2本柱で運営がなされていることはすでにご承知の通りだろう。その統合

をめぐる動きは，現在「認定こども園」という形で具体化している。一方，ドイツでは，就学前の保育施設は教育施設ではなくすべて児童福祉施設の扱いとなっている。保育史を学んだ学生はここで思い出してほしいが，ドイツはフレーベルが世界で最初といわれる幼稚園 "Kindergarten" を開設した歴史をもつ国である。そのような国で，就学前の保育施設がなぜ教育施設として扱われていないのかと不思議に思われるかもしれない。

　その経緯を簡単にみておこう。就学前の保育施設の位置づけがドイツで政策的に議論されたのは1920年のことである。この時，幼稚園を義務教育の一番初めの段階に位置づけるのか，それとも福祉施設として位置づけるのかで議論が起きた。議論の結果，幼稚園は児童福祉施設として位置づけることで決着した。その背景としては，当時理想的なものとみなされていた家族形態を考えなければならない。いわゆる，家父長制である。一家の主は父親であり，女性は「主婦」として家事や育児を担当するものと考えられた。子どもはあくまで母親が世話をする存在であり，家庭外の保育施設は，家庭で世話ができないやむを得ない場合に利用されるのが通例であった。⁽²⁾家族形態は時代とともに変容していったが，児童福祉施設としての保育施設という位置づけは，今日まで原則として変わらない。

　もちろん，保育施設では子どもを単に預かるのではなく合わせて教育を行うことが必要であることは，法的にも定められている。この点は日本と同様である。また，ドイツの教育体制に深刻な反省を迫った2000年の PISA の結果により，就学前の知的教育が重視される傾向にあることも付け加えなければならない。したがって，ドイツの保育は日本と同じように教育と福祉とにまたがっているということができる。

　では，ドイツの保育施設はどのような形態をとっているのだろうか。ドイツでは保育施設は「児童通園施設（Kindertageseinrichtung, Tageseinrichtung für Kinder)」と総称され，多様な保育形態が認められるようになっている。それは一般的には年齢別に名称が異なり，0歳から3歳未満までが「保育所（Kinderkrippe)」，3歳から6歳未満が「幼稚園（Kindergarten)」で，就学段階

第9章　海外の保育から学ぶ

コラム 1

PISA ショック

PISA は経済協力開発機構（OECD）が行っている生徒の学習到達度調査の略称である。2000年の PISA では，ドイツにおける「学力低下」が大きな問題となった。また，そこでは親の社会階層と学力との相関関係が分析されているが，PISA 参加32か国のうちドイツは学力の格差が最も大きい国であることが判明した。こうした一連の結果がドイツ国民に与えた衝撃は「PISA ショック」と呼ばれ，教育改革の重要な契機となった。PISA ショック以後，ドイツでは就学前段階での教育の重要性が見直された。

出所：小玉亮子「PISA ショックによる保育の学校化——『境界線』を越える試み」泉千勢・
　　　一見真理子・汐見稔幸編著『世界の幼児教育・保育改革と学力』（未来への学力と日本の
　　　教育⑨）明石書店，2008年，69-88頁。

になると「学童保育（Hort）」がある。また，州によっては複合的な施設として「児童通園施設，乳幼児・児童保育センター（Kindertagesstätte）」があり，通称 KITA と呼ばれる[3]。

　保育現場で働く人々の経歴・資格はさまざまだが，主力となるのは「保育士（Erzieher/in）」とその補助的な役割を担う「保育助手（Kinderpfleger/in）」である（ドイツ語では職名を表す単語に男性型と女性型があり，女性型は男性型の後に -in をつけるのが原則である。Erzieher は男性，Erzieherin は女性であり，両性表記の場合は「Erzieher/in」のように表記する）。それぞれ異なる資格になっており，前提となる経歴も異なる。2つの資格については，表9-1にまとめてあるのでご覧いただきたい。

　その他の主要な資格としては，社会教育士（Sozialpädagogin/Sozialpädagoge）がある。これは日本でいう「社会教育主事」，つまり公民館活動などに従事する教育職とは異なり，福祉系の資格である。また，施設に応じて，病児に関わる専門職や看護系の経歴をもつ者など，さまざまな職種の人々が働いている。このように，ドイツでも日本でも，保育現場は多様な立場の人々のチームワークで成り立っているが，とりわけ保護者と保育制度との関わり方としてユニークなものが，「親イニシアチブ児童通園施設（Elterninitiativ-Kindertagesstätte）」

173

表 9-1　ドイツの保育者

職　　名	資格の前提及び修了資格
保育士（Erzieherin/Erzieher）	資格の前提： ——少なくとも18歳 ——通常中等教育修了（10年間の就学後）ないし同等の学力があると認められた者 ——職業実践の経験 ——専門アビトゥーアないしアビトゥーアを取得した12〜13年間の学校教育 ——長年自立して少なくとも1人の子どものいる家庭の家事をした経験 教育：通常3年間 資格：州認定の保育士資格
保育助手 （Kinderpflegerin/Kinderpfleger）	資格の前提：9年間の学校教育修了ないし同等の学力があると認められた者 教育：通常2年間の職業専門学校 資格：州認定の保育助手資格

出所：小宮山潔子「（2）保育サービスの形態と保育者」厚生科学研究費補助金（子ども家庭総合研究事案）平成11年度研究報告書『諸外国における保育制度の現状及び課題に関する研究』563頁を簡略化したもの。

である。これはその名のとおり，親がイニシアチブをとって運営する保育施設である。これは基準を満たせば補助金が助成される仕組みになっている。こうした保育施設が一定の地位を占めている背景には，保育所不足だけでなく，よりよい保育を親自身が具体化していこうとする動きがある。こうした取り組みは日本では制度化されていないが，保育のあり方を考える上で注目されよう。

　また，日本でいう，いわゆる「保育ママ」制度はドイツでも存在する。ドイツでは保育ママは "Tagesmutter" と呼ばれる。保育ママは基本的には男女ともになることができる。青年局（Jugendamt）に登録している場合とそうでない場合があるが，青年局に登録している保育ママの場合は，講習を受けることになっている。

　こうしてみると，ドイツの保育制度は根幹において日本とは異なる部分があるとはいえ，教育と福祉とのあいだにある領域として，日本の保育とも大きく重なることがわかる。都市部では共働きの夫婦が増え，子どもを保育施設に入

第9章 海外の保育から学ぶ

┌─ コラム2 ─────────────────────────────────────┐

オルタナティヴ教育

　オルタナティヴ教育とは，既成の学校・教育に代わり，代替の選択肢となる教育である。既成の教育制度に対する批判的な意味が含まれていたり，あるいは慣習的な教育とはまったく異なる思想的基盤をもっていたりすることが多い。「森の幼稚園」やシュタイナー教育は，ドイツの代表的なオルタナティヴ教育であるといってよい。

　　出所：筆者作成。

└──┘

所させることが困難になっている状況など，日本とよく似ている。だが，親がイニシアチブを取る保育所など，通常の保育制度とは異なる形態の保育について，ドイツでは日本よりも包容力が高いように思える。その点について，以下でみてみよう。

（2）森の幼稚園

　ここでは，ドイツのオルタナティヴ教育について，「森の幼稚園」とシュタイナー教育を中心にみてみよう。

　近年，「森の幼稚園」の取り組みが日本でも注目されている（日本では「森のようちえん」として普及しているが，ここでは漢字表記を使用する）。これは，自然環境そのものを場として保育を行う試みである。この取り組みは1950年代にデンマークで始まったとされ，その後ドイツにも広まった。2012年現在，ドイツには1,000を超える「森の幼稚園」が存在するとされる[4]。これは日本と比較するとかなりの数になる。

　「森の幼稚園」は，なぜドイツで普及したのだろうか。ドイツ語では「森の幼稚園」を Waldkindergarten といい，森（Wald）と幼稚園（Kindergarten）を組み合わせた言葉だが，もともとドイツ人にとって森には特別な意味がある。中世の頃も今も多くのドイツ人は森に畏敬の念をもち，安らぎの場と見なしている。おそらくドイツ人が Wald という言葉で思い浮かべるイメージと，日本人が「森」という言葉で思い浮かべるイメージとは異なるだろう。だが，ともに森を浄化的な場と考えていることは共通しているのではないだろうか。おそ

175

らく，近代的な建築空間としての保育施設を出て，森の中で自然と子どもが一体となることに意義を見出す感覚は，ドイツでも日本でも，共に文化の深い層にふれるものがあるのかもしれない。ドイツでは，それがどの国よりも独自に発展してきたのではないだろうか。ただ，ドイツと日本とでは森の趣はだいぶ異なる。日本の森は斜面になっていることが多いが，ドイツの場合は平地で，木も日本に比べると太く大きい。植生の違いも，森を保育の場として活かすにあたっては重要なポイントとなる。

　さて，「森の幼稚園」では実際にどのような保育を行っているのだろうか。ドイツの「森の幼稚園」には，大きく分けて２つのタイプがある。一つは，決まった園舎がなく，天候にかかわらず１日中森で過ごすもの，もう一つは，通常の幼稚園を拠点として定期的に森で過ごすものである。決まった園舎がない場合，トレーラーハウスを拠点としているケースもあるようだ。いずれにしても，子どもが森で過ごすことに教育上の意義を見出していることに変わりはない。森では，子どもたちは既成のおもちゃで遊ぶのではなく，葉や枝や実などの自然物で遊んだり，自然現象に触れたり，時には動物に出会ったりする。森では子どもたちだけでなく，保育者にとってもさまざまな発見があるだろう。特にドイツの「森の幼稚園」では，雨天でも天候にあわせた服を着てそのまま活動を続けることが珍しくないようである。雨の森の様子を知ることも，子どもにとって大切な経験かもしれない。

　『森の幼稚園』の著者ミクリッツ（Miklitz, I.：1952年～）は，森の幼稚園12のコンセプトを提案している。ミクリッツがあげている観点はいずれも，子どもの成長にとって本質的な部分に関わるものであるといえよう。加えて，森で過ごすと，子どもたちの間で教室にいるときよりも強い共同性が生まれる，との指摘もある。森では，さまざまなことについてお互いに語り合わなければならないからである。

　では，そもそも森と教室とはどう違うのだろうか。端的にいえば，教室は教育目的で作られた空間であり，さまざまな配慮が前もって行き届いている。しかし森はそうではない。おそらく，人為的な管理を行き届かせなければ森に踏

第**9**章　海外の保育から学ぶ

―― コラム 3 ――

森の幼稚園12のコンセプト

1. 1年間のリズム：四季それぞれに特有の質があり，植物や動物，気候の様子を経験できる。

2. 運動の機会の多様性：自然の空間で子どもは自分の身体の可能性と限界とを多様に経験できる。

3. 人間の五感：自然環境の多様性に応じて，子どもの感覚ならびに知性が刺激される。

4. 心理―運動的領域：森でのさまざまな身体経験が，心理的困難に対処する際の基盤となり得る。

5. 専念できること：子どもは騒音や狭い空間などに妨げられず，活動や観察に専念できる。

6. 想像力：既製品ではなく自然との関わりの中で子どもの想像力が広がりをみせる。

7. 全体的な教育：リズムや音楽を森の素材で体験したり，メルヘンなどの文化財を森の中で追体験したりする。

8. 静寂：静寂を経験できる。そのことで，語られた言葉や自然の物音に鋭敏になる。

9. 火・水・空気・土：人間存在の根源的な土台となるこれら要素について経験する。

10. 社会的な教育：お互いに助け合い助言し合う関係を子どもたちが形成する。障害をもつ子どもの受容もなされるべきである。

11. 健康：新鮮な空気の中で活動することで，免疫力が高まる。

12. 生命や自分自身への注意：生命や被造物，全体の部分としての自分自身に注意を向けることで，子どものうちに愛情や信頼感，責任感が育つ。

出所：Miklitz, L., *Der Waldkindergarten: Dimensionen eines pädagogischen Ansatzes*, 5., aktualisierte Auflage, Cornelsen, 2015, S. 31-35.

み込むことは難しいだろうが，その管理は教育目的でなされているわけではない。この違いは何を意味するのだろうか。おそらく「森の幼稚園」は，本来教育の場として存在するわけではない森を，あらためて教育の場，学びの場と見なすことが前提となる。それゆえ，教師は森の中で何ができるのか，何が子どもの育ちに意味をもつのかを常に問い返すことが求められるだろう。教師も子どもも，教育的な意図を超えた自然現象につねに遭遇する。これは，場合によっては怪我や事故にあうリスクをともなうことではあるが，それ以上に，子

どもたちにとっては自然の中にいる人間の存在について実感するきっかけになるだろう。

　森を教育の場として活用するためには，森が子どもでも入り込めるような空間になっていなければならない。したがって，自然としての森だけでなく，そもそも森は誰がどのようにして維持するのかという，人為に関わる視点も必要である。ドイツの「森の幼稚園」では森を維持する人との関わりも活動に含まれることがあるようである。このような視点を総合的にもつことで，「森のようちえん」の取り組みはより充実したものとなるだろう。

（3）シュタイナー教育

　ドイツのオルタナティヴ教育の一つとしてよく知られているものは，何といってもシュタイナー教育である。日本ではシュタイナーの教育思想は戦前から知られていたが，1970年代に子安美智子の『ミュンヘンの小学生──娘が学んだシュタイナー学校』（中公新書，1975年）で広く知られるようになった。

コラム4

シュタイナー学校

　シュタイナー学校とは，ルドルフ・シュタイナーの思想に依拠した学校のことであり，自由ヴァルドルフ学校あるいはルドルフ・シュタイナー学校という。ドイツ国内に237か所がある。ヴァルドルフ学校がドイツで設立されたのは1919年のことであり，以後，ナチ時代の閉鎖を経て第二次世界大戦後に再開，現在に至っている。シュタイナー自身は校長にはならなかったが，1925年に死去するまでヴァルドルフ学校を支えた。

　また，幼稚園ではシュタイナーの思想に依拠した幼稚園，すなわちヴァルドルフ幼稚園がドイツ国内に555か所あり，世界的には64の国におよそ2,000園あるとされる。シュタイナー学校と異なり，シュタイナー幼稚園はシュタイナー自身が設立に関わったわけではない。だが，シュタイナー本人は生前幼稚園からの教育の重要性を訴えており，その遺志を引き継いだ人々がシュタイナー幼稚園を形づくってきた，とされる。

　出所：自由ヴァルドルフ学校連盟ホームページ（http://www.waldorfschule.de/，2016年9月27日閲覧），ヴァルドルフ幼稚園協会ホームページ（http://www.waldorfkindergarten.de/aktuelles.html，2016年9月27日閲覧），髙橋弘子『日本のシュタイナー幼稚園』水声社，1995年，19-29頁，を基に筆者作成。

シュタイナー学校は日本にも多数あるが，明確にシュタイナーの考え方に依拠していなくても，何らかの形で影響を受けている保育者は多いと思われる。

このように世界の教育界に大きなインパクトをもつ思想を展開したシュタイナーとは，いったいどのような人物なのだろうか。

ルドルフ・シュタイナー（Steiner, R.：1861～1925年）は，現在のクロアチアに生まれ，ドイツやオーストリアで活躍した。彼は「人智学」と呼ばれる思想を展開し，多くの人々に影響を与えた。

シュタイナーの思想は神秘的な色彩で彩られており，その著作で使用されている用語の特殊性に馴染みにくく感じる人も多いかもしれない。たとえば，シュタイナーは人間存在のあり方を説明する際に，「アストラル体」や「エーテル体」といった神智学から継承した概念を駆使しているのがその例である。シュタイナーは人間存在を肉体，エーテル体，アストラル体，自我体の4つに分けて考えている。シュタイナーによれば，肉体は鉱物界と同じ原理に即して存在している物質的なものと見なされるが，そこに生長や生殖作用，体液の循環などを生み出す働きを行うのがエーテル体である。それらを包み込んでいるのがアストラル体で，それは感覚体とも呼ばれ，欲望や情念，快や不快を感じる担い手である。それらを「自我体」が働きかけている。つまり，シュタイナーは人間存在を肉体から生命，情念，自我までを含めて全体的にとらえようとしている，といってよいかもしれない。

たとえば，次のシュタイナーの言葉はやはり教育の本質的な問題に関わるものといえよう。「教授法について考えるとき，いつでも人間の存在全てを問題とすることが，私たちに与えられた課題です。そのためには，人間に備わった潜在的な芸術的感覚を開発することに注意を向けなければなりません。そうしてこそ後に，全存在をかけて世界に目を向けるという力を伸ばすこともできるのです。今までの教授法には，人間はただ頭を働かすことだけで世の中に関わり，人間存在の残りの部分はその後を追いかけるにすぎないという根本的な考え方の誤りがみられました。その結果，人間の頭以外の部分は動物的な衝動に従い，情緒的に生きるということになってしまったわけです」[8]。ここでは，「頭

を働かすこと」と「残りの部分」との調和を図ろうとする考え方が示されている。その時，「芸術的感覚を開発すること」が重要視される。この場合の「芸術」は，誰か著名な芸術家がその才能を活かして作品を作る特権的な一領域，というようには考えられておらず，むしろすべての人間に備わりすべての人間が開発を求められている領域である。

こうした考えの下に形づくられた有名な方法が「オイリュトミー」である。オイリュトミーは意識や言葉と身体との調和を図ろうとする運動で，シュタイナー教育独自のものである。また，色によってさまざまな線を描くことでリズムや調和を体感させる「フォルメン」も，同様の観点から開発されたものである。

おそらく，私たちが共有しなければならないのは，シュタイナー思想自体の神秘性というよりは，むしろ子どもの存在，子どもの成長の神秘性なのではないか。シュタイナーは子どもの成長の神秘性に対して驚きを感じ続けていたと思われる。このしなやかな感性をもち続けられることが，保育者に求められていることなのではないだろうか。

（4）現代的課題

最後に，子どもをめぐるドイツの現代的課題を検討しよう。ここでは特に，子どもの声をめぐる騒音問題と，移民の増加にともなう保育環境への影響を挙げておきたい。

1）子どもの声

近年，日本で子どもをめぐる社会環境上の問題として注目を集めているのが，「子どもの声は騒音か？」という問題だ。保育施設の建設にあたって，建設予定地の近隣住民から建設反対の声が上がるケースが報道されるようになっている[9]。住民が保育施設建設に反対する理由は，たとえば送り迎えなどの際の交通渋滞などいくつかあるが，大きな理由の一つが「子どもの声がうるさい」というものだ。待機児童の解消が課題とされる都市部の自治体にとって保育施設建設に対する反対運動は，保育政策推進の遅れをもたらす由々しき事態になるだ

第 9 章　海外の保育から学ぶ

ろうが，それ以上に，そもそも「子どもの声」をどう受け取るのか，という根本的な問題がある。

　この問題を考える上で参照されることが多いのが，ドイツの状況である。2011年5月，ドイツでは「子どもが発する音は騒音ではない」とする趣旨の法律を可決した。それが改正「連邦イミシオン防止法（Bundes-Immissionsschutz-gesetz）」だ。ドイツ連邦議会による「連邦イミシオン防止法」改正案の可決により，子どもが発する音を騒音とはみなさないことが示された。「イミシオン（Immission）」とは，「（騒音・煙害・悪臭・振動などの近隣地域への）侵入，波及；（一般に）環境汚染」（『独和大辞典 第2版』小学館，1997年）とある。つまり，子どもが発する音が近隣地域の住人にとって「環境被害」とみなされることを，あらかじめ防止することがこの改正案の趣旨だ。同法には次のようにある。

　　「児童保育施設，児童遊戯施設，及びそれに類する球技場等の施設から子どもによって発せられる騒音の影響は，通常の場合においては，有害な環境効果ではない。このような騒音の影響について判断を行う際に，排出上限及び排出基準に依拠することは許されない」（22条1a）。

　ここでいう「子どもによって発せられる騒音」とは，話し声，歌い声，笑い声，泣き声，呼び声，叫び声，はしゃぎ声，そしてまた，遊んだり走ったり飛び跳ねたり踊ったりする際の身体活動による音が含まれる。さらに，子どもに関わる施設で働いている職員が子どもと関わる際に発する音も視野に入っている。

　連邦イミシオン防止法改正の背景には，保育施設からの子どもの声に対する近隣住民の苦情が裁判にまで発展した経緯がある。これは現在の日本で起こっているのと同様の事態だ。だが，「連邦イミシオン防止法」の改正によって，「子どもによって発せられる騒音」を「有害な環境効果」とは見なさないことが法的な次元で明確に示されたことになる。

　このことは，日本の状況に何を示唆しているのだろうか。保育の関係者に

とっては，子どもの声を単にうるさいものとする発想は受け入れがたいだろう。だが，日本の保育施設の多くが発する音には，子どもが遊びの中で自然に発する声や音，そこに関わる保育者の声だけでなく，スピーカーを通して流される音楽がある。また，運動会などのイベントの際に流される音がある。こうした音は，「連邦イミシオン防止法」の概念には含まれない。おそらく重要なことは，保育関係者が自明のものとしていた事柄を，音環境の次元からもとらえ直すことなのかもしれない。

2）移民・難民

ドイツの連邦移民・難民庁（Bundesamt für Migration und Flüchtlinge）のホームページには「ドイツへようこそ」というページが設けられ，そこで幼稚園についてもふれている。ドイツでは2005年に移民法を施行したが，その後，メルケル政権下で移民の数が激増した。

そうした中で喫緊の課題となったのが，外国人のドイツ語習得である。ドイツ国内に長期間居住することが認められた場合，ドイツ語の授業を受講することが義務づけられているが[12]，幼稚園・保育所でも外国人子弟のドイツ語習得は大きな課題となる。特に就学前段階でのドイツ語習得は重要視されている。就学前にドイツ語を一定程度習得していなければ，義務教育段階の学習についていくことができなくなり，子どもの学力にも影響が出る。それだけでなく，教師が生徒の言語学習に多くの時間を割かなければならなくなる。移民の増加により，教育現場で言語教育に対応できる教師の数が足りなくなるという事態も起こっている。したがって，就学前のドイツ語習得を政府が積極的に後押ししているのである。

連邦移民・難民庁のホームページでは，移民・難民に対して，子どもを幼稚園・保育所に入れればドイツ語の習得が容易になることを説明しているが，そればかりでなく，幼稚園・保育所を選択する際，多様なあり方で運営を行っている幼稚園・保育所の中から一つを選択する際に困らないよう，チェックリストを設け，簡単な判断基準としている。それは以下のようになっている[13]。

第9章 海外の保育から学ぶ

- 一つの園にどれくらいの子どもがいるか？
- 何人の職員が子どもと関わっているか？
- 保育時間はどれくらいか？
- どのような遊具・教材があるか？
- 外と中にどのような空間が整備されているか？
- 運動や音楽の時間，また特に言語については何らかの対応をしているか？
- その施設は何らかの教育観（たとえば森のようちえんやヴァルドルフ幼稚園など）や宗教的な方針に沿った教育を行っているかどうか？

　こうした取り組みは，ドイツが移民・難民の受け入れに積極的である姿勢を示すものであり，保育現場も開かれたものであろうとする志向を伺うことができる。

　世界的にみて，移民・難民問題が重要かつ緊急に取り組まなければならない問題であることは疑いない。筆者が2012（平成24）年にノルウェーのオスロにある保育施設を訪ねた際，保育者に聞いたところでは，オスロ市内には園児の大半が移民で占められている園が存在するとのことであった。日本の保育施設では，まだドイツやノルウェーほどの状況は現れていないが，外国人が多く住む地域では，そこに特有の課題があがってくるだろう。その時，その地域の地方公共団体や保育関係者がどういった対応を取るのか。ドイツの例はおそらく，

コラム5

ドイツの移民・難民問題と子ども

　世界の難民の半数は18歳以下であり，およそ2,800万人の少女と少年が難民となっている。近年ドイツに入国した難民の45％はシリアとアフガニスタンの出身である。ドイツが政策的に多くの難民を受け入れたことにより，それを肯定的にとらえるか否定的にとらえるかを主旋律として，さまざまな政治的・社会的反応が起こった。

　出所：ZEIT ONLINE, "Gleiche Rechte für alle Kinder, egal ob aus Aleppo oder Berlin" 2016/9/16（2016年10月18日閲覧）。

183

その参考になるだろう。

　以上，ドイツの保育を中心に海外の保育を日本と比較しながらみてきた。共に現代という時代を生きながら，子どもの成長に対してどのような取り組みがなされているのか，またどのような配慮をしながら子どもの成長の場を形づくろうとしているのかで，それぞれの国の状況に応じて違いが現れてくることもある。私たちは，むしろそうした差異からこそ，学ぶべきものを発見しなければならないだろう。

【ポイント整理】

○海外の保育を学ぶ意味
　海外の保育を学ぶ意味は，自分が自明視している観点を相対化することにある。特に自分の保育観を振り返ることで，多角的な保育観を身に付けるきっかけとなる。
○レッジョ・エミリアの幼児教育
　レッジョ・エミリアの幼児教育は，先進的な取り組みとして世界的に注目されている。そこでは，ペダゴジスタとアトリエリスタが協力して子どもの表現を支えている。
○ドイツの保育制度
　ドイツの保育制度は福祉行政の管轄となっているが，実際には教育と福祉にまたがる領域である。特に PISA ショック以後，就学前教育の重要性が強調されている。
○森の幼稚園
　森の幼稚園の取り組みはデンマークで始まったが，ドイツで広く受容されている。自然の中で運動能力や五感を活発化させて独自の体験を促すその方法は日本でも注目されている。
○シュタイナー教育
　シュタイナー教育はドイツの代表的なオルタナティヴ教育である。シュタイナー幼稚園はドイツに555か所あり，世界的には64の国におよそ2,000園あるとされる。
○子どもの声と騒音問題
　ドイツでは改正「連邦イミシオン防止法」(2011年) により子どもの声を騒音と見なさないことが法的に確認された。
○移民・難民の子ども
　移民・難民が増加しているドイツでは，就学前段階での言語教育が喫緊の課題となっている。また，移民・難民に対応する教師の不足も懸念視されている。

第**9**章　海外の保育から学ぶ

【振り返り問題】

1　子どもや保育をめぐる海外の状況について，新聞記事等から考えてみよう。

2　森の幼稚園やシュタイナー幼稚園の取り組みについて調べてみよう。

3　保育園や幼稚園に通う外国籍の児童をめぐる状況について調べてみよう。

〈注〉

⑴　佐藤学・秋田喜代美監修『レッジョ・エミリア市の挑戦——子どもの輝く想像力を育てる』(VHS) 小学館，2001年。

⑵　齋藤純子「ドイツの保育制度——拡充の歩みと展望」『レファレンス』No. 721，2011年，29-62頁。

⑶　訳語は，以下の春見，小宮山論文に依った。春見静子「ドイツ——（1）政策・現状を中心に」小宮山潔子「（2）保育サービスの形態と保育者」厚生科学研究費補助金（子ども家庭総合研究事案）平成11年度研究報告書『諸外国における保育制度の現状及び課題に関する研究』。

⑷　ビュッケルベルク森の幼稚園連盟ホームページ (http://www.waldkindergarten-bueckeberg.de/waldkindergarten-shg/zur-idee-der-waldkindergarten/，2016年 9 月27日閲覧)。

⑸　高橋義人『ドイツ人のこころ』岩波新書，1993年。

⑹　木戸啓絵「現代の幼児教育から見たドイツの森の幼稚園」『教育人間学部紀要』第 1 号，2010年，69-85頁。

⑺　"Auslauf in freier Wildbahn", Der Spiegel, 13/1998, S. 148.

⑻　シュタイナー，ルドルフ／坂野雄二・落合幸子訳『教育術』みすず書房，1986年，6 頁。

⑼　「保育所つくれない——住民反対で断念相次ぐ」『東京新聞』2016年 4 月13日付夕刊 Web版（2016年10月11日閲覧）。

⑽　以下の文献を参照。渡邉斉志「ドイツ——子どもが発する騒音の特別扱い」『ジュリスト』No. 1424，6 月15日号，2011年，87頁。なお，法文の邦訳についても同じ文献を参照した。

⑾　Gesetzentwurf der Bundesregierung 128/11, S. 5-6.

⑿　Doitsu News Digest 2010年10月29日付 Nr. 840 内田由起子「移民問題とドイツの課題」(http://www.newsdigest.de/newsde/news/featured/3074-840.html，2016年10月18日閲覧)。

⒀　ドイツ連邦移民・難民庁ホームページ (http://www.bamf.de/DE/Willkommen/Bildung/FruehkindBildung/KiGaKiTa/kigakita-node.html，2016年 9 月27日閲覧)。

〈参考文献〉

今村光章編著『森のようちえん——自然のなかで子育てを』解放出版社，2011年。

今村光章「森のようちえんとは何か——用語「森のようちえん」の検討と日本への紹介をめぐって」『環境教育』Vol. 21-1，2011年，59-67頁。

木戸啓絵「現代の幼児教育から見たドイツの森の幼稚園」『教育人間学部紀要』第 1 号，2010年，69-85頁。

小玉亮子「PISA ショックによる保育の学校化——「境界線」を越える試み」泉千勢・一見真理子・汐見稔幸編著『世界の幼児教育・保育改革と学力』（未来への学力と日本の教育9）明石書店，2008年，69-88頁。

小宮山潔子「（2）保育サービスの形態と保育者」厚生科学研究費補助金（子ども家庭総合研究事案）平成11年度研究報告書『諸外国における保育制度の現状及び課題に関する研究』。

齋藤純子「ドイツの保育制度——拡充の歩みと展望」『レファレンス』No. 721，2011年，29-62頁。

高橋弘子『日本のシュタイナー幼稚園』水声社，1995年。

高橋義人『ドイツ人のこころ』岩波書店，1993年。

東方真理子「森の幼稚園における自然とふれあうことの意味」東京大学大学院新領域創成科学研究科社会文化環境学専攻2011年度修士論文。

春見静子「ドイツ～（1）政策・現状を中心に」厚生科学研究費補助金（子ども家庭総合研究事案）平成11年度研究報告書『諸外国における保育制度の現状及び課題に関する研究』。

渡邉斉志「ドイツ——子どもが発する騒音の特別扱い」『ジュリスト』No. 1424，6月15日号，2011年，87頁。

シュタイナー，ルドルフ／坂野雄二・落合幸子訳『教育術』みすず書房，1986年。

シュタイナー，ルドルフ／高橋巌訳『子どもの教育』（シュタイナー・コレクション1）筑摩書房，2003年。

ヘフナー，ペーター／佐藤竺訳『ドイツの自然・森の幼稚園——就学前教育における世紀の幼稚園の代替物』公人社，2009年。

Miklitz, I., *Der Waldkindergarten : Dimensionen eines pädagogischen Ansatzes*, 5., aktualisierte Auflage, Cornelsen, 2015.

Saudhof, K. Stumpf, B., *Mit Kindern in den Wald*, Oekotopia Verlag, 1998.

"Auslauf in freier Wildbahn", Der Spiegel, 13/1998, S. 148.

"Lehrer stehen mittlerweile am Rande der Verzweiflung", Die Welt, 2016.6.13.

【文献案内】

今村光章編著『森のようちえん——自然のなかで子育てを』解放出版社，2011年。
　　——「森のようちえん」の取り組みについて，日本とドイツの事例を豊富に掲載し紹介している。実際の活動の様子や理念，シュタイナー教育との比較なども盛り込まれている。

佐藤学監修，ワタリウム美術館編集『驚くべき学びの世界——レッジョ・エミリアの幼児教育』ACCESS，2011年。
　　——レッジョ・エミリアの幼児教育についてその具体的な姿を垣間見ることができる。アートと科学とが交差しながら展開するレッジョ・エミリアの教育から学べることはとても多い。

（小川　史）

第10章
先人の思想・実践から学ぶ

本章のポイント

　人は有史以来，生きるために働き，働きながら子どもを産み，育てるという営みを，特に意識することなく当たり前のこととして行ってきた。しかしある時代になると，「子どもを育てる」ことや「子ども期」に特別な思いや意義を見出す人たちが現れる。現在の保育はその先人たちの思想・実践の上に成立しているといえよう。本章では，諸外国の保育に関わる思想と実践，また日本において保育施設の設立や発展に努めた人たちの思いや実践に触れることにより，それぞれの時代の保育者に求められていたこと，保育者への期待等について考える。

第1節　先人の思想から学ぶ

（1）保育の創成期に影響を与えた思想家

1）近代教育の父コメニウスと「母親学校」

　かつて子どもは，理性を用いることのできない不完全で未熟な大人と見なされ，権利とは無関係で，体罰が横行していた。このような子ども観が大きく変化したのは17世紀以後である。乳幼児を含めた教育をはじめて理論化したのはコメニウスであり，「近代教育の父」といわれている。コメニウス（Comenius, J. A. : 1592〜1670年）はその著『大教授学』において，1歳から6歳を「母親学校」，7歳から12歳を「母国語学校」，13歳から18歳を「ラテン語学校」，19歳

187

から24歳を「大学」とする単線型の学校体系を提唱した。「母親学校」は，「学校」と称されているが，母の膝の上で母親を教師として行われる教育を意味する。コメニウスは，子どもは無限の可能性を内在しているが，学んだものしか認知しないので，幼児期の教育は後の教育のためにも大きな意味をもち，最初の教育の失敗がその人間の全生涯にわたって影響すると考え，乳幼児期の教育を重視した。その重要な教育の場を「母親の膝の上」としたことについて，当時は民衆に教育を普及させるために安い経費で量産的な教育を行うことが要請されていたことから，コメニウスは，幼児同士の交流の大切さ，意義を強調しつつも，「あまりに幼稚な時代には，教師一人では子ども集団に対応できず，それよりも，養育したり気をつけてやることの方が必要であるため，子どもにとっては実母の膝にいる方がまだ良い」からであるとしている。[1]

『大教授学』より後に書かれた『汎教育』では，「誕生前の学校」から「死の学校」まで8種類の学校を構想している。「誕生前の学校」では両親の親としての自覚，責任，教育的配慮が述べられ，「幼児期の学校」では，6歳までの幼児を6つの発達段階に区分し，4～6歳の幼児に「最初の共同の学校」を提唱している。これは家庭の枠を超え，1人の母親が自宅を開放して地域の子どもたちを集団的に保育するという，今日の保育施設の原型ともいえるものであり，コメニウスはこの学校を「半ば公の学校」と位置づけている。『汎教育』において4歳からの集団保育が提唱された理由としては，当時の社会情勢下での母親の就労による保育の必要性，職業生活の重視から幼児にも自主独立が求められたこと，小学校就学への準備，コメニウスの「愉快に，容易に，確実に」という教授法の原則がそもそも個人教授より集団教育に適していたこと等が挙げられる。

幼少時に両親と死別し，ボヘミア同胞教団の下で教育を受けて牧師となったコメニウスは，三十年戦争で宗教的迫害を受け各国を転々とする中で妻と2人の子どもを亡くしている。コメニウスは教育によって人々の知識の共有化を図ることにより，戦争のない平和な社会の実現を目指し，その出発点に乳幼児期の教育を位置づけたのである。

第**10**章　先人の思想・実践から学ぶ

コラム 1

コメニウスの直観教授法と『世界図絵』

　コメニウスは，乳幼児期の教育には，直接的な感覚による教授（直観教授法）がふ
さわしいと考え，『世界図絵』を刊行した。これは150の事柄を取り上げて「項目名と
挿絵と説明文」という形で示したもので，世界で最初の絵本ともいわれる。各国語に
翻訳されて新たな事柄や知識を付け加えたり古い部分を削除したりしながら読み継が
れてきた。このようなコメニウスの感覚を重視する考え方はさまざまな実物教材や教
育メディアを活用する現在の教育方法に通じるとともに，保育の方法原理の原点と
なっている。コメニウスは，この世界図絵の作成から「ルソーより100年余り前の
『子どもの発見』の先駆者であり，文字通り子どもの理解者であった[2]」と評されてい
る。

　　出所：筆者作成。

---

2)　ルソーによる幼少期の「消極教育」

　生後すぐに母親を亡くし，父親は失踪，兄は家出という厳しい家庭環境を経
験したルソー（Rousseau, J.-J.：1712〜1778年）は，正規の学校教育を受けること
なく，職を転々としながら放浪生活を繰り返した。その後有力な庇護者の下で
自己教育，自己研鑽を積んだルソーは，投稿論文によって社会思想家，教育思
想家として認められるのである。

　コメニウスは教育により平和の実現を図ろうと考えたが，それから100年を
経ても平和な世界は叶わず，人々は絶対王制と封建的貴族社会の圧制に苦しん
でいた。そのような時代にルソーは，不平等を基盤とした当時の社会を批判し
た『人間不平等起源論』，また不平等のない社会のあり方を提示した『社会契
約論』を著している。そして，いかなる社会であろうと，自主独立の精神をも
ち，自由と平等によって支えられる社会の担い手となる人間の育成こそ重要で
あると考えられて書かれたのが『エミール』である。

　ルソーは，幼少期の理想的人間像を「自然人」とし，幼少期にふさわしい教
育を「消極教育」とする。『エミール』は「万物をつくる者の手をはなれると
き，すべてはよいものであるが，人間の手にうつるとすべてが悪くなる[3]」とい
う有名な言葉から始まる。人間は教育によってつくられるが，人が生来もって

189

いる善なる本性を自然の方向性に従って自由に発展させることが幼少期の教育の役割であり，そのための教育には，大人が子どもの将来を先取りして，大人になって必要になることを教え込む教育（積極教育）ではなく，子どもに本性として与えられている肉体的，感性的能力を十分に使用させることによって，子どもの自律的，自活的な態度，能力を育成しようとする教育，すなわち子どもを統制したり，必要以上に子どもに介入するのではなく，子どもの活動や発達を見守り，尊重する自然主義の教育，消極教育こそふさわしいと，ルソーは考えたのである。

　子どもの自然な，内発的成長発達を通じての自活的人間の育成を重んじるルソーの保育思想はペスタロッチやフレーベルに多大な影響を与え，さらには現代の保育思想の源となっている。

コラム 2

『エミール』における身体の鍛錬と理性の育成

　『エミール』は，一人の青年教師がエミールという少年を育てていく過程を描いた教育小説である。この小説において，ルソーは「子どもは獣であっても成人した人間であってもならない。子どもでなければならない」と訴え，「子どもの発見者」といわれている。また，ルソーは「子どものうちに子どもの時期を成熟させるがいい」ともいう。子どもはたえず動き回り身体を鍛錬する。動き回るほど早くから豊かな経験を獲得する。教えてやろうなどというものがいなければますます自分で学ぶことになり，肉体と精神が同時に鍛えられるが，たえず「これをしなさい」「あれをしてはいけません」と指図することは，いつもあなたの頭が彼の腕を動かすことになり，彼の頭を愚鈍にすることになるとしている。

　ルソーは小説の青年教師に「あなたはまず腕白小僧を育てあげなければ，賢い人間に育てあげることに決して成功しないだろう」と伝える一方で，この教育には「凡俗な人の目にはエミールが腕白小僧としか映らない」という不都合があると述べている。「教師というものは弟子の利害よりも自分の利害を考えている」「それが弟子に役に立つかは関係なく，すぐに並べ立てられる知識，人にひけらかすことのできる知識を弟子に与える」「そういう代物を子どもにひろげさせ，子どもがそれをならべてみせると人は満足する」。私たちは，本当に子ども中心の保育をできているだろうか。ルソーの言葉は，現代の私達にも問いかけてくる。

　出所：石村華代・軽部勝一郎編著『教育の歴史と思想』ミネルヴァ書房，2013年，36-38頁から筆者抜粋。

3）ペスタロッチの「労働による教育」と「愛による教育」

ペスタロッチ（Pestalozzi, J. H.：1746～1827年）は，ルソーの保育思想に強い影響を受け，その実現に奮闘した実践家である。当時のスイスは，従来の農村生活や徒弟制度が崩壊し，本格的な工場生産に移行しつつある時期で，自身も5歳で父親を亡くし年金生活であったペスタロッチの関心は，時代の混乱の中で生み出された貧困児や孤児たちの教育にあった。ペスタロッチは大学時代に政治的な社会改革運動に関わったため官職に就くことがかなわなかったこと，教育による人間の内面的な改革こそ社会を変革する原動力になるとの認識から，終生を貧しい子どもたちへの教育実践に捧げた。

ペスタロッチは当時の人々や子どもの生活や心の荒廃の原因をマニュファクチュアによる労働の分業化や家庭の崩壊にあると考えていた。そのため教育の中に分業ではない「労働による教育」と親子関係のような「愛による教育」が必要であることを強調し，このような教育によってこそ人間の根本的な力となる精神力（知的側面），心情力（道徳的側面），技術力（身体的側面）を調和的に発達させることができると考えた。小説『リーンハルトとゲルトルート』においてペスタロッチは，賢明で愛情深い母ゲルトルートの知恵が村の子どもたちを救い，村や国全体をよくしていくというストーリーを描き，子どもたちが健全に成長していく基礎は家の居間でみる両親の姿であるとする「居間の教育力」，生活の中で子どもたちは教育されるとする生活と教育を結びつけた「生活が陶冶する」という考えを示している。またペスタロッチは，知識を言葉で伝えるのではなく，子どもの五感を通して伝え，感覚器官を育てた後に理性の教育へと展開する「直観教育」を主張した。

ペスタロッチの学園や施設は，ペスタロッチの社会改革思想に反対する者からの迫害や自身の経営能力の欠如から創設と閉鎖を繰り返した。ペスタロッチが創設した教育施設は貧民学校，小学校，孤児院，聾唖学校と多岐にわたるが，貧しい人々の中で，子どもたちと寝食を共にし，理想の教育，保育を実践しようとしたところに大きな意義がある。ペスタロッチは『シュタンツたより』において，孤児院での生活を「私は彼らと泣き，彼らと笑った。…（中略）…彼

らは私と共にあり，私は彼らと共にあった。彼らの食べ物は私の食べ物であり，彼らの飲み物は私の飲み物であった」[4]と回想している。ペスタロッチの学園にはフレーベルが教師として勤務しながら学んだり，オーエンが視察に訪れるなど，多くの幼児教育・保育の思想家や実践家に影響を与えている。

　コメニウス，ルソー，ペスタロッチに共通している思想は，教育・保育の実践を通じてよりよい社会への変革を意図していた点である。戦争に翻弄されたコメニウスは，教育，保育を通じて平和な社会が実現できると訴えた。平等な社会の実現には自主独立の精神をもち，自由と平等によって支えられる社会の担い手となる人間の育成が必要不可欠と考えたルソーは『エミール』を執筆し，教育・保育論を展開した。ペスタロッチは，平等な社会の実現，貧困問題解消の糸口を教育に求め，理想の教育を追求した。創成期の教育・保育には，教育・保育を通じて社会を改革し人間の不幸と悲惨を減らすという，壮大な役割が期待されていたのである。

（2）保育の創成期を担った実践家

1）オーエンと工場内「幼児学校」

　オーエン（Owen, R. : 1771～1858年）は教育・保育の専門家というより，20代から工場経営に携わった企業家である。当時のイギリスは産業革命が進行し，それまで家庭内で手工業や農業に従事していた階層が工場の雇用労働者となっていった時代である。工場制機械工業は単純労働を可能としたことから，より安い労働力として母親や6歳前後の子どもまでもが雇用され，それより小さい子どもは街に放任されるような状況であった。

　このような状況に心を痛めたオーエンは人間愛と人道主義の立場から，自身の経営する工場内に，性格形成学院を創立した。性格形成学院は1歳から6歳までの幼児学校，6歳から10歳（後に12歳）までの小学校からなっており，幼児学校は昼間工場で働いている親のための保育施設であり，小学校は子どもたちに教育を授けるだけでなく，昼間の厳しい労働から一時解放し保護するという一面をもっていた。オーエンは，自身の工場内に教育施設を設立するだけで

第**10**章　先人の思想・実践から学ぶ

なく，すべての子どもたちを長時間労働から保護し，教育を保障するために，工場法の成立にも尽力している。

　ペスタロッチの影響を受け，良い環境と教育は人間性の調和的発達と貧困の根絶，社会改革を可能にすると考えていたオーエンは，幼児学校において，身体を強健にするための屋外の活動や体育の推奨，文字や書物に頼らない実物と直観による教育，現地に出向いての自然観察，保育者との愛情のある関係と体罰の禁止，等を原則とした保育実践を試みた。オーエンの幼児学校は評判となり，イギリスにおける幼児教育の制度化を導いた。

コラム3

世界で最初の保育所

　世界で最初の保育所としてロバート・オーエンの性格形成学園（1816）が挙げられることがある。確かにオーエンは施設保育の意義と役割を認識させた第一人者であるが，近代保育施設の先駆は，オーベルラン（Oberlin, Johann Friedrich：1740～1826年）が創設した幼児保護所（1769）と考えられる。ドイツとの国境に近く，政情が不安定で戦災と貧困にあえいでいたフランス北東部のバン・ド・ローシェに牧師として派遣されたオーベルランは，その地で経済的・宗教的復興をめざして，人々の生活の立て直しとともに，学校を建設して村の子どもたちに初歩的な教育を施した。「幼児保護所」は，親が働いている間子どもを保護するだけでなく，方言ではないフランス語の練習，宗教や手工，音楽，博物などを教えるなど，保育において基本的に重要な養護と教育という2つの機能を果たしていた。

　出所：待井和江編『保育原理 第7版』（現代の保育学4）ミネルヴァ書房，2014年，21-22頁より筆者抜粋。

2）フレーベルの「子どもの遊びと作業の施設」

　オーエンの幼児学校が今日の保育所の原型であるのに対し，フレーベル（Fröbel, F. W. A.：1782～1852年）は今日の幼稚園という保育施設を確立した人物として知られている。フレーベルは生後9か月で母親と死別し，継母から十分な愛情を受けずに孤独な幼少期を過ごした。その孤独を森の自然で癒したこと，キリスト教の世界観に触れることが多かったことが，後年の彼の思想に大きな影響を与えている。

　フレーベルは大学卒業後さまざまな職業を遍歴した後，小学校教師となり，

193

ペスタロッチの学園を2度にわたって訪れている。その後大学で鉱物学を学び助手を務めたり、スイスの孤児院の院長を務めた後、ドイツのブランケンブルグで「幼児教育指導者講習科」を、そしてこの講習科の実習のための「遊戯及び作業所」を設立し、翌1840年に「一般ドイツ幼稚園」の設立に至っている。

　一般ドイツ幼稚園は、母と子どものための施設、子どもの遊びと作業の施設、保育者養成という3つの機能を実現しようとしたもので、その中の「子どもの遊びと作業の施設」が後に世界に普及する「幼稚園」に該当する。フレーベルの幼稚園の特徴は「庭、Garten（ガルテン）＝Garden（ガーデン）」をもつことで、「洞察の優れた園丁の配慮のもとにある庭で様々な植物が自然の原理において育てられるように、この『庭』では専門教育を受けた保育者によって人間という最も高貴な植物が自然と自己との一致において教育されるように」[5]という意味があるとされる。フレーベルの幼稚園では、「①様々な野菜や花々や穀類を幼児たちが協同で世話する栽培活動、②（幼い子どものためのもっとも簡単な遊具としてフレーベルが自ら考案した）「恩物」による作業を通した想像・表現・認識の育成、③様々な運動遊び（歩行あそび、カタツムリや水車になっての表現、かけっこ、円形の行進など）による楽しい協働遊び」[6]が重視された。

　オーエンが、労働によって子どもの養育が困難になった親に代わり工場内に附設した学園で子どもを保育・教育しようとしたのに対し、フレーベルは、ペスタロッチ同様、保育の中心はあくまで家庭であり、子どもの母親であると考えた。フレーベルは幼児教育における母性の重要性を強調した。フレーベルの幼稚園は、子どもへの保育だけでなく、子どもの保育を通して母親教育を行い、同時に若い女性を保育者として教育する養成施設でもあった。フレーベルにとって幼稚園の普及は、「母と子」の世界を大切にすることを広めていく運動でもあったのである。

　ここでは保育園の原型とされるオーエンの実践、幼稚園の始まりとされるフレーベルの実践について紹介した。現代の保育施設は、この2名を含む先駆者たちがそれぞれの理想と信念をもち、目の前にいる子どもたちには何が必要なのか、どうしたらよいのかを常に考え、試行錯誤してきた上に存在している。

第10章　先人の思想・実践から学ぶ

―― コラム4 ――――――――――――――――――

フレーベル『母の歌と愛撫の歌』

　『母の歌と愛撫の歌』(1844) は，フレーベルが母親たちに宛てて書いた晩年の作品
であり，そこには，母と子，ドイツの自然，お菓子づくりや草刈りといった生活の様
子，教会など，ドイツロマン主義の雰囲気を濃厚に感じさせる絵が描かれている。こ
れらの絵にはそれぞれに短い言葉が添えられており，その言葉は歌として口ずさめる
ようになっている。フレーベルはこの書のなかで「真の人間教育の出発点，人間教育
の最も純粋な根源であり，最も確実な基礎ともいえるものは，母であり，母の愛であ
り，母の存在や母としての本質であり，母と子の内的一致」だと述べる。母親が，愛
をもって子どもを育むという自らの天職をよくわきまえることの重要性が説かれるの
である。ごく幼いころに母を亡くしたフレーベルの母性への思慕が，そこには感じら
れる。(このような女性の固有性への執着は，現代においては，フェミニズムの観点
から批判されることもある。)

　出所：石村華代・軽部勝一郎編著『教育の歴史と思想』ミネルヴァ書房，2013年，66頁。

―――――――――――――――――――――――――

　現代を生きる私たちは，どのような理想と信念をもって保育実践にあたろうと
しているのだろうか，考えてみてほしい。

第2節　日本における保育の歴史と保育者たち

（1）日本における保育施設のはじまりと保育者に期待されたこと

1）日本で最初の幼稚園

　日本における公的な保育の始まりは，1876（明治9）年に文部省（当時）に
よって設立された東京女子師範学校（現・お茶の水女子大学）附属幼稚園である。
当時の女子高等教育は「良き母をつくる」ことを目的に成立しており，幼稚園
は良き母を養成する場，家庭保育を補完する場として位置づけられたという経
緯がある。

　附属幼稚園の設立の後押しをしたのは，東京女子師範学校の校長であった中
村正直（1832～1892年）である。著名な啓蒙思想家でありまたクリスチャンで
もあった中村は，1871（明治4）年に設立された亜米利加婦人教授所（アメリカ

┌─ コラム5 ─────────────────────────────────

保育者の呼称と保育者養成

　戦前は，現在でいう「幼稚園教諭」も「保育所保育士」も一様に「保母（保姆）」
と呼ばれていた。1926（大正15）年に制定された幼稚園令では，保育者とは「保姆免
許状」をもつ女子とされ，「保母検定」についても規定された。一方，託児所（保育
所）については何の規定もなく，大正期の公立保育所の保育者には保姆免許状をもつ
者も多かったが，実際には女子であれば誰でも就職することができた。
　戦後，幼稚園が学校教育法による学校の一環として位置づけられると，幼稚園「保
母」の名称は「教諭」に改称された。一方，「保母」は児童福祉法施行令によって
「児童福祉施設において児童の保育に従事する女子」と規定され，それ以降「保母」
は保育所その他児童福祉施設の保育者に限定して用いられる呼称となった。
　出所：筆者作成。

──

のキリスト教宣教師によってつくられた女子教育と保育の施設）に出入りした経験か
ら，集団で子どもたちを育てる幼児教育に強い関心をいだき，自身が東京女子
師範学校の校長となった翌年，附属幼稚園を設立したのである。同園の監事
（園長）には東京女子師範学校の英語教師でフレーベルの理論を翻訳し紹介し
た関信三（1843～1880年），主席保姆には同じく東京女子師範学校の英語教師で，
ドイツでフレーベル設立の保母養成学校で保育の理論と方法について学んだ松
野クララ（1853～1941年）が着任し，フレーベルの恩物を中心とした西欧の保
育が日本に移入されていくことになる。松野クララの指導の下，実際の保育を
担ったのは保姆の豊田芙雄（1845～1941年）と近藤濱（1840～1912年）である。
豊田芙雄も東京女子師範学校の読書教員であり，後には文部省に委託され渡欧
して女子教育についての見聞を深め，水戸高等女学校（現・茨城県立水戸第二高
等学校）の教諭となっている。このように草創期の幼稚園における保育は，当
時の女性としては最高位の学歴や教養を身に付けた者が担っていた。この時代
の保育者に期待されたことは，欧米風の教育や教え方を身に付け，恩物の正し
い取り扱い方や手技，唱歌，遊嬉などを教えることであった。

　東京女子師範学校附属幼稚園の園児は，設立の意図とは異なり，貴族や高級
官僚など経済的に余裕のある家の子どもばかりであった。そのため幼稚園は

第10章 先人の思想・実践から学ぶ

「裕福な上流階級の子どもがいくところ」との社会通念が形成された。また恩物を扱う設定活動を隙間なく時間割のように計画した保育は形式的な保育となり，その後，東基吉（1872～1958年）や和田実（1876～1954年）ら自由中心主義保育を模索した保育者から批判的にとらえられることとなる。

2）子守学校から始まった保育事業

日本においても世界の保育史同様，保育施設は，都市や農村など保育を必要とする子どもたちの背景から設立されていった。農村部においては母親も貴重な労働力であり，幼少の子どもは放置されたり年長の子どもに子守りされたりしていた。明治維新によって近代的な国家形成を目指した明治政府は，1872（明治5）年にすべての子どもが学校に行くことを奨励する学制を実施したが，貧しい家の子どもたちは子守り等として家族のために働いており，就学率は低かった。そこで1880（明治13）年，明治政府は，子守りをしている子どもたちが乳幼児を連れて学校に通えるように，子守学校の設置を全国に命じた。子守学校では，兄や姉に連れてこられた乳幼児は別室に集められ，子守児童が交代で面倒をみた。子守学校は子守児童に学習権を保障するとともに，乳幼児には，ただおぶわれて過ごすだけでなく，同年齢の子どもとともに過ごす時間を提供し，何人かの子どもを集団で保育するという後の保育所保育に通じる保育形態を示したのである。

赤澤鐘美（1864～1937年）が新潟で開設していた私塾「新潟静修学校」にも多くの子守児童が通ってきていた。おむつも替えてもらえない乳児や兄や姉の授業が終わるのをただ待つだけの幼児の姿を見て心を痛めた赤澤は，1890（明治23）年に妻の仲子と相談して静修学校の中に託児所を作り，仲子が保育にあたることとなった。上記の子守学校と赤澤の保育室の違いは，子守児童でなく，乳幼児の保育に専念してあたる保育者（赤澤の妻，仲子）がいたという点である。仲子は乳幼児と家族のように接し，おやつやおもちゃだけでなく，雨の日には傘を，暑い日には帽子を，寒い日には足袋を与えて世話をした。やがて静修学校の託児所は子守児童の連れてくる乳幼児だけでなく，母子家庭や行商や工場に働きに出る保護者の子どもも頼まれて預かるようになり，1908（明治41）年，

赤澤は「守孤扶独幼稚児保護会」を設立して託児所を一般に開放，児童数を増やすとともに，保育者を雇用して保育にあたらせた。赤澤鐘美の託児所は，日本における保育事業発展の契機となったが，赤澤鐘美・仲子夫妻の時代，保育者に期待されたのは，保育についての知識や技能というよりも，子どもやその家族に対する献身的な態度であったと考えられる。

3）スラム街における貧民幼稚園

1900（明治33）年，華族女子学校（後の学習院幼稚部）に勤めていた野口幽香（1866〜1950年）と森嶋峰（1868〜1936年）は，東京麹町のスラム街に二葉幼稚園を設立した。東京女子高等師範学校を卒業した野口と，アメリカに留学してソーシャルワークやセツルメント活動，保育を学んだ森嶋は，通勤の道すがら，ボロ着物をきて地面に石ころで絵を描いたり，その手で駄菓子を食べたりして遊んでいる子どもたちの姿を見て，この子どもたちに幼稚園をつくってやりたいと考えるようになった。クリスチャンであった2人は宣教師のミス・デントンの協力で得た慈善音楽会の収益を資金に，裕福な子どもたちを対象とする幼稚園とは異なる，貧民幼稚園を開園させた。設立趣意書には「此の事業は…（中略）…保育を受くる者と其の父母との幸福のみならず，社会一般の程度を高め，罪悪を未然に防ぐを得べく…（後略）…」[7]と貧民幼稚園の意義が説かれている。二葉幼稚園では，子どもたちの実態を踏まえ，保姆が一方的に知識や技能を教える保育ではなく，子どもたちが興味をもったいくつかの遊嬉を中心に，子どもの生活や興味を大切にする保育が行われた。1906（明治39）年二葉幼稚園はさらに多くの貧民が暮らす四谷鮫河橋に移転し，1908（明治41）年には，その後園長となる徳永恕（1887〜1973年）が保姆として加わった。クリスチャンであり，また平塚雷鳥らの女性解放運動にも傾倒し，社会的弱者である貧しい母子を支えていきたいと考えていた徳永は，高校時代に鮫河橋に二葉幼稚園が移転してくることを知り，そこで働くことが神の御心だと確信したという。二葉幼稚園は，3歳未満児保育や長時間保育を合法的に行うために，1916（大正5）年に二葉保育園と改称し，お弁当を持ってこられない子どもたちへの給食の提供も可能とした。1931（昭和6）年に野口から園長を引き継いだ徳永

第10章　先人の思想・実践から学ぶ

は，時代の要請に応じて，分園や小学部，図書室，母親に縫い物を教える夜間
裁縫部，夜間診療部，母子寮（母子生活支援施設），母親の授産事業としての五
銭食堂や夜学生給食，身上相談所等，戦後は戦災母子や孤児に対応する二葉乳
児院，二葉学園（児童養護施設）と，事業を展開していった。二葉幼稚園の保
育者は，園の中で子どもと関わる営みだけではなく，蚤のたかった子どもたち
をお風呂に入れる，夫婦喧嘩の仲裁をする，読み書きのできない親に代わって
役所の手続きをする，保育園に奨励貯金をつくって倹約を促す，仕事のない人
に仕事を紹介する等保育以外の仕事に駆け回っていた。スラム街の貧困幼稚園，
保育園で働く保育者には，経済的に困窮している家庭の子どもを保護・養育す
るとともに，そうした家庭への啓蒙を行うことが期待されていたといえる。

（2）日本における保育思想の台頭と保育者

1）倉橋惣三「児童中心主義保育」と保育者

　倉橋惣三（1882〜1955年）は，1917（大正6）年より東京女子高等師範学校教
授，同附属幼稚園主事を務め，形式主義的な保育のあり方を徹底的に批判して，
日本における児童中心主義保育の理論化と普及に貢献した。自身が幼稚園主事
になるや園創立以来遊戯室の正面にかけてあったフレーベルの肖像を引き下ろ
して職員室の壁に移し，同じく創立以来恭しく整然と取り扱われてきた20恩物
を，園児が遊具（積木）として自由に遊べるように系列をごちゃごちゃにして
竹籠に入れたことはよく知られたエピソードである。倉橋の保育に関する理論
は「子どもにとって」という視点から「誘導保育論」として結実していく。誘
導保育とは，子どもの興味や関心を引き出して活動を生じさせ，それを発展さ
せていくような主題と環境を整えていく保育のあり方である。幼児に働きかけ
る誘導保育法においては，その働きかけ，すなわち人の作用が基本となるため，
保育者には単に知識・技能に裏づけられた保育法に熟達しているだけでなく，
生活する者としての存在，人としてのあり様が重要となる。倉橋は，幼児教育
の本質は家庭にあり，幼稚園における保育は家庭教育の補完である考えていた
ため，倉橋の考える保育者像は母親像を原点としている。倉橋は保育者に，子

199

どものその時の心もちを受容すること，子どもを教育の対象としてみるのではなく，子どもに仕えることを求めており，子どもの童心に奉仕する保育者像を描いていたといえよう。

　倉橋は，第二次世界大戦後の1948（昭和23）年に，現在の幼稚園教育要領や保育所保育指針の原型となる保育の手引書「保育要領」を作成し，また保育学会を創設し，初代会長に就任している。倉橋の保育の思想や理論は，現代の幼稚園教育の底流をなしている。

2）城戸幡太郎「社会中心主義保育」と保育者

　当時保育界の主流をなしていた倉橋惣三の児童中心主義に基づく理論や実践を批判したのが，心理学者であり教育学者であった城戸幡太郎（1893～1985年）である。

　城戸は，ペスタロッチ，フレーベル，オーエンなどがその目的を達することができなかったのは，人間を現実の社会から切り離して理想化したことにあるとし，子どもは本性のままに生活させるだけでは十分に自己発揮することはできないと考えた。そして，子どもは現実社会における社会的存在であることに着目し，幼稚園や保育園における集団保育を，子どもの利己的生活を共同的生活に変革して，社会生活，社会協力を学習する場と位置づけたのである。

　城戸が社会協力という教育的作用を打ち出したのは，社会の底辺層にある子どもたちの生活に，生活環境の破壊とそれによる発達疎外を認識していたからである。幼児に働きかけることとしての教育的作用は，保育者の教養に裏づけられるとし，城戸は保育者に対し，文化の担い手，伝達者として高い水準の教養を求めた。また城戸は，「保姆を志すといふことは社会生活のために協力せんとすることで，そのためには保姆としての職能的教養を得なければならない」「保姆とは単に生計を立てるための職業的身分ではなく，社会的協同生活をなすために必要な一つの職能的義務である」[8]と述べ，保育者には文化的教養だけでなく，専門職としての教養（職能的教養）が必要であることを強調している。この職能的教養は，「保育に関する知識（生理学，心理学，社会学，衛生学など子ども理解に直接必要な知識と，文芸，経済，法律，政治等子どもの生活を理解す

第**10**章　先人の思想・実践から学ぶ

― コラム**6** ―――――――――――――――――――――――――――

保育者の文化的営みと，目指す保育者像

　女子大学卒業後，戦前から保育に携わり，戦後の混乱期には指導的役割を果たし保
育者養成にも携わった鈴木とく（1910～2012年）は，自身の歩みを振り返りつつ，保
育者には「豊かな人間」であることが求められることを述べている。

　美術館や音楽会に出かけるのも大きな楽しみです。方面館託児所で，早朝から死に
もの狂いで貧しい子どもたちのお世話をした時代でさえ，くたくたになった身体を引
きずって，日比谷の音楽堂まで出かけました。大急ぎで仕事用の着物を脱ぎ捨て，少
しだけおしゃれをして音楽会に出かけ，むさぼるように聴きました。子どもたちの現
状があまりに厳しいものだったからこそ，私は音楽を聴きたかった。音楽が，すさん
でしまいそうな私の心を支えてくれました。演奏会でのひとときを糧にして，また次
の日の保育に向かっていけたのだと思います。
　まだ保母という職業が軽んじられていた時代でした。けれども私は，例えば帝国ホ
テルの絨毯の上を歩いても，帝国劇場へお芝居を見に行っても，どこを歩いても恥ず
かしくない，それだけのものをもっている人間でありたいと思っていました。
　保育者は子どもの世話さえすればそれでよいというものではありません。保育以外
の部分で，その人がどれだけ豊かな人間であるか，それが大切なのではないでしょう
か。

出所：鈴木とく『保育は人間学よ』小学館，2000年，174-176頁より引用。

―――――――――――――――――――――――――――――――――――――――

るために必要な知識）」と，それら知識を前提に「職責を果たし得る識見」とを
意味している。「職責を果たし得る識見」とは，「『幼稚園や託児所（保育所）だ
けに閉篭められたり』『幼稚園令による保育に拘束され』ることなく，広い文
化的社会的視野に立って問題を発見し，その理解を社会に要求する力[9]」のこと
であり，保育者にはその力が必要と考えられていたのである。

　城戸は1936（昭和11）年に保育問題研究会を発足させている。この研究会は，
研究者と実践者が互いに協力しあって，保育所や幼稚園が抱えている問題や実
践について現実に即した実証的な研究を行い，新しい保育のあり方を模索し，
実践に活かしていった。昭和初期から敗戦までの期間は，保育所，幼稚園は閉
鎖され，子どもたちにとっても暗く，つらい時代であったとはいえ，貧しい子
どもたちの保育と親たちの生活の改善，改革とを意識的に結びつけていこうと

する保育の考え方や運動も生まれていたのである。このような保育者と研究者の協力によって保育の問題・課題を解決していこうとする試みは，今日の日本の保育研究の一つの流れになって受け継がれている。

（3）現代における保育者の役割

　日本で最初の保育園ともいわれる二葉幼稚園では，保育者が子どもたちの入浴や爪切り，耳垢取り，着物の繕いなどの面倒をみる一方で，子どもたちが身を清潔に保って健康であるためには，何よりもまず，子どもたちの基礎生活のいとなまれる場としての家庭生活が改善されなければならないと考え，月2回の「親の会」の開催や家庭訪問により，しつけや食事，清潔などの生活指導的な啓蒙を行った。それは母親たちが，底辺生活の中で家事や育児の技術を身に付けるゆとりがないまま育ち，子育て機能が果たせなかったからである。

　それから100年以上を経た現在，核家族化や小家族化により従来家族の中で共同化されていた子育てが母親一人への過重負担となったり，育児文化の世代間継承と共有が難しくなり，子育てに対する不安や戸惑いを招いている。また離婚や非正規就労による経済的不安定，女性の就労の増加，待機児童問題等は，子育てへの不安を増大させ，これまで家庭が果たしていた子育ての機能が十分果たせないという状況が広がっている。このような状況を背景に，2001（平成13）年の児童福祉法改正で保育士は国家資格化され，専門的知識及び技術をもって児童の保育を行うだけでなく，児童の保護者に対して保育に関する指導を行うことが業務として定められた。保育所保育指針においてだけでなく，幼稚園教育要領，幼保連携型認定こども園教育・保育要領においても「子育て支援」がうたわれている。だが実際には，保育所の規制緩和やサービス事業化等により，子育て支援を担うべき保育施設の運営主体や保育・子育て支援への考え方，保育者の力量もさまざまとなり，これまで保育・子育ての家族や地域との協同（協働）を担ってきた保育の場は「預かり」だけに収斂される傾向にあるのも事実である。

　家庭が小家族化し，地域における地縁的つながりも希薄化している現在，

第10章　先人の思想・実践から学ぶ

日々子どもたちの傍らにいて子どもの育ちを支援している保育者に期待される役割は大きい。保育に関する専門性をもって保護者や地域の人々を保育に巻き込みながら，子どもたちの保育を豊かにし子育ての文化や価値観を伝えていくと同時に，より広い文化的社会的視野と豊かな人間性，市民性をもって子どもたちを平和と文化の継承者として育てていくこと，子どもの最善の利益が守られるような社会をつくっていくことも保育者の大切な役割である。私たちは先人の思想と実践を通して，保育者に期待される役割，果たすべき役割を学ぶことができよう。

コラム7

保育者養成の特徴と保育労働の社会的評価

　保育者養成の特徴は現場主義，実務経験の重視にあるといえよう。戦前の保育者養成施設では，午前中はすべて幼稚園での実習にあてられ，授業は午後からという施設も多くみられた。また戦前，幼稚園の普及にともなって保育者が不足してくると，高等女学校卒業あるいは同等の資格をもつ者が1年間幼稚園で保育に従事すれば無試験で「保母」の資格が与えられることもあった。このような，見習い制度，徒弟制度的な現場主義の保育者養成の構造は，「実践の場に参加しながら学ぶ」という実践的学び，また不足する保育者の即席的養成という面で機能したが，一方で保育内容や方法が現場でのみ伝達されることによりそれらの理論化が遅れ，保育者のもつ専門性を外部からわかりにくくした。このことが現在の保育労働，保育者への相対的に低い社会的評価につながっていると考えられる。

出所：筆者作成。

【ポイント整理】

○フレーベルの「恩物」

　フレーベルは幼児期における遊びの重要性を深く認識し，遊びを構成的，系統的に指導し，人間と世界の本来の姿を象徴的に理解させるために第1恩物から第20恩物からなる遊具を考案した。恩物は球や円柱，立方体，色板などを系統的に組み合わせたもので，それぞれに意義や目的が示されている。日本には1876（明治9）年に紹介され，幼稚園教育において重要な役割を果たした。

○フレーベルの保育思想と日本の幼稚園

　フレーベルは幼稚園の創始者であるが，時のプロイセン政府が宗教上の理由から

「幼稚園禁止令」を公布したため，ドイツでは幼稚園はそれほど普及していない。フレーベルの保育思想と幼稚園は外国に紹介され，特にアメリカで普及した。フレーベルの保育思想は日本にもアメリカ経由で移入された。

○佐藤信淵の保育施設構想

フレーベルが世界で最初といわれる幼稚園を設立した（1840年）のと同時期，日本においても，実現はされなかったものの，幕末の農政学者佐藤信淵（1769〜1850年）がその著『垂統秘録』において，地域の子育てを公的教育施設によって保障することを構想し，乳幼児の保育施設として「慈育館」（貧民の小児養育の機関—保育所），「遊児廠」（小児を遊ばせる幼稚園）を設立する必要を論じている。

○明治期の保育所と職場付設託児所

1909（明治42）年に石井十次が大阪で設立した「愛染橋保育所」ではルソーやペスタロッチの教育思想の影響を受け労作教育を重視し，自主的，自発的人間の育成に努めた。二葉保育園，新潟静修学校等と考え合わせると，当時の保育事業は私人による人道主義的な色合いが強いことがうかがわれる。一方同時期には職場付設託児所の設置がみられるが，こちらは母親の労働保障の性格が強く，子どもに対する教育的指導は副次的であったと考えられる。

○恩物中心主義の否定と幼児に即した保育の試みの提唱

明治末期になると，東基吉（1872〜1958年），和田実（1876〜1954年）らは形骸化したフレーベル主義の保育を批判し，幼児の自発的な活動，幼児に即した遊びの重要性を主張した。東は子どもにとって楽しい唱歌やお話の必要性を，和田は遊戯中心の保育論を提唱したが，実際の保育現場ではなかなか受け入れられなかった。

○倉橋惣三と誘導保育論

大正期になると大正デモクラシーを背景に，倉橋惣三は恩物操作中心の幼稚園保育のあり方を批判し，子どもの興味，関心に基づいた主題を設定することにより，子どもの能動的生活を導くという「誘導保育論」を説いた。その著『系統的保育案の実際』（日本幼稚園協会，1935年）は，日本独自のカリキュラム案と評されている。

○城戸幡太郎と集団主義保育

昭和初期の経済恐慌下，倉橋の子どもの個的存在を重視する保育思想は子どもを賛美しすぎており楽天的すぎるとして，もっと現実に即した保育を探求しようとしたのが，城戸幡太郎である。城戸は家庭教育では育むことのできない「社会協力」の精神，すなわち社会性を，集団生活を通して養うことを説いた。城戸は就学前教育の機会均等を提唱し，そのための就学前教育の国費負担を提唱した。

第10章　先人の思想・実践から学ぶ

【振り返り問題】

1　本章で紹介した保育思想家・実践家は各々どのような時代的背景の下でどのような子ども観をもち，どのような社会を目指して，どのような施設でどのような保育・教育を行おうとしたのか調べてみよう。

2　各思想家，保育実践者の理論や実践で自分が共感した部分について発表し，まわりの人と意見を交換してみよう。

3　先人の保育思想，実践を参考にしながら，自分の保育者像についてまとめてみよう。

〈注〉
(1)　藤原幸男「コメニウスにおける幼児教育論の展開」『琉球大学教育学部紀要第一部・第二部（33）』1988年，198頁（原典はコメニウス，J. A.／藤田輝夫訳『母親学校の指針』玉川大学出版部，1986年，104-105頁）より筆者抜粋。

(2)　乙訓稔『西洋近代幼児教育思想史——コメニウスからフレーベル 第2版』東信堂，2010年，22頁。

(3)　ルソー，J.-J.／今野一雄訳『エミール（上）』岩波文庫，2008年，27頁。

(4)　ペスタロッチ，J. H.／長田新訳「シュタンツだより」『ペスタロッチー全集 第7巻』平凡社，1960年，15頁。

(5)　大沼良子・榎沢良彦編著『保育原理』建帛社，2013年，90頁。

(6)　同上書，90頁。

(7)　五味百合子編『社会事業に生きた女性たち——その生涯と仕事』ドメス出版　1973年，121頁。

(8)　諏訪義英『日本の幼児教育思想と倉橋惣三 新装版』新読書社，2007年，188頁。

(9)　関口はつえ編著『保育の基礎を問う保育原理』萌文書林，2015年，83頁。

〈参考文献〉
石村華代・軽部勝一郎編著『教育の歴史と思想』ミネルヴァ書房，2013年。

上笙一郎・山崎朋子『日本の幼稚園』筑摩書房，1994年。

上笙一郎・山崎朋子『光ほのかなれども』社会思想社，1995年。

乙訓稔『西洋近代幼児教育思想史——コメニウスからフレーベル 第2版』東信堂，2010年。

城戸幡太郎『幼児教育論』賢文館，1939年（『大正・昭和保育文献集 第10巻』日本らいぶらり，1978年，初秋）。

中谷彪・小林靖子・野口祐子『西洋教育思想小史』晃洋書房，2013年。

【文献案内】
宍戸健夫『日本における保育園の誕生——子どもたちの貧困に挑んだ人びと』新読書社，2014年。

205

――明治期のはじめにモデル幼稚園として創設された東京女子師範学校と,「貧しさ」の中におかれている親と子のための「もう1つの幼稚園」として設立された二葉幼稚園,石井記念愛染園の歴史が紹介されている。すべての子どもたちを「良き環境」におき,「教育」を受けさせたいというヒューマニスティックな思いから,すべての子どもの,平等に保育される権利の実現を目指した先人の人となりと実践を学ぶことができる。

上笙一郎・山崎朋子『日本の幼稚園』筑摩書房,1994年。

――1965年初版で,明治以来1960年代前半期までの日本の幼児保育＝教育の歴史を,幼稚園,保育園といった施設保育だけではなく,幼稚園唱歌,口演童話,児童文学,紙芝居等の児童文化,夜間保育や障害児の社会的養護等さまざまなテーマから紹介している。文書資料が少ない中,多くの関係者からの聞き取りを経て書かれた貴重な書であり,それぞれの時代の幼児教育思想や問題点が考察されていて興味深い。

（五十嵐裕子）

おわりに

　保育実践について考えるとき，乳幼児の発達や障害，貧困，病気，虐待などに関する問題が話題になることが多い。これらの問題は乳幼児や家庭の問題が複雑に絡まったなかでの保育上の問題として取り扱われる。

　これらの状況のなかで，今回，保育所保育指針の改定（2018〔平成30〕年4月施行）が行われた。この改定の主たる内容は，①乳児，1歳以上3歳未満児の保育に関する記載の充実，②保育所保育における幼児教育の積極的な位置づけ，③子どもの育ちをめぐる環境の変化を踏まえた健康及び安全の記載の見直し，④保護者・家庭及び地域と連携した子育て支援の必要性，⑤職員の資質・専門性などに注目した保育実践の遂行を求めている。

　これらの改定のなかで，現在，通園している乳幼児の社会経験の不足やコミュニケーション能力の向上に貢献が期待できる地域社会との連携に力を入れることは注目に値するものである。加えて，保育所における「教育」の充実を求めているのは現代社会のニーズに即したものであると思われる。

　そのなかで，今回，本テキストで執筆した内容は，改定保育所保育指針を柱に据えたものである。また，一方で我が国や海外の保育の先達の保育実践や理論を紹介し，先達の叡智や保育思想に学ぶ必要性についても示唆している。これらの視点から見てみるとバランスの良いテキストに仕上がった，と自負している。是非とも多くの方に読んでいただき，より効果的な学習の一助としていただければ幸いである。

　一方で，保育者論における課題について考えてみると数多のテーマが浮かんでくる。そのなかで社会が変革されるなかで早急に検討していく必要があると考えるのは，AI（人口知能）が進化し，普及する時代の乳幼児の養育や保育は如何なる内容や質，方向性を持つ必要があるかについて吟味することは重要なことではないかと考える。高性能のロボットや機器が国民生活に普及する時代は思いの他早く到来するのではないかという印象を受ける。

現在，人間関係や家族関係が希薄になっている日本の社会のなかで，高性能のロボットや機器が地域社会にあふれる時代に順応できる，活躍できる青少年や大人に乳幼児を育てていくためには，保育（教育）はどのような手段や方向性を持つ必要があるのだろうか，早急に考えてみる必要がある。

2017年11月

田中利則

索　引

あ　行

アイデンティティ　141
赤澤鐘美　197
赤澤仲子　197
アストラル体　179
アトリエリスタ　170
アプローチカリキュラム　159
安全対策　118
生きる権利　30
一般ドイツ幼稚園　194
ヴァルドルフ幼稚園　178
うつぶせ事故　120
運営適正化委員会　114
エーテル体　179
エピソード　91
エピソード記録　91
『エミール』　189,190
エリクソン　139,141
園外行事　152
園便り　97,148
園長　130,131
園内研修　133
エンパワメント　147,167
オイリュトミー　180
オーエン　192,194,200
オーベルラン　193
OJT　134,136,137
OFFJT　135,136
応答的関わり　68,83
大豆生田啓友　82
オルタナティヴ教育　175
親子参加型の保育参観　150
恩物　194,196,199

か　行

核家族化　144

学童保育　20,173
学年主任　134
学級／クラス懇談会　148
学校教育法施行規則　56
学校教育法第22条　40
学校教育法第24条　40
家庭的保育事業　13
株式会社　11
カリキュラム　129,131
環境　68
環境構成　79
監査　112
観察するまなざし　74,76
規制緩和　113
城戸幡太郎　200
虐待　152,164
キャリア形成　126,137
キャリアパス　127,128,136
キャリアプラン　128
キャリアマップ　128,136
QOL　139,140
教育課程　93,98
教育公務員　47
教育支援　6
教育職　134
教員免許更新制　46
共感的まなざし　78
行事　152,153
行事の計画及び報告書　97
業務独占資格　21,43
居宅訪問型保育事業　13
記録　86,87,95,96,101
禁止事項　42
勤務体制　131,132
苦情　113,114,116
苦情解決の仕組み　114
鯨岡峻　78,91

クライシスマネジメント　105,122
倉橋惣三　74,199
経営の原則　107
計画　84,93,97,101
傾聴　151
けが・事故等の記録　97
月間指導計画　98
健康　68
研修レポート　136
工場法　193
公設民営化方式　12
後輩保育者　134
個人面談　150,151
子育て支援　82-84
子育て支援員　12,20
子育て支援センター　161,163
子育て世代包括支援センター　164
国家試験　44
国家資格　42,43,202
国家戦略特別区域限定保育士　46
言葉　68
子ども・子育て支援新制度　13,145
子ども食堂　6
子どもの遊びと作業の施設　194
子どもの権利　30
子どもの権利擁護　33
子どもの最善の利益　32,105
子どもの貧困　2,30
子どもの貧困対策の推進に関する法律　4
子供の未来応援基金　6
子供の未来応援国民運動　6
コミュニケーションのスキル　151
コメニウス　187,192
子守学校　197
5領域　68
コルチャック, ヤヌシュ　32
近藤濱　196
コンプライアンス意識　132

さ　行

災害　121
佐伯胖　75

参加する権利　30
時間外勤務　134
時間外手当　134
事業内保育事業　13
事故　96,105
自己肯定感　68,158
自己省察　97
自己評価　101,107
自己評価ガイドライン　123
事故報告　122
事故防止　118
地震　122
施設長　130,131
施設保育士　21,29
実習記録　91
指定管理者制度　13
指定保育士養成施設　42
児童館　62
指導計画　93,96-98,101
児童厚生員　49
児童指導員　50
児童自立支援施設　51,113
児童自立支援専門員　51
児童心理治療施設　113
児童生活支援員　51
児童中心主義保育　199
児童通園施設, 乳幼児・児童保育センター　173
児童の遊びを指導する者　48
児童の権利に関する条約　30
児童福祉施設の設備及び運営に関する基準　53,107
児童福祉法第18条の4　38,145
児童福祉法第39条　38
児童福祉法第48条の4　145
児童養護施設　62,113
児童養護施設運営指針　29
シフト　131,132
死亡事故　119
社会中心主義保育　200
社会的養護　29
社会的養護関係施設における第三者評価及び自

索　引

己評価の実施について　113
社会福祉経営者による福祉サービスに関する苦
　　情解決の仕組みの指針について　114
社会福祉法　108
社会福祉法人　11,107
週案　98
十年経験者研修　48
就学前の子どもに関する教育，保育等の総合的
　　な提供の推進に関する法律　40
授業参観　160
シュタイナー，ルドルフ　179
シュタイナー教育　175
シュタイナー幼稚園　178
主任　128,130,131
小1プロブレム　154
小学校教育との接続　157
小学校との接続　155
小規模保育事業　13
消極教育　189
職員会議　97,132,136
職業アイデンティティ　21
職能成長　137
障害児施設　50
小学校との連携　154,155
少子化　144
少年指導員　52
情報共有　132,149,151
情報提供　132
処遇　106,112
職場外研修　135
所長　131
初任者研修　48
親イニシアチブ児童通園施設　173
親権代行　113
新人　129,130
新人保育者　128,130
人的環境　96,98
信用失墜行為の禁止　42
鈴木とく　201
スタートカリキュラム　157
ステップファミリー　152
スーパーバイザー　127

スーパービジョン　127,136
性格形成学院　192
省察　78,82,84,95-97,138
『世界図絵』　189
関信三　196
接続カリキュラム　154
全国保育士会　24
全国保育士会倫理綱領　24,145,146
先輩保育者　128,130,152
積極教育　190
全体的な計画　97,98
専門性　25
ソーシャルワーカー　50
送迎時のやりとり　148
育つ権利　30

た　行

待機児童問題　37,113,145,160
第三者評価　95,105,108,113,132
第三者評価共通評価基準ガイドライン　109
対人援助観　22
他機関との連携　132
担任外保育者　129
担任保育者　128,129
地域子育て支援　145
地域型保育事業　13
地域限定保育士　46
地域資源　161
地域の子育ての拠点　161
チーテルマン，クララ　171
地方裁量型認定こども園　41
中堅保育者　128,130
直接処遇職員　50
直観教育　191
津守真　138
東京女子師範学校附属幼稚園　195,196
登録制　42
ドキュメンテーション　92-94
徳永恕　198
都道府県社会福祉協議会　115
ドラッカー　105
豊田芙雄　196

211

な 行

中村正直　195
慣らし保育　151
新潟静修学校　197
ニーズ把握　132
日案　98
日本国憲法第26条　38
乳児院　113
乳幼児突然死症候群　120
認可外保育所　119
認可保育所　107,119
人間関係　68
認定こども園　37
認定こども園法　40
任用資格　42,43
ネウボラ　164
年間指導計画　98
野口幽香　198

は 行

発達の保障　28
母親学校　187
『母の歌と愛撫の歌』　195
被虐待児　113
PISA　172
PISA ショック　173
PDCA サイクル　102,108
東基吉　197
ひとり親家庭　152
避難訓練計画　121
秘密保持の原則　42
ヒヤリ・ハット　118,119,122
評価　112,113
表現　68
貧困家庭　152
貧民幼稚園　198
フォルメン　180
福祉サービス　106,114
福祉サービス第三者評価事業　108
福祉サービス第三者評価基準ガイドラインにお
　ける各評価項目の判断基準に関するガイド

ラインについて　109
福祉サービス第三者評価事業に関する指針につ
　いて　108,111,112
福祉サービス利用援助事業の運営監視事業（地
　域福祉権利擁護事業）　115
福祉職　134
複数担任制　134
副担任　134
二葉幼稚園　198,202
負担感　153
物的環境　96,98
不適切な保育　23
不適切な養育　152
フレーベル　171,172,190,192,193,200
フロイト　139,141
ペスタロッチ　190,191,193,194,200
ペダゴジスタ　170
保育観　22
保育環境　105
保育教諭　21,48
保育経過記録　87,96
保育コンシェルジュ　12
保育参観　148,150,151
保育事故　113,117,121
保育士　42,173
保育実習　19
保育士不足　160
保育者　20
保育者観　22
保育所　37,172
保育所型認定こども園　41
保育所児童保育要録　155
保育所における自己評価ガイドライン　101,
　108
保育所の運営主体　10
保育所の設置認可等について　113
保育所保育指針　53,66,68,69,73,87,107,
　113,114,117,121,146,156,161,202
保育ドキュメンテーション　91-95,97,102
保育日誌　86,87,93,97
保育の計画　96
保育問題研究会　201

索　引

保育要領　200
放課後児童健全育成事業　20
放課後児童クラブ　20,63
保護者懇談会　150,151
保護者との協働　151
保護者との情報交換　150
保護者との信頼関係　146
保護者との連携　146,150
保護者に対する支援　56
保護者への支援　145
母子支援員　52
母子生活支援施設　52,113
補助担任　128,134
保母　42
保姆　196
保幼小の連携　154

ま　行

マインド　21
松野クララ　196
マネジメント　105
守られる権利　30
ミクリッツ　176
民設民営化方式　12
向かい合うまなざし　74,76
名称独占資格　21,42,43
森嶋峰　198
森の幼稚園　175

や　行

誘導保育論　199
養護及び教育　146
養護と教育　20,66,70,73,83
要支援家庭　145,152

幼児期に育みたい資質・能力　69
幼児期の終わりまでに育ってほしい姿　69
幼児保護所　193
幼稚園　37,172
幼稚園型認定こども園　40
幼稚園教育要領　56,68,150,156,202
幼稚園教員資格認定試験　46
幼稚園保姆　46
幼稚園幼児指導要録　155
幼保連携型認定こども園　40
幼保連携型認定こども園教育・保育要領
　　60,68,156,202
横並びのまなざし　75

ら　行

ライフサイクル理論　139,141
リスク　118
リスクマップ　122
リスクマネジメント　105,118,122
リーダー　132
リーダーシップ　127,131
倫理観　22,66
ルソー　189,192
レッジョ・エミリア　91,169,170
連邦イミシオン防止法　181
連絡帳　148,149
連絡ノート　97
労働環境　139
労働者としての権利　139
労働条件　139
ロールモデル　127,129

わ　行

和田実　197

213

■監修者紹介

田中　利則（たなか　としのり）　ソニー学園・湘北短期大学保育学科教授

■執筆者紹介（＊は編著者，執筆順）

＊大塚　良一（おおつか　りょういち）　編著者紹介参照————————————————第1章・第6章

＊野島　正剛（のじま　せいごう）　編著者紹介参照————————————————————第2章

八木　玲子（やぎ　れいこ）　東京成徳短期大学幼児教育科准教授————————————第3章

金元あゆみ（かなもと　あゆみ）　相模女子大学学芸学部専任講師————————————第4章

宮﨑　静香（みやざき　しずか）　浦和大学こども学部専任講師————————————第5章

浅見　優哉（あさみ　ゆうや）　愛国学園保育専門学校幼児教育科専任講師——————第7章

飯塚美穂子（いいづか　みほこ）　洗足こども短期大学幼児教育保育科専任講師————第8章第1節

小屋　美香（こや　みか）　育英短期大学保育学科准教授————————————————第8章第2節

小川　史（おがわ　ちかし）　横浜創英大学こども教育学部准教授——————————第9章

＊五十嵐裕子（いがらし　ゆうこ）　編著者紹介参照————————————————第10章

〈編著者紹介〉

五十嵐裕子（いがらし・ゆうこ）

1960年　生まれ
現　在　浦和大学こども学部こども学科教授，社会福祉士，保育士。
主　著　『保育へのみちびき』（共著，中央法規出版），『児童福祉の研究』（共著，八千代出版），
　　　　『養護内容の基礎と実際』（共著，文化書房博文社），『保育実習』（最新保育講座⑬）（共
　　　　著，ミネルヴァ書房），『保育士のための養護原理——児童福祉施設の支援』（共著，大
　　　　学図書出版），『保育士のための養護内容——児童福祉施設の支援の内容』（共著，大学
　　　　図書出版），『保育士のための福祉施設実習ハンドブック』（共著，ミネルヴァ書房），
　　　　『保育と児童福祉』（共著，みらい），『こどもの生活を支える家庭支援論』（共著，ミネ
　　　　ルヴァ書房），『保育の今を問う保育相談支援』（共著，ミネルヴァ書房），『保育の基礎
　　　　を学ぶ福祉施設実習』（共著，ミネルヴァ書房），『学び続ける保育者をめざす実習の本』
　　　　（共著，萌林書林），『こども・生活・福祉』（編著，文化書房博文社），『子どもの生活を
　　　　支える児童家庭福祉』（共著，ミネルヴァ書房）。

大塚良一（おおつか・りょういち）

1955年　生まれ
　　　　埼玉県社会福祉事業団寮長，武蔵野短期大学幼児教育科准教授を経て，
現　在　育英大学教育学部教育学科教授，社会福祉士，介護福祉士，介護支援専門員。
主　著　『保育士のための社会福祉』（編著，大学図書出版），『保育士のための養護原理』（共著，
　　　　大学図書出版），『保育士のための養護内容』（共著，大学図書出版），『子どもの生活を
　　　　支える社会福祉』（編著，ミネルヴァ書房），『子どもの生活を支える社会的養護』（編著，
　　　　ミネルヴァ書房），『子どもの生活を支える社会的養護内容』（編著，ミネルヴァ書房），
　　　　『子どもの生活を支える家庭支援論』（編著，ミネルヴァ書房），『保育の今を問う児童家
　　　　庭福祉』（共著，ミネルヴァ書房），『保育の今を問う保育相談支援』（共著，ミネルヴァ
　　　　書房），『保育の基礎を学ぶ福祉施設実習』（編著，ミネルヴァ書房）。

野島正剛（のじま・せいごう）

1970年　生まれ
　　　　日本女子大学人間社会学部社会福祉学科，上田女子短期大学幼児教育学科，宝仙学園短
　　　　期大学保育科を経て，
現　在　武蔵野大学教育学部こども発達学科教授。
主　著　『子どもの生活を支える社会福祉』（共著，ミネルヴァ書房），『子どもの生活を支える児
　　　　童家庭福祉』（共著，ミネルヴァ書房），『子どもの生活を支える相談援助』（共著，ミネ
　　　　ルヴァ書房），『保育の基礎を学ぶ福祉施設実習』（共著，ミネルヴァ書房），『三訂　子
　　　　どもの福祉——児童家庭福祉のしくみと実践』（編著，建帛社），『保育者が学ぶ家庭支
　　　　援論』（共著，建帛社），『教育・保育・施設実習の手引』（共著，建帛社），『地域に生き
　　　　る子どもたち』（共著，創成社）。

子どもの豊かな育ちを支える
保育者論

2018年5月10日　初版第1刷発行　　　　　　　〈検印省略〉

定価はカバーに
表示しています

編著者　　五 十 嵐 裕 子
　　　　　大 塚 良 一
　　　　　野 島 正 剛

発行者　　杉 田 啓 三

印刷者　　坂 本 喜 杏

発行所　株式会社　ミネルヴァ書房

607-8494 京都市山科区日ノ岡堤谷町1
電話代表　（075）581-5191
振替口座　01020-0-8076

©五十嵐・大塚・野島ほか, 2018　冨山房インターナショナル・藤沢製本

ISBN 978-4-623-08231-5

Printed in Japan

大塚良一・小野澤　昇・田中利則編著　　　　　　　　Ａ５判・232頁
子どもの生活を支える社会福祉　　　　　　　　　　　本体2,400円

福田公教・山縣文治編著　　　　　　　　　　　　　　Ａ５判・192頁
児童家庭福祉 第5版　　　　　　　　　　　　　　　　本体1,800円

和田光一監修／田中利則・横倉　聡編著　　　　　　　Ａ５判・268頁
保育の今を問う保育相談支援　　　　　　　　　　　　本体2,600円

小野澤　昇・田中利則・大塚良一編著　　　　　　　　Ａ５判・280頁
子どもの生活を支える社会的養護　　　　　　　　　　本体2,500円

山縣文治・林　浩康編　　　　　　　　　　　　　　　Ｂ５判・220頁
よくわかる社会的養護 第2版　　　　　　　　　　　　本体2,500円

小池由佳・山縣文治編著　　　　　　　　　　　　　　Ａ５判・200頁
社会的養護 第4版　　　　　　　　　　　　　　　　　本体1,800円

小野澤　昇・田中利則・大塚良一編著　　　　　　　　Ａ５判・336頁
子どもの生活を支える社会的養護内容　　　　　　　　本体2,600円

小木曽　宏・宮本秀樹・鈴木崇之編　　　　　　　　　Ｂ５判・252頁
よくわかる社会的養護内容 第3版　　　　　　　　　　本体2,400円

小野澤　昇・田中利則・大塚良一編著　　　　　　　　Ａ５判・304頁
子どもの生活を支える家庭支援論　　　　　　　　　　本体2,700円

小野澤　昇・田中利則・大塚良一編著　　　　　　　　Ａ５判・296頁
保育の基礎を学ぶ福祉施設実習　　　　　　　　　　　本体2,600円

—— ミネルヴァ書房 ——
http://www.minervashobo.co.jp/